基于核心素养的
中小学编程教育探究

刘凤兰◎著

北京燕山出版社
BEIJING YANSHAN PRESS

图书在版编目（CIP）数据

基于核心素养的中小学编程教育探究 / 刘凤兰著
. — 北京：北京燕山出版社，2020.7
ISBN 978-7-5402-5775-0

Ⅰ.①基… Ⅱ.①刘… Ⅲ.①程序设计—教学研究—
中小学 Ⅳ.①G633.672

中国版本图书馆CIP数据核字（2020）第126278号

基于核心素养的中小学编程教育探究

著　　者	刘凤兰	
责任编辑	满　懿	
出版发行	北京燕山出版社	
地　　址	北京市丰台区东铁匠营苇子坑138号C座	
电　　话	010-65240430	
邮　　编	100079	
印　　刷	北京政采印刷服务有限公司	
经　　销	新华书店	
开　　本	170mm×240mm　16开	
字　　数	275千字	
印　　张	15.25	
版　　次	2022年6月第1版	
印　　次	2022年6月第1次印刷	
定　　价	45.00元	

　　时光如梭，转眼间，我站在讲台上已经有23个年头了。回望过去的岁月，有艰难、有失落、有欢乐、也有自省……但更多的是拼搏与超越、思考与总结、成功与辉煌。回顾我的成长正是因为身边一大批爱岗敬业、师德高尚、堪称楷模的领导和同事感染了我，从他们身上我认识到教育是一份非常光荣的事业。特别是从2003年开始专门从事编程教学以来，有区教育局创设的良好平台，有镇街教育局领导和历任校长、中层领导的支持，有教研员陈茂贤老师、江涛老师、梁冠健老师的无私指导，有南海区编程教练组伙伴的携手合作，还有一批又一批学生的追随。他们让我体会到教育事业本身所蕴含的无穷乐趣，我由衷地爱上了这个由智慧、情感、信念、理想融汇成的讲台。

　　成人之美、达己之善。教育是创新的道路，教育是品质的事业。能让学生成为一个终身的学习者、深邃的思考者、充满激情的行动者，是一件美好的事情，也是为师的责任与光荣。我以"敢探未发明的新理，敢入未开化的边疆"之志，一路开辟学生编程成长之路。在勤奋中播种，在创新中进取，在辉煌中提升品质，在喜悦中又迎接新挑战。

　　我用常态之心融会教育，以静待花开的心境守望教育的硕果，让学生不骄不躁、顺其自然地健康成长，做到春风化雨，润物无声，品质内化无痕育人。

　　我用勤恳之心耕耘教育，10多年坚持不懈利用休息时间义务培养学生，我的勤奋刻苦、永不停步、追求卓越，让学生看在眼里，记在心中，影响他们一生。

　　我用智慧之心创新教育，构建了基于PBL模式的编程教学，形成"严谨、理性、睿智"的教学风格，总结出一系列编程课堂教学策略，主编南海区编程系列地方教材，主持省级课题，开发编程特色课程，引发学生思维碰撞，迸发智慧，使学生养成自主学习、互助共研、自我反思、习惯总结的学习品质，形成个性化的学习方法和思维方式，学生受益终身。

我用无私之心奉献教育，以名师工作室、集训队、共同体为平台，开展示范课、研究课、专题讲座，培训编程教学4000多人次。坚持周六和寒暑假义务到少年宫进行编程辅导，服务社会，传导正能量，践行社会主义核心价值观。

我用进取之心提升教育，虚心求教，坚持不懈地充实自己，提高品质，参加广东省骨干教师培训、佛山市特级教师正高级教师培训、广东省百千万人才培训，我在反思中确定方向，在行动中培育个性，在进步中持续发展。

从2003年开始，我带领学校的编程团队连续13次勇夺信息学竞赛广东省所有初中的团体第一名，牢牢树立了省冠军形象，形成了桂江一中育人特色。我和名师工作室的成员一起为全区中小学的信息学竞赛训练培养教练、培训学生，为南海、佛山增光添彩。我培养的信息学特长生共161人次获全国信息学奥林匹克联赛一等奖，考入清华北大的有8人，复旦大学5人，上海交通大学4人，还有一大批学生考入全国重点名牌大学。我从一名普通的信息技术教师成长为全国优秀教师，广东省特级教师。

现在，学习编程已成为当今热门的需求之一，因此，我把多年的实践经验进行梳理总结，形成本书。我将再接再厉，继续坚守在编程一线教师这个平凡的岗位上，不断探索，为学生的成长提供动力，做教育热土上的辛勤耕耘者！

刘凤兰

2020年3月

随着计算机科学和通信技术的飞速发展，未来必将是人工智能和万物互联的时代。在这样一个时代背景下，各个国家都对中小学生的编程教育非常重视，甚至上升到了国家战略的高度。近年来，我们国家也对编程教育非常重视，国务院和教育部在发文中不止一次提出要在中小学开设人工智能课程，逐步推广编程教育。想要真正推行编程教育，就必须要制订相应的中小学编程教育课程标准。其中，课堂始终是深化教育改革、促进教育发展的主渠道、主阵地，教师、学生是改革与发展的主角，教学方法是改革与发展的重要手段。

《基于核心素养的中小学编程教育探究》一书从编程教育的理论探讨、资源建设、教学实践探索和教育故事四部分进行阐述。第一部分以核心素养为切入点，主要介绍核心素养和编程教育的相关知识，包括核心素养及信息技术核心素养的内涵，中小学编程教育的缘由和发展路径及核心素养背景下编程教育的南海模式。第二部分介绍了作者在编程教育的资源建设及应用方面的探索，包括了编程地方教材的编写、在线学习平台的搭建及数字化资源的创新应用。第三部分以教学实践为主线，总结了编程教育的教学方法、教学策略、教学评价及教学效果，并提供了几种中小学常见的编程课程的教学设计和教学案例。第四部分叙述了作者及几位编程教育工作者和学生关于编程的教与学的成长故事。

在撰写本书的过程中，得到了南海区信息技术名师工作室成员的大力支持和协助，并借鉴参考了相关的研究成果，在此对相关人员表示衷心的感谢。因时间较紧，文章中可能尚存疏漏之处，敬请读者批评指正，以便我们进一步修订完善。

目 录
CONTENTS

理论探讨篇

资源建设篇

教学实践篇

教育故事篇

理论探讨 篇

第一章　核心素养概述

第一节　核心素养的由来与内涵

一、核心素养的由来

1997年，经济合作与发展组织（Organization for Economic Co-operation and Development，以下简称经合组织或OECD）启动"素养的界定与遴选：理论和概念基础"项目（Definition and Selection of Competencies：Theoretical and Conceptual Foundations，以下简称DeSeCo）。接着，欧洲联盟、联合国教科文组织，美国、日本等国家纷纷开始研究学生核心素养框架，这些已有的探索为我国建构学生核心素养框架提供了宝贵的经验。当然，建构符合中国学生实际的核心素养体系还需要切实把握好我国教育发展的实际。基于这样的思考，我们对世界范围内核心素养已有的探索进行了回顾与分析，并在充分关注我国教育和学生发展的情况下展开探索研究，以奠定我国学生核心素养体系建设的基础。

1. 国内外人才培育的趋势

"核心素养"作为教育系统化变革的"顶层设计"，牵动着人才评价改革、教学方式变革、课程教材改革、教师专业发展、教学质量评价等一系列教育活动，因而成为全球范围内教育政策制订、教育实践推进和教育研究开展的重要议题。DeSeCo项目是核心素养研究的标志性事件。该项目从跨学科的视角出发，旨在确定和完善核心素养（Key Competencies）框架。这些素养既是现代民主社会中有意义的生活所需的，也是应对当前和未来的技术变革和全球化挑战所需的。该项目研制的核心素养总体框架为世界各国纷纷建立本土化的核心素养指标体系提供了重要的参考。DeSeCo项目研究的宗旨在于探明个人的成功生活和社会的良好运行需要个体具备什么样的素养，由此确定核心素养的过程就是通过分析社会和个人的愿景，充分考虑文化背景和人口的多样性，构建理论模型和界定概念，通过协商达成共识。

在"终身学习"理念的指导下，联合国教科文组织（United Nations Educational, Scientific and Cultural Organization，简称UNESCO）于1996年在《教育：财富蕴藏其中》中提出了"21世纪社会公民必备的基本素质"。终身学习的四大支柱，包括学会求知、学会做事、学会共处以及学会生存。2003年，联合国教科文组织教育研究所又提出了"学会改变"，并将其作为终身学习的第五支柱。学会求知是终身学习的基础，个人的学习与工作结合将越来越紧密，教育应帮助个人将学习贯穿工作内外，使其具备持续的竞争力。

2. 我国素质教育的发展方向

伴随着改革开放的号角，我国教育迎来了快速的发展。1985年，《中共中央关于教育体制改革的决定》提出，教育体制改革的根本目的是提高民族素质。1993年，国务院颁发《中国教育改革与发展纲要》，明确指出中小学要从应试教育转向全面提高国民素质。1994年8月，中共中央发布《中共中央关于进一步加强和改进学校德育工作的若干意见》，正式使用"素质教育"的概念，并以此指导德育工作的开展。这一系列文件的出台意味着我国教育步入素质教育时代。

1999年6月，第三次全国教育工作会议召开，发布的《关于深化教育改革全面推进素质教育的决定》指出："实施素质教育，就是全面贯彻党的教育方针，以提高国民素质为根本宗旨，以培养学生的创新精神和实践能力为重点，造就'有理想、有道德、有文化、有纪律'的德智体美等全面发展的社会主义事业建设者和接班人。"《关于深化教育改革全面推进素质教育的决定》还指出，"素质教育应当贯穿幼儿教育、中小学教育、职业教育、成人教育、高等教育等各级各类教育，应当贯穿学校教育、家庭教育和社会教育等各个方面"。由此，素质教育在政府主导下全面铺开，给各级各类学校课程设置、教学实践带来了较大的影响，也为新一轮基础教育课程改革奠定了基础。在此背景下，2001年，《国务院关于基础教育改革与发展的决定》发布，基础教育新一轮课程改革正式启动，提出"深化教育教学改革，扎实推进素质教育"，分析研究教育实践中存在的突出问题，旨在建立落实素质教育理念的教育课程体系，并以此为核心带动人才培养的一系列变革，对素质教育所要求学生习得的知识能力和养成的品格精神及其培养措施做出详尽规定。此后，素质教育的开展在课程建设、教材优化、师资建设、教学创新等各方面都取得了重大进步和发展。

《国家中长期教育改革和发展规划纲要（2010—2020年）》中将"坚持以人为本、全面实施素质教育"作为教育改革发展的战略主题和贯彻党的教育方针的时代要求，其核心是解决好"培养什么人、怎样培养人"的重大问题，重点是面向全体学生、促进学生全面发展，着力提高学生服务国家服务人民的社会责任感、勇于探索的创新精神和善于解决问题的实践能力；同时要做到坚持德育为先，立德树人，把社会主义核心价值体系融入国民教育全过程；坚持能力为重，优化知识结构，丰富社会实践，强化能力培养；坚持全面发展，坚持文化知识学习与思想品德修养相统一、理论学习与社会实践相统一、全面发展与个性发展相统一。

2014年3月30日，教育部以教基〔2014〕4号文印发《关于全面深化课程改革　落实立德树人根本任务的意见》，首次提出："教育部将组织研究提出各学段学生发展核心素养体系，明确学生应具备的适应终身发展和社会发展需要的必备品格和关键能力。"研究学生发展的核心素养是落实立德树人根本任务的一项重要举措，也是适应世界教育改革发展趋势、提升我国教育国际竞争力的迫切需要。

二、核心素养的定义

对核心素养的关注，意味着在当下教育变革的浪潮中，人才质量标准的重新定位。我国对核心素养的研究尚处于探索阶段，对国际上关于核心素养的研究进行综述，有助于提升核心素养本土定义的适切性。

自1985年卡莫委员会（Karmal Committee）提出五大"关键能力"开始，澳大利亚就一直致力于核心素养体系的研制研究，在核心素养的内涵、构成、评价准则等方面的研究都取得了显著的成果。梅耶委员会（Mayer Committee）认为，关键能力是个人在学习、工作及生活环境中所需的能力，是对知识和技能的整合与应用体现，使个体未来能有效地参与工作与适应成人生活的社会环境。据此，该委员会还提出了七大核心素养分支：收集、分析和整理信息的能力，交流思想和信息的能力，计划与组织活动的能力，与他人合作的能力，运用数学方法与数学技术的能力，解决问题的能力，使用技术手段的能力。到21世纪初，经合组织的DeSeCo项目研究的核心素养总体框架为世界各国建立本土化的核心素养体系提供了重要的参考。

DeSeCo项目指出，核心素养是指覆盖多个生活领域的促进成功的生活和健全的社会的重要素养。该项目通过多学科的整合，归纳出"能互动地使用工具""能在异质社群中进行互动""能自律自主地行动"三方面的核心素养。2006年，欧洲联盟将核心素养的概念界定为：核心素养是一系列可移植的、具有多种功能的知识、技能和态度，是个体获得个人成就和自我发展、融入社会、胜任工作的必备素养，并且指出这些素养的培育应该在义务教育阶段完成，且成为终身教育的基础。在此基础上，欧盟提出终身学习八大核心素养，包括使用母语交流、使用外语交流、数学素养和基本的科学技术素养、数字素养、学会学习、社会与公民素养、主动意识与创业精神、文化意识与文化表达。

梳理国外相关研究成果发现，对核心素养的思想基础、价值取向、具体内容的认识有共通之处，我们可以从以下三个维度来剖析核心素养的定义。维度一，学生核心素养培育的思想基础是"人的全面发展"，具体诠释学生经历教育后必须拥有怎样的基本素养和能力，成为怎样的人才。人的全面发展的当代内涵就是指提高人的综合素质和创新能力，这和核心素养的理念是一致的。核心素养是知识、技能和态度等的综合表现，不是囿于某单一学科的知识和技能，而是非情境化的，适用于不同学习领域、不同情境。而且各国各地区核心素养体系中的指标大多都可按照经济合作与发展组织的架构划分，分为人与工具互动、人与自己互动、人与社会互动，从分类框架上体现综合性。再者，各个国家在核心素养体系建构中均提到的创新素养的培养也是全面发展理论最核心的成分。维度二，核心素养的价值取向在于满足"个人发展"与"社会发展"的双重需要。在个人的自我实现与发展方面，核心素养必须为人们追求生活目标提供帮助，为实现个人兴趣及终身学习的愿望提供动力，有助于满足个人"优质生活"的需求，获得个人成功的人生。同时，在社会发展方面，核心素养可以帮助每个人建立公民身份、行使公民权利、积极融入社会，支持个人在社会文化网络中，积极地回应情境的要求与挑战，保障社会的稳定和发展。因此，核心素养不仅可以营造"成功的个人生活"，更有助于建立功能健全的社会，实现"优质社会"的发展愿景。维度三，核心素养的内容包括知识、能力、态度等多方面，其含义比"知识"的意义更加宽广，并不指向某一学科知识，而是强调个体能够积极主动并且具备一定的方法获得知识和技能；比"能力"的意义更加宽泛，既包括传统的教育领域的知识、能力，还包括学生的情感、态度、价值观。它是一系列知识、技能和态度的集合，以三维整合的方式呈现，有较强的综合性和实践性，如国际上重视的语言交往、信息处理、问题解决、社会合作、创新意识等素养，都是学生获得知识、习得能力、发展情感后相互融合的产物。总之，核心素养是个体适应未来社会需要、获得全面发展、提高生存能力的必备品格和关键能力，是满足终身学习的基本条件，是提升个体综合素质的重要保障。

三、学生发展核心素养框架

（一）国外学生核心素养框架

自1997年以来，国际经济合作与发展组织（OECD）、联合国教科文组织（UNESCO）、欧盟（EU）等国际组织先后开展关于核心素养的研究。受其影响，美国、英国、法国、德国、芬兰、日本、新加坡等也积极开发核心素养框架。

1. 三个国际组织的学生核心素养框架

1997年12月，OECD启动了DeSeCo项目，确定了三个维度九项素养。

（1）能互动地使用工具

能互动地使用工具包括三项素养：互动地使用语言、符号和文本，互动地使用知识和信息，互动地使用（新）技术。

（2）能在异质群体中进行互动

能在异质群体中进行互动包括三项素养：了解所处的外部环境，预料自己的行动后果，能在复杂的大环境中确定自己的具体行动；形成并执行个人计划或生活规划；知道自己的权利和义务，能保护及维护权利、利益，也知道自己的局限与不足。

（3）能自律自主地行动

能自律自主地行动包括三项素养：与他人建立良好的关系、团队合作、管理与解决冲突。

该框架对于PISA测试具有直接影响，进而对许多国家和地区开发的核心素养框架产生了重要影响。

2006年12月，EU通过了关于核心素养的建议案，核心素养包括母语、外语、数学与科学技术素养、信息素养、学习能力、公民与社会素养、创业精神以及艺术素养共计八个领域，每个领域均由知识、技能和态度三个维度构成。这些核心素养作为统领欧盟教育和培训系统的总体目标体系，其核心理念是使全体欧盟公民具备终身学习能力，从而在全球化浪潮和知识经济的挑战中能够实现个人成功与社会经济发展的理想。

2013年2月，UNESCO发布报告《走向终身学习——每位儿童应该学什么》。该报告基于人本主义的思想提出核心素养，即从"工具性目标"（把学生培养成提高生产率的工具）转变为"人本性目标"，使人的情感、智力、身体、心理诸方面的潜能和素质都能通过学习得以发展。在基础教育阶段尤其重视身体健康、社会情绪、文化艺术、文字沟通、学习方法与认知、数字与数学、科学与技术七个维度的核心素养。

2. 美国的学生核心素养框架

2002年美国制订了《"21世纪素养"框架》，2007年发布了该框架的更新版本，全面、清晰地将各种素养以及它们之间的相互关系呈现出来。

美国"21世纪素养"框架以核心学科为载体，确立了三项技能领域，每项技能领域包含若干素养要求。

（1）学习与创新技能

学习与创新技能包括批判性思维和问题解决能力、创造性和创新能力、交流与合作能力。

（2）信息、媒体与技术技能

信息、媒体与技术技能包括信息素养、媒体素养、信息交流和科技素养。

（3）生活与职业技能

生活与职业技能包括灵活性和适应性、主动性和自我指导、社会和跨文化技能、工作效率和胜任工作的能力、领导能力和责任能力。

3. 新加坡的学生核心素养框架

2010年3月，新加坡教育部颁布了新加坡学生的"21世纪素养"框架。其中，核心价值观包括尊重、负责、正直、关爱、坚毅不屈、和谐。社交与情绪管理技能包括自我意识、自我管理、社会意识、人际关系管理、负责任的决策。公民素养、全球意识和跨文化交流技能包括活跃的社区生活、国家与文化认同、全球意识、跨文化的敏感性和意识。批判性、创新性思维包括合理的推理与决策、反思性思维、好奇心与创造力、处理复杂性和模糊性。交流、合作和信息技能包括开放、信息管理、负责任地使用信息、有效地交流。学校所有学科的教学就是为了培育这些素养，最后培养出充满自信的人、能主动学习的人、积极奉献的人、心系祖国的公民。

（二）中国学生发展核心素养

2016年9月13日《中国学生发展核心素养》总体框架（图1-1-1）正式发布。学生发展核心素养，主要指学生应具备的能够适应终身发展和社会发展需要的必备品格和关键能力。核心素养是关于学生知识、技能、情感、态度、价值观等多方面的综合表现；是每一名学生获得成功生活、适应个人终身发展和社会发展都需要的不可或缺的共同素养；其发展是一个持续终身的过程，可教可学，最初在家庭和学校中培养，随后在一生中不断完善。

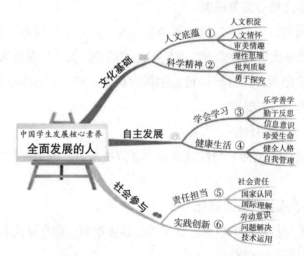

图1-1-1　中国学生发展核心素养框架

1. 核心素养的总体框架

中国学生发展核心素养，以科学性、时代性和民族性为基本原则，以培养"全面发展的人"为核心，分为文化基础、自主发展、社会参与三个方面。综合表现为人文底蕴、科学精神、学会学习、健康生活、责任担当、实践创新六大素养。为方便实践应用，具体细化为文化沉淀、社会责任、国家认同等18个基本要点。六大素养既涵盖了学生适应终身发展和社会发展所需的品格与能力，又体现了核心素养"最关键、最必要"这一重要特征。它们之间相互联系、互相补充、相互促进，在不同情境中整体发挥作用。

2. 核心素养的内涵

（1）文化基础

文化是人存在的根和魂。文化基础，重在强调能习得人文、科学等各领域的知识和技能，掌握和运用人类优秀智慧成果，涵养内在精神，追求真善美的统一，发展成为有深厚文化基础、有更高精神追求的人。

① 人文底蕴。人文底蕴主要是学生在学习、理解、运用人文领域知识和技能等方面所形成的基本能力、情感态度和价值取向。具体包括人文积淀、人文情怀和审美情趣等基本要点。

② 科学精神。科学精神主要是学生在学习、理解、运用科学知识和技能等方面所形成的价值标准、思维方式和行为表现。具体包括理性思维、批判质疑、勇于探究等基本要点。

（2）自主发展

自主性是人作为主体的根本属性。自主发展，重在强调能有效管理自己的学习和生活，认识和发现自我价值，发掘自身潜力，有效应对复杂多变的环境，成就出彩人生，发展成为有明确人生方向、有生活品质的人。

① 学会学习。学会学习主要是学生在学习意识形成、学习方式方法选择、学习进程评估调控等方面的综合表现。具体包括乐学善学、勤于反思、信息意识等基本要点。

② 健康生活。健康生活主要是学生在认识自我、发展身心、规划人生等方面的综合表现。具体包括珍爱生命、健全人格、自我管理等基本要点。

（3）社会参与

社会性是人的本质属性。社会参与，重在强调能处理好自我与社会的关系，养成现代公民所必须遵守和履行的道德准则和行为规范，增强社会责任感，提升创新精神和实践能力，促进个人价值实现，推动社会发展进步，发展成为有理想信念、敢于担当的人。

① 责任担当。责任担当主要是学生在处理与社会、国家、国际等关系方面

所形成的情感态度、价值取向和行为方式。具体包括社会责任、国家认同、国际理解等基本要点。

② 实践创新。主要是学生在日常活动、问题解决、适应挑战等方面所形成的实践能力、创新意识和行为表现。具体包括劳动意识、问题解决、技术应用等基本要点。

3. 核心素养的主要表现

人文积淀：具有古今中外人文领域基本知识和成果的积累，能理解和掌握人文思想中所蕴含的认识方法和实践方法等。

人文情怀：具有以人为本的意识，尊重、维护人的尊严和价值；能关切人的生存、发展和幸福等。

审美情趣：具有艺术知识、技能与方法的积累；能理解和尊重文化艺术的多样性，具有发现、感知、欣赏、评价美的意识和基本能力；具有健康的审美价值取向；具有艺术表达和创意表现的兴趣和意识，能在生活中拓展和升华美等。

理性思维：崇尚真知，能理解和掌握基本的科学原理和方法；尊重事实和证据，有实证意识和严谨的求知态度；逻辑清晰，能运用科学的思维方式认识事物、解决问题、指导行为等。

批判质疑：具有问题意识；能独立思考、独立判断；思维缜密，能多角度、辩证地分析问题，做出选择和决定等。

勇于探究：具有好奇心和想象力；能不畏困难，有坚持不懈的探索精神；能大胆尝试，积极寻求有效的问题解决方法等。

乐学善学：能正确认识和理解学习的价值，具有积极的学习态度和浓厚的学习兴趣；能养成良好的学习习惯，掌握适合自身的学习方法；能自主学习，具有终身学习的意识和能力等。

勤于反思：具有对自己的学习状态进行审视的意识和习惯，善于总结经验；能够根据不同情境和自身实际，选择或调整学习策略和方法等。

信息意识：能自觉、有效地获取、评估、鉴别、使用信息；具有数字化生存能力，主动适应"互联网+"等社会信息化发展趋势；具有网络伦理道德与信息安全意识等。

珍爱生命：理解生命意义和人生价值；具有安全意识与自我保护能力；掌

握适合自身的运动方法和技能，养成健康文明的行为习惯和生活方式等。

健全人格：具有积极的心理品质，自信自爱、坚韧乐观；有自制力，能调节和管理自己的情绪，具有抗挫折能力等。

自我管理：能正确认识与评估自我，依据自身个性和潜质选择适合的发展方向，合理分配和使用时间与精力，具有达成目标的持续行动力等。

社会责任：自尊自律，文明礼貌，诚信友善，宽和待人；孝亲敬长，有感恩之心；热心公益和志愿服务，敬业奉献，具有团队意识和互助精神；能主动作为，履职尽责，对自我和他人负责。

国家认同：具有国家意识，了解国情历史，认同国民身份，能自觉捍卫国家主权、尊严和利益；具有文化自信，尊重中华民族的优秀文明成果，能传播弘扬中华优秀传统文化和社会主义先进文化；了解中国共产党的历史和光荣传统，具有热爱党、拥护党的意识和行动。

国际理解：具有全球意识和开放的心态，了解人类文明进程和世界发展动态；能尊重世界多元文化的多样性和差异性，积极参与跨文化交流；关注人类面临的全球性挑战，理解人类命运共同体的内涵与价值等。

劳动意识：尊重劳动，具有积极的劳动态度和良好的劳动习惯；具有动手操作能力，掌握一定的劳动技能；在主动参加的家务劳动、生产劳动、公益活动和社会实践中，具有改进和创新劳动方式、提高劳动效率的意识；具有通过诚实合法劳动创造成功生活的意识和行动等。

问题解决：善于发现和提出问题，有解决问题的兴趣和热情；能依据特定情境和具体条件，选择制订合理的解决方案；具有在复杂环境中行动的能力等。

技术运用：理解技术与人类文明的有机联系，具有学习掌握技术的兴趣和意愿；具有工程思维，能将创意和方案转化为有形物品或对已有物品进行改进与优化等。

（三）核心素养的特点

学生核心素养模型的建构既要从个体成长发展的一般规律出发，也要符合教育教学活动实践的客观要求。同时，学生核心素养模型要反映新时期社会对人才的新要求，紧随全球化、信息化发展的大趋势，使学生适应未来社会生活，拥有终身学习的能力。虽然不同国家和地区基于自己的教育实践建构的核心素养框架有所差异，但是最后筛选出的核心素养都呈现出一些共同

的特点。

1. 普遍性

核心素养的普遍性表现为它是不同学习领域、不同情境中都不可或缺的共同底线要求。一方面，核心素养不同于素养。素养是在个体与情境的有效互动中生成的，这些情境包括家庭、职场、社区及其他公共领域等。素养不应该脱离特定的情境，不同的情境所要求的素养也有所不同，抽象地谈论所谓"素养"是没有太大的价值的。而核心素养不是只适用于特定情境或特定人群的特殊素养，而是适用于一切情境和所有人的普遍素养。另一方面，核心素养是一种跨学科素养。它强调各学科都可以发展的、对学生最有用的东西，并不指向某一学科知识，不针对具体领域的具体问题；而是强调个体能够积极主动并且具备一定的方法获得知识和技能，从人的成长发展与适应未来社会的角度出发，跨学科、跨情境地规定了对每一个人都具有重要意义的素养。例如，审美素养不仅仅是音乐、美术课程需要致力促进学生养成的素养，语文课程同样需要对学生进行文学美的浸润，培养其感知美、欣赏美、评价美的意识和基本能力。再者，随着知识时代的开启，知识的增加到了令人目不暇接、耳不暇闻、思所不及的程度。在这样的时代，任何个人都不可能把所有的知识都学懂、都弄通，这需要学生养成学会学习的核心素养以适应科学技术日新月异的发展。通过努力学习提高自身的言语信息技能、态度技能、动作技能、智慧技能和认知技能，掌握符合自身特点的一整套科学学习方法体系，从而使自己掌握主动学习、终身学习、全面发展和持续发展的能力，这是每个学科课程共同的价值追求，体现了素养要求的普遍性。

2. 系统性

核心素养具有系统性，各指标因素之间相辅相成、相依相促。从纵向来看，素养的生成是从生理到心理，再到文化和思想四个不同的、纵向发展的层面，这四个层面中，前者是后者的基础。"基础"包含两层含义："一是发生上前者对后者存在一种逻辑在先的意义，二是在内容上后者以萌生的形式存在于前者之中。"这决定了核心素养的习得与养成必须具有整体性、综合性和系统性。从横向来看，核心素养各因素间彼此并非单独存在，而是呈现可交互作用、相互渗透、彼此互动的动态发展，甚至是相互依赖，可以部分重叠交织，这彰显了"素养"的本质，更彰显了多元面向、多元功能、多元场域、高阶复杂、长期培育等"三多元一高一长"等核心素养的特质。核心素养以整合的方式在实践中发挥作用。例如，反思能力的养成有利于学生对自己的决策、行为、方法以及由此产生的结果进行审视、分析、调整。自我认知素养是主观自我对客观自我合理认识与评价的意识与能力，包括自己对自己身心特征、优缺点、心理活动的认识，清晰认识到自己在集体和社会中的地位及作用，并在此基础上对自己做出合理评价判断。反思能力和自我认知素养的养成与发展是相辅相成、相互促进的，这体现了核心素养之间的系统性。因而，以核心素养引领课程改革，可在纵向上促进不同教育阶段课程的连贯性，也可在横向上促进不同领域课程发展的统整性，在提升教师课程设计与教学实施效能的同时激发学生的学习效能。

3. 生长性

核心素养的动态性表现为其是可教可学、动态发展的。学生核心素养的获得是一个循序渐进、不断深化的过程，它可以通过外在刺激，诸如有意的教育进行规划、设计与培养。当学生踏入社会，核心素养是个人积极主动与真实情境展开互动而不断延伸、拓展和生长的开放体系。随着社会经验的丰富、个体发展需求的增加，素养的内涵会得到丰富和完善。例如，诸多国家核心素养体系中涉及的沟通交流能力就呈现出明显的生长性。学生在进入学校之前就具有一定的表达能力基础，经过学校课程、活动的系统性训练，学生习得较为标准化、系统化的表达方式与沟通技巧，搭建起一套适用于学校、家庭环境的交流沟通能力体系。当学生进入社会以后，社交网络扩大。面对形形色色的人，适用于学校、家庭的沟通交流方式显得匮乏。在实践的打磨中，个人的沟通交流方式和技巧越发丰富和完善，逐渐形成更加纯熟、多元、完善的沟通交流能力体系。由此可见，核心素养是可教可学的，具有发展连续性。同时，核心素养是通过外显行为表现出来的，体现为行为意向、行为技能水平等。因此，尽管核心素养是动态发展的，但可以根据相关理论开发相应的工具对其进行测评。例如，学生对社会责任这一核心素养的认识也是随着人生经历的丰富、知识结构的完善而逐渐丰满起来的。低年级的学生或许只能认识到社会责任范畴中自己对家庭的责任，主动承担力所能及的家务，做家庭的小主人。但随着认识角度和认识方式的不断丰富，学生能够形成对社会责任更加深刻的、全面的理解，认识到自己与他人（家庭）、集体、社会、自然等方面的关系中应有的职

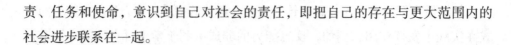

责、任务和使命，意识到自己对社会的责任，即把自己的存在与更大范围内的社会进步联系在一起。

四、核心素养的培养与发展

学生的核心素养的培养与发展，必须将有关理论同现行的教育教学实践相结合。学生核心素养模型的建立归根结底是为了促进教育模式的转型，从过去重视教学当中学科知识体系的科学性和完备性，转向重视学生核心能力和素养的生成；从过去重视学生知识结构而忽视学生能力培养，转向促进学生能力提升和全面发展。本着这个目的，学生核心素养需要与教育教学实践相结合，尤其要在核心素养理论的指导下，促进课程体系的改革与发展，这样才能让学生的核心素养得到不断发展与提高。在国际教育改革与发展的浪潮中，各国际组织都推动研究学生核心能力和素养的模型计划，世界各国也逐渐建立起以学生核心能力和素养为中心的新课程体系。分析国际上学生核心素养与课程体系之间的关系可以发现，世界各国如何利用学生核心素养体系指导教育教学的实践为我国建立基于核心素养的课程体系提供了借鉴。

依照学生核心素养与课程体系相对独立的程度不同，世界各国和地区的核心素养体系在教育教学实践领域的应用模式可以大致分为三类。第一类模式：核心素养独立于课程体系之外，由专门的机构进行研制和开发，之后逐渐与课程和教学相融合，代表者有美国、澳大利亚等。第二类模式：在国家的课程体系中规定了要培养学生哪些核心能力和素养，并指导课程的内容与设置，代表国家主要是芬兰；第三类模式：学生的核心能力和素养没有单独的体系做出规定，但国家的课程体系当中的许多部分都体现了培养学生核心能力和素养的宗旨，代表国家主要是日本和韩国。

（一）学生核心素养与课程体系相结合

1. 核心素养与课程结合是以能力为导向的课程标准改革的重要举措

学生核心素养项目的产生主要是为了指导教育教学，注重培养学生适应未来生活的各种能力和素养。核心素养模型的发展路径必然是要与国家现行的课程体系以及教学实践相结合且相互促进和发展的。无论是美澳模式、芬兰模式还是日韩模式，学生核心素养模型的发展都促进了课程体系的发展和转变：由传统的以学科内容为中心转向以学生能力为中心。课程标准中的课程内容和教学建议、表现标准或质量标准对学生能力的规定等部分都逐渐受到学生核心素养模型的影响，有所调整和改变。

2. 核心素养与课程结合的方式需要根据国家教育教学实践的特点进行

不同国家由于教育教学实践的特点不同，在核心素养与课程结合的方式上展现了较大的区别。美国、澳大利亚等国家，由于是联邦制的体制，一直以来国家统领性的课程标准实际效力都不如州政府制定的教育政策，学生的核心素养体系作为独立于课程标准之外，而又为教育和课程提供一定支持的系统，对促进学生形成适应未来社会发展的能力起到了重要作用。欧洲等国（如荷兰）将学生应具有的核心能力规定在国家课程标准中，作为指导课程标准的重要文件。东亚国家如日本、韩国，课程标准的体例一般都是以学科知识为主线，注重学科知识的系统性和完备性，核心素养则融合在课程标准内容和教学建议中。我国学生核心素养体系如何与教育教学实践相结合，如何通过课程体系建设来促进学生核心素养的形成，需要教育者在教育实践中不断探索。

3. 通过规定新的质量标准和课程机会标准实现对学生核心素养的培养

通过分析国际经验不难发现，无论核心素养与课程体系的关系如何，质量标准和课程机会标准（"课程机会标准"在我国通常归属"教学建议"部分）对于在课程标准以及实际教育教学中落实培养学生核心素养的要求都至关重要。应该说，课程内容和机会是培养学生核心素养的重要手段，而质量标准是学生应该培养何种能力的具体体现。课程内容和机会为培养学生核心素养提供了指导意见，指导和帮助教师在教学过程中注重学生能力的培养；质量标准是检测教育是否培养了学生这些素养的依据，教育部门以及教师依据质量标准监控当前的教育教学是否达到了国家对学生能力和素养培养的要求。

基于核心素养的现代课程体系至少应含有以下四个部分：一是具体化的教学目标，描述了课程教学所要达到的目标，这一教育目标一定是具体的，落实到要培养学生何种核心能力和素养。二是内容标准，即规定了核心学科领域（如数学、阅读、科学等）学生应知应会的知识与技能。三是教学建议，即教育者应提供的教育经验和资源，以保证受教育者的学习质量。广义上的教学建议外延相当广泛，也被称为"教育机会标准"或"教学过程标准"等，可以包括课堂所讲授内容的结构、组织安排、重点处理及传授方式，以及学校公平性、教师专业发展、教育资源的分配等。四是质量标准，即描述学生经历一段时间的教育之后在知识技能、继续受教育的基本准备以及适应未来社会等方面的能力上需要达到的基本水平。

根据国际经验和我国现有课程体系的特点，上述四个方面的内容和学生核心素养模型应该有以下关系：具体化的教学目标和质量标准是学生核心素养的具体体现，而内容标准和教学建议的内容设定旨在通过学科的教学促进学生核心素养的形成。质量标准是教学结果导向的标准，内容标准是教学过程导向的标准。过程标准要促进学生核心素养的形成，结果标准要体现核心素养的具体要求，两者结合才能够使得新课体系实现培养学生核心素养的目的。

（二）基于核心素养的课程体系各部分的基本要求体现

1. 具体化的教学目标一定是体现学生核心素养的教学目标

教学目标用来指导和统领本学科其他内容的编排。在学生核心素养的指导下，每一个学科都需要根据各学段学生核心素养的主要内容与表现形式，结合学科内容与特点，提出实现学生本学段核心素养的具体目标，并体现本学科特色。同时，应该注意跨学科素养如何在本学科中进行培养。这些内容应该在教学目标中具体体现。

2. 内容标准和教学建议要成为促进学生形成核心素养的保证

学生是通过各学科的学习来形成其核心素养的，学科的内容标准和如何进行学科教学成为培养学生核心素养的基本保证。内容标准提供了学生在每一个学科中需要学习的学科内容。传统的课程标准一直以学科内容的科学性和完备性作为编撰的根本依据，以学科思路和逻辑为主要呈现方式；而基于核心素养的课程体系要求、内容标准以促进学生该学科核心素养的形成为导向，设计时需要结合本学科、本学段学生核心素养要求来安排学科知识，并且要根据素养培养目标和学科内容特点提出有针对性的教学建议，以促进学生核心素养的形成。

3. 质量标准是学生核心素养在学业上的具体体现

学生核心素养主要是指学生适应未来社会发展以及终身学习的主要能力与素质，它必然是宽泛而宏观的能力；而质量标准是与学科能力紧密相关的，是学生核心素养在某个学科中的具体体现。体现学生核心素养的质量标准制定后可以在教育领域发挥极大的作用：一方面，质量标准能有效指导教师的教育教学实践；另一方面，质量标准较学生核心素养来说更加具体、可操作。所以，结合了内容标准后，质量标准还可以用来指导教育评价。

我国现行课程标准中关于核心素养方面的内容缺乏，导致教育能力本位与知识本位的混淆。课程标准重视对于课程内容的诠释，注重学科知识体系的科学性和完备性。课程标准中完备的知识结构，从易到难、循序渐进的内容结构常被欧美教育学者称道，他们认为这是中国中小学生有良好的基础知识的原因。但是，由于我们的课程标准以学科知识为导向，追求知识体系的科学性与完整性，内容往往是脱离现实生活、较为抽象的学科知识，而没有以培养学生相应的学科能力为核心组织课程内容。学生在学习过程中，面临的常常是抽象的知识世界，难以将抽象的知识和现实世界进行联系，许多时候无法运用学过的知识解决现实生活中出现的问题，缺乏问题解决能力、创造性思维等。要解决学生现实世界和知识世界的冲突，必须打破课程标准内容设置的思路，以促进学生全面发展为导向，以培养学生核心能力和素养为主线，安排学科知识内容，组织教育教学活动。

第二节　信息技术核心素养

一、学科核心素养

学科核心素养是指学生通过本学科学习而逐步形成的正确的价值观念、必备品格和关键能力。"关键能力"属于智力因素，"必备品格"主要属于非智力因素，"正确的价值观念"属于价值取向。学科核心素养是以"中国学生发展核心素养"为指导，基于学科特质与学科任务，为培育全面发展、社会需要的人而提出的关键素养。因此，学科核心素养是具有学科特色的素养。

学科核心素养基于学科知识，生动反映学科内在本质和思想，是学科育人价值的集中体现。各学科核心素养应该既体现本学科能够落实的学生发展核心素养（部分或全部），也应该包括学科独特的一些核心素养要求。从核心素养培育的整合思维的角度来说，不同学科之间、不同学段之间的学科核心素养有"同"的一面，即都是实现学生整体性培养的具体要求和内容。从核心素养培育的呈现维度来说，不同学科之间、不同学段之间的学科核心素养有"异"的一面，表现为其对于学生素养培育的"独特价值"，是学科差异、学科价值的体现。

核心素养的内涵可以从三个层次上来把握，底层以"双基"为核心，即基础知识和基本技能处于最基础的层次；中间层以"问题解决"为核心，也就是以在解决问题过程中所获得的基本方法和能力为核心；最上层以"学科思维"为核心，这一层次需要经过系统的有进阶的学习，通过对素养中基础知识建构过程的活动体验、认识、内化，逐步形成相对稳定的思考问题、解决问题的思维方法和价值观念。因此，要想落实基础教育课程学科的核心素养，必须以落实"双基"为基础，以"问题解决"为核心，以"学科思维"为根本。

核心素养的经验实质是"知识与技能""过程与方法""情感态度与价值观"，学科核心素养是三维目标的具体化、整合化、类化和内化的结果。所以，教学实践者在理解和应用学科核心素养框架和三维目标框架时，可以从知识内容出发到基于知识的过程与方法（三维目标）再到核心素养进行转化，充分彰显知识素养的发展价值；也可以从核心素养出发自上而下构成三维目标，从外到内进行教学和培养。这两种路径可以在设计具体课时和单元教学目标时，以及设计和规划章、节、学期学习目标时灵活使用。

二、信息技术核心素养

（一）高中信息技术学科核心素养的结构与体系

在新一轮课程改革中，高中信息技术课程标准修订组深入总结十年来高中信息技术课程改革的宝贵经验，开展广泛的调查研究。研究始终以落实"立德树人"为根本任务，在借鉴国内外信息技术学科素养研究成果的基础上，承接核心素养对学生在本学科维度上的发展要求；继承并提炼信息素养的实质与内涵，并高度聚焦信息系统思维和问题解决能力的培养；最终明确了以信息意识、计算思维、数字化学习与创新、信息社会责任为核心要素的学科核心素养体系。其核心结构图（图1-2-1）与系统框架（表1-2-1）如下。

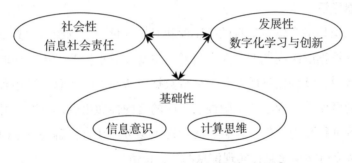

图1-2-1　学科核心素养体系核心结构图①

表1-2-1　信息技术学科核心素养体系系统框架

学科核心素养体系系统	要素（具体表现）
	信息意识（对信息的敏感度、对信息价值的判断力）
计算思维	解决问题过程中的 形式化 模型化 自动化 系统化
数字化学习与创新	数字化学习环境的创设 数字化学习资源的收集与管理 数字化学习资源的应用与创新
信息社会责任	具有一定的信息安全意识与能力 能遵守信息法律法规 具有良好的信息道德与伦理

　　信息技术核心素养四者相互联系不可或缺：信息意识是信息能力的前提与基础，并贯穿信息能力培养的全过程；而计算思维、数字化学习与创新构成信息技术核心素养的核心内容；信息社会责任为信息行为提供规范的保障，促进信息社会和谐发展。这四方面内容相辅相成、互相促进。它们的具体内涵如下。

① 解月光，杨鑫，付海东. 高中学生信息技术学科核心素养的描述与分级［J］. 中国电化教育，2017（5）：8-14.

1. 信息意识

信息意识是指个体对信息的敏感度和对信息价值的判断力。具备信息意识的学生能够根据解决问题的需要，自觉、主动地寻求恰当的方式获取与处理信息；能够敏锐感觉到信息的变化，分析数据中所承载的信息，采用有效策略对信息来源的可靠性、内容的准确性、指向的目的性做出合理判断，对信息可能产生的影响进行预期分析，为解决问题提供参考；在合作解决问题的过程中，愿意与团队成员共享信息，实现信息的更大价值。

2. 计算思维

计算思维是指个体运用计算机科学领域的思想方法，在形成问题解决方案的过程中产生的一系列思维活动。具备计算思维的学生，在信息活动中能够采用计算机可以处理的方式界定问题，抽象特征、建立结构模型，合理组织数据；通过判断、分析、综合各种信息资源，运用合理的算法形成解决问题的方案；总结利用计算机解决问题的过程与方法，并迁移到与之相关的其他问题解决中。

3. 数字化学习与创新

数字化学习与创新是指个体通过评估并选用常见的数字化资源与工具，有效地管理学习过程与学习资源，创造性地解决问题，从而完成学习任务，形成创新作品的能力。具备数字化学习与创新能力的学生，能够认识数字化学习环境的优势和局限性，适应数字化学习环境，养成数字化学习与创新的能力；掌握数字化学习系统、学习资源与学习工具的操作技能，用于开展自主学习、协同工作、知识分享与创新创造，助力终身学习能力的提高。

4. 信息社会责任

信息社会责任是指信息社会中的个体在文化修养、道德规范和行为自律等方面应尽的责任。具备信息社会责任的学生具有一定的信息安全意识与能力，能够遵守信息法律法规，信守信息社会的道德与伦理准则，在现实空间和虚拟空间中遵守公共规范，既能有效维护信息活动中个人的合法权益，又能积极维护他人合法权益和公共信息安全；关注信息技术革命所带来的环境问题与人文问题；对信息技术创新所产生的新观念和新事物，具有积极学习的态度、理性判断和负责行动的能力。

（二）信息技术核心素养的培养

培养学生的信息技术核心素养具有重要意义。第一，良好的信息技术核心素养能让学生较好地适应信息社会发展的需要。随着社会的发展，信息技术已经渗透并应用于人们学习、工作、生活的各个方面。通过信息技术课堂教学可以有效落实课堂教学内容，提高学生获取知识的能力，使他们具有较高的信息技术核心素养，以更从容的姿态投入社会、适应社会。第二，能让学生获得终身学习的"法宝"。在信息技术课程的学习中培养学生的信息技术核心素养，能提高学生综合学习的能力，使学生能自主高效地获得更多知识，从而使学生具有更强的创新能力。第三，信息技术核心素养是评价人才综合素质的重要内容，同时也是实施素质教育的重要内容。第四，信息技术核心素养是科学素养的重要基础。因此，在信息技术教学中应注重培养学生的信息技术核心素养。

1. 强化学生的信息意识

信息时代下，学生从小就在信息社会中耳濡目染，所以从小就具有信息意识，但是在幼儿园阶段学生对信息意识只是感知，还无法具体地应用。学生进入义务教育阶段，加强学生对信息技术课程的了解和学习，能够使学生在日常的生活和学习中获取相应的信息内容、区分信息载体，同时针对信息问题分析信息来源的可靠性以及真伪性等，并对信息的表达目的做出准确的判断，这样做虽然有利于提升学生对信息的敏感度，但是却无法使学生对信息的概念以及价值等做出明确的判断和合理的认识。

因此，在进行信息技术教学时，人们必须根据特定的信息问题，探索相应的信息源，并采取合理的信息获取和应用对策。同时根据信息受众的特点，选择科学的信息交流方式，并根据具体的任务要求，对信息获取方法和途径的优劣进行对比，从而实现对信息的甄别。在日常生活中解决问题时，人们必须合理地选择信息工具，并提升信息安全意识。人们还要关注和研究信息技术以及信息工具的发展趋势，在信息的处理中有意识地采取新的技术处理方式。信息技术教学更注重信息获取的主动性，而且要求学生获取信息的方式更合理，意识水平更高。

在实际的教学过程中，教师可以通过教学情境的创设，提供相应的项目，使学生能够结合生活经验和场景进行学习，并主动利用信息技术完成相应的任务，进而实现对信息意识的强化及其教学目标。比如，当前在飞机购票中经常会出现一些诈骗问题。在网上订票后，旅客出发前会接到短信通知飞机航班取消，如果需要进行改签需要交付改签费，并提供银行卡信息，表明航空公司会向卡内转误机费用。很多旅客没有意识到这是一个骗局，结果造成财产损失。在这个过程中主要的问题是受骗者的信息意识薄弱，在没有对信息的真伪进行仔细辨别的情况下轻易透露自己的银行信息。所以在遇到类似的情况时，人们首先必须提升自身的防范意识，先利用正规的方式对信息的真伪进行辨别，如登录官方网站查询、拨打航空客服电话等；而且即使信息为真，也需要注重对个人信息的保护。

2. 启迪学生的计算思维

在信息技术教学课程标准的修订中，引入了计算思维的核心素养内容，这是因为在计算机领域计算思维是最基本的内容，其引入有利于解决实施方案中的思维问题，具体表现为在问题的解决过程中必须注重模型化、系统化、形式化。计算思维的概念当前已经走入教学课程，但是当前人们对计算思维的理解仅处于初级阶段，所以还无法将计算思维直接应用到教学中。针对这个问题，需要学生加强对理论的学习，并了解计算思维的内涵。

3. 培养学生的数字学习和创新能力

对学生数字化学习以及创新能力的培养主要表现在对数字化学习环境、资源等方面的创设和收集。简单地说，就是培养学生对数字化工具的选择和应用能力。也就是在学习的过程中，使学生对数字化的资源和工具进行合理的评估，并根据自身的需求做出合理的选择。同时根据特定的学习任务，利用数字化资源完善学习过程以及作品的创作。数字化学习过程包括对数字化设备、软件、资源等的选择和应用。具体的步骤为先确定学习目标，选择合理的学习工具和资源，然后开展学习。比如，在"几何画板"的应用中，学生先对需要解决和学习的问题进行确定，然后选择几何画板软件进行学习，再利用几何画板软件以及相关资源有效地解决实际的问题。在学习完成后还可以通过几何画板与同学进行交流和资源分享。最后学生还可以对这个软件进行拓展。在这个过程中要求教师多接触相关内容，更深层次地了解数字化相关工具和内容，为学生创设良好的学习环境，提升学生的学习效率，并不断地拓展应用领域，激发学生的学习热情和创新能力。

4. 培养学生的社会责任意识

信息技术的发展对社会发展具有积极的促进作用，但是同样也会带来很多的负面影响，而其利弊主要取决于信息技术的应用人员。所以在高中信息技术教学中，教师需要引导学生认识信息技术发展的重要作用以及在发展过程中存在的一些潜在问题，使学生遵守相应的信息法规，并根据社会公认的信息伦理道德开展信息化建设活动。高中生逐渐趋于成熟，肩上的责任和担当更重，因此必须要具有信息安全意识，注重对他人隐私的尊重和保护；同时采取一定的技术手段对信息以及数据的安全进行保护，并严格遵循法律有关信息以及伦理道德规范，同时正确认识自己的社会身份，合理开展信息活动。简单来说，即使在虚拟的网络世界中，其行为也要符合一个"人"的规范，并能采取科学的技术手段维护自身的合法利益。比如，某网民在网络平台上对公共事务以及公众人物进行多次诋毁以谋求私利。针对这个问题，教师要引导学生进行思考，如思考该网民的网络角色和形象是什么、该网民主要犯了什么罪、从中应吸取的教训等，通过真实的案例引导学生成为合格的网民。

第二章 中小学编程教育

第一节　编程教育的起源与教育价值

一、中小学编程教育的内涵和起源

1. 编程教育的内涵

2011年，美国计算机科学教师协会（CSTA）和计算机协会（ACM）在全国中小学计算机教育调研基础上研制了《K-12计算机科学标准》，将编程教育的内涵定义为两个层次：一是培养计算思维，二是计算实践和编程。其目的是通过编程语言的学习，培养学习者的计算思维，从而提高学习者的批判思维和解决问题的能力，最终目标是培养学习者的创新创造能力。因此，我们可以把编程教育定义为通过编程语言的学习，培养学习者的计算思维，从而提高学习者的批判思维和解决问题能力的一种教育。

其中，计算思维是计算科学实践的核心。它从本质上来说就是一种运用计算机解决问题的思考过程，也可以说它是一种解决问题的思考方式。这种思考方式需要通过一种可视化或被人所接受的结构方式来表达，如编程语言。这就是人们为什么要学习编程语言来培养计算思维的一个重要原因。

受到"计算思维"思潮的影响，教育部发布的《普通高中信息技术课程标准（2017年版）》有关学科核心素养的说明中也明确指出培养学生的计算思维能力。由此可见，计算思维对于编程教育而言是一个十分重要的培养内容和目标。

2. 编程教育的起源与发展

编程教育其实不是什么新奇的教育方式和理念。早在20世纪80年代，苏联计算机教育学家伊尔肖夫就提出"文化论"的观点。他认为"程序语言是第二文化"，主张将程序设计等编程语言作为学生学习的重要内容，以此来锻炼他们的计算思维能力。因此，曾有一段时间全球的中小学生都在普及编程教育。但到20世纪90年代，因为"工具论"的兴起，强调工具技术的使用，人们慢慢转向更重视计算机技术的实际应用，导致编程教育一度没落甚至被边缘化和淘汰，直至今日又再一次重新回到人们的视野中。

二、国外中小学编程教育发展的经验与启示

从2012年开始，美国、英国、澳大利亚、新加坡、日本、韩国等国纷纷开始重视编程教育的巨大作用，相继颁布政策将编程列入中小学的必修课程。其中，美国、英国的编程教育发展最具代表性和影响力，这里结合两国编程教育发展经验进行了研究，并且总结出一些启示。

1. 美国中小学编程教育的发展

美国是世界上最早开始关注编程教育的国家，20世纪60年代，麻省理工学院就对幼儿进行了编程教育实验，开始教授LOGO语言。这一阶段发展缓慢，直到2012年编程教育受到美国各界广泛的关注和支持，由此开始迅速发展和扩散。如今在美国，程序语言已经成为继儿童阅读、写作、算术等必备技能之后必须掌握的第四项基本能力。

在政策层面，2016年年初，奥巴马在其国情咨文中提出"面向所有人的计算机科学"新计划。美国众多知名互联网企业都参与其中，向中小学生提供包括编程在内的计算机课程，从而兴起了一场中小学生计算机编程教育运动。同年，美国政府投入40亿美元的教育巨资，在全美各州开展从幼儿园到高中的完备优质的电脑科学教育，使小学生更早开始接触编程与计算机，旨在实现让美国的儿童能在小学阶段具备最简单的编程能力的目标。这些政策为编程教育的发展提供了政策制度层面上的支持。

在企业社会层面，苹果公司的首席运营官蒂姆·库克也曾说过："越早教孩子学习编程越好，希望编程能成为所有小学生的必修课。"而工商界早已看到编程教育对于国家民族发展的重要性。例如，在2013年计算机科学教育周，美国一家专注于青少年在线编程教育的非营利组织Code.org发起名为"编程1小时"的活动，旨在通过采用有趣、欢乐的教学形式引起中小学生对程序编写的了解，从而激发孩子们对计算机领域的兴趣。自2014年起，"编程1小时"成为

一项全球性活动，吸引了全世界数百万人参加。此外还有"天堂谷学区""洛斯阿图斯学区"等社会编程教育机构涌现出来；同时，美国多家企业如微软、Facebook等都涉足编程教育的活动，受到了社会媒体的广泛关注。这些都极大地促进了美国编程教育的发展。

在学校教育层面，《K-12计算机科学标准》（2011年）设计了小学（K1~6）、初中（K6~9）、高中（K9~12）三个不同水平阶段的计算机科学教育，目的是在全美中小学普及计算机科学课程。

编程教育作为计算机科学课程学习的核心内容之一，在《K-12计算机科学标准》总体目标中充分体现为让学生能运用计算机科学技能（尤其是计算思维）解决问题。此外《K-12计算机科学标准》还可作为当前学校中IT和AP课程的补充。从2013年12月以来，美国共有几十个学区同意增设编程课程；部分州已将计算机科学设定为与数学等一样的基础课程，不再将其作为选修课来对待。同时，在美国得克萨斯州还通过一个法案，允许有些学生用编程语言学分代替外语课程的学分。由此可见，编程语言在学校教育中的地位越来越重要。

2. 编程教育发展的启示

综上所述，在分析美国编程教育的发展过程中，我们可以看出，其大都遵循着一种自上而下，政、企、校、社会联动促进的发展模式。

从"上"的方面看，美国较早关注到编程在基础教育中的重要价值，政府陆续颁布了中小学校发展编程教育的一系列政策，为编程在基础教育中的普及提供了强有力的制度保障，而且政府还投入了巨额的教育资金，旨在为中小学生提供优质的编程教育资源。在地方与学校方面，美国各州政府在响应联邦政府推行的编程教育政策制度的同时，也都不同程度地颁布了相应的法案，推动本地区学校的计算机科学教育普及工作。在大多数地区的中小学校中都增设了编程课程，并且使编程等计算机课程的地位得到提升。

从"下"的方面看，社会企业等各界力量都在积极推动与促进编程教育的实施与发展，努力营造一种全民学习编程的社会氛围。例如美国的"编程1小时""天堂谷学区"等各种学习社区等，从社会大环境和舆论导向中积极推动编程教育，为全国发展编程教育创造了良好的环境条件。因此形成了一种国家倡导、地方推行、学校实施、社会营造环境、自上而下、相互促进和推动编程教育发展的良好模式。从美国编程教育的发展经验和模式中，我们可以汲取有益的经验，结合我国教育现状，推动具有中国特色的编程教育的发展。

三、中小学编程教育价值

学习计算机，很容易联想到学习编程。程序设计课程是大学本科计算机科学与技术专业的基础课程，通常要求学生掌握一门程序设计语言。程序设计课程领域的知识由程序设计基本概念和程序设计技巧组成，这些内容涵盖了计算机科学与技术专业本科生必须了解与掌握的整个程序设计的知识范围。因此，编程不仅是一门程序设计语言，也是进一步开展专业学习的工具，更是体验与理解计算机工作原理的一个途径。

中小学开展程序设计教学，经历了一个由盛到衰又转向兴盛的过程。当再次关注程序设计教学时，必然需要探讨程序设计教学的价值。"培养未来的程序员"可以成为以课外社团形式组织少量中小学生开展编程教学的学习目标，但是，若此目标成为义务教育阶段的学习目标肯定得不到教育界普遍的认同。多年来，业内人士不断拓展程序设计教学更宽泛的教育价值，如培养创新思想、团队合作精神等，并将这些价值渗透于编程教学。然而，这些并不是程序设计教学所独有的，通过其他学科的学习也可以获得这些教育价值。就程序设计本体而言，其独有的教育价值应该有三个层次：学会一种技能，培养一种思维，形成一种对世界的看法。

（1）通过编程学习，掌握一种编程技能，是编程教学最直接、最基本的目标。其最典型的就是职业教育，学习者熟练掌握一种高级编程语言进行程序开发，解决实际问题，编程效益是教学追求的重要目标。因此，学习内容除了程序设计的基础知识，还会涉及大量的编程技巧，同时从工程角度出发，还会涉及具体的技术细节和工程化的规定。其学习内容是烦琐的，学习目标指向是明确的。显然，作为非职业教育的学习者，涉及编程技巧和具体技术的细节和工程性规定的学习内容可以弱化。

（2）通过编程学习，培养一种思维。目前大力倡导的计算思维教育就属于思维的培养。计算思维不仅是计算机专业人员应该具有的思维模式和素养，也应该成为当代公民的一种思维素养。计算机专业学生学习程序设计，不仅要把程序设计作为一种编程工具来学习，还要以此为载体学习学科思维。而作为非计算机专业的学习者，关注的是计算思维的形成。那么，从思维教育的角度出

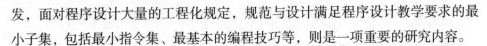

发，面对程序设计大量的工程化规定，规范与设计满足程序设计教学要求的最小子集，包括最小指令集、最基本的编程技巧等，则是一项重要的研究内容。

（3）通过编程学习，形成一种对世界的看法，即形成一种独特的"世界观"。当今社会是由人、物、机所组成的三元世界，即人的世界、物理世界以及计算机世界。计算机世界是现代人必须面对并且深入探索的世界，其虚拟、自动、智能等特性通过程序设计可以让中小学生直接接触并深入感受计算机世界。

当把程序设计的学习者框定为中小学生后，就会发现，尽管学习者有可能是潜在的计算机从业人员，但是以职业教育为目标的教学对中小学生肯定是不合适的。

第二节　编程教育的发展路径

一、我国中小学编程教育发展现状和问题

1. 我国中小学编程教育发展现状分析

我国的编程教育在20世纪80年代也曾风行一时，邓小平同志曾说过，"计算机的普及要从娃娃抓起"，从而开启了我国计算机教育的先河。但后来中小学编程语言学习的现象和热情消失了一段时间，以至于在中小学校中无人问津。在世界各国都在关注和推进编程教育普及大众化的时候，我国的编程教育却有些落后。但随着STEM教育浪潮的推进，我国也逐渐意识到编程教育在未来发展中扮演着重要的角色。

在政策层面，教育部在2016年提出了实施国家智能教育工程，在中小学校开设人工智能相关课程，逐步推进编程教育。2017年7月，国务院印发《新一代人工智能发展规划》，明确提出在中小学阶段开设人工智能相关课程，逐步推广编程教育。该规划的出台加速和推动了编程教育在中小学的普及。2018年

初，教育部发布的《普通高中课程方案和语文等学科课程标准（2017年版）》中，信息技术学科大幅提升了在编程、计算思维、人工智能等方面的学习要求，重新定义了编程教育的学习内容。这些政策都进一步促进了我国基础教育阶段的编程教育的实施与普及。在学校教育层面，随着STEM教育和创客教育的普及，我国的编程教育逐渐受到社会各界的重视，因此编程教育与STEM教育是紧密结合在一起的。

目前，我国编程教育推广主要采取以下几种形式。第一，在众多创客空间、培训机构和各类比赛中推广和教授编程。第二，在中小学校信息技术课程中逐步普及编程教育。目前，大部分学校都会使用Scratch编程软件或C++语言等进行教学，培养学生的计算思维和逻辑思维能力。第三，通过举办科技竞赛和组建社团活动教授编程语言，为学生参加科技竞赛提供技术支持。

2. 我国中小学编程教育发展存在的问题

综上所述，我国政府已经意识到编程教育的重要性，正逐步在中小学校中进行推广。在形式上，编程教育依靠创客教育、学生社团和科技竞赛等载体，与信息技术学科密切相关，逐渐出现在我国中小学教育中，整体呈蓬勃发展的态势。但由于我国在编程教育方面经验不足、起步较晚，整个社会尚处在编程教育发展的初期阶段，还没有形成一种良好的发展模式。此外，我们还要结合我国国情和中小学编程教育的实际情况，借鉴别国的成功经验和模式，避免生搬硬套。

综上所述，发展适合我国中小学生的编程教育必须考虑以下几个方面的因素：一是协调好国家与地方、高校与中小学校的关系，做好中小学校的衔接工作，以及依靠社会环境等因素共同促进编程教育的发展；二是发展具有地方特色的编程教育模式；三是将编程教育与信息技术等学科相结合，更好地促进编程课程发展。

二、我国开展中小学编程教育的路径思考

1. 国家层面：政策引领、规范体系、联动各方力量

政府作为编程教育发展的顶层倡导者和推动者，编程教育的发展需要有政策和法规强有力的支撑和保障，切实将编程教育纳入中小学教育发展战略规划中，分阶段、分地区、分年级逐步推进，并且有相应的资金支持教育发展和人

才培养，为中小学提供优质的教育资源。同时，也有必要制订编程教育的相关标准，建立良好的发展体系，规范编程教育的推广机制，联合学校、企业、社会等各方机构与平台，共同营造一种热学、爱学编程、创新创造的社会氛围，促进全民学习编程的社会新气象的形成。

2. 地方层面：因地制宜、示范建设、监督推进

地方政府作为编程教育发展的地区倡导者和实践者，需要积极响应国家的规划教育政策，根据本地区的教学现状、教学条件制订编程教育发展纲要和相应的规划方案等，利用本地区学校和科研机构的力量，通过编程教育实验学校等建设，总结实践经验和成果，并对有本区域特色的编程教育发展模式进行探讨。最后，逐步推广实施特色模式，加强动态管理和监督，定期进行评估优化。

3. 中小学校与高校机构层面：产研结合、课程开发、师资培育

高校和中小学校作为编程教育发展的研究者与实施者，需要紧密结合。高校科研力量走进一线实地考察，在试点学校指导和培训中小学校更好地进行编程课程规划教育，帮助学校开发新的课程资源，形成区域特色发展模式，从而实现产学研的结合，易于转换实践成果，加快推进编程教育更接地气的发展。在高校科研力量的支持与帮助下，中小学校应积极配合发展规划，推进编程教育的发展，搭建编程资源平台与空间环境，整合学校的课程，提倡跨学科教育。同时，也要重视师资人才的引进或培训，使其成为编程教育发展的中坚力量。

4. 社会企业等各界力量层面：协同合作、服务支持、造势推动

社会企业等各方力量作为编程教育发展的促进者和有益补充成分，需要结合学校的现状和相关情况与之合作，并对学校的发展规划予以支持，搭建学生线上线下学习平台，为中小学生提供丰富的教育资源、课程及技能培训等相关内容。同时，还要结合社会上的其他教育力量，举办编程教育竞赛，在全社会范围内掀起编程教育浪潮，培养中小学生对编程教育的兴趣，营造全民爱学习编程的社会氛围，推动编程教育的发展。

5. 信息技术学科结合层面：学科定位、学科情境、学科融合

信息技术学科作为编程教育实施和发展的载体，对当前中小学编程课程的结构和改革有着重大的影响。在中小学信息技术学科中，要定位好编程教育的价值：开设编程课程的目的不是要把每个学生都培养成程序员，而是培养学生的思维和能力，最终使其成为具有创新创造能力的人才。编程教学不应是单纯的程序语言教学，而是需要创设学习情境，激发学生的需求和兴趣。编程教育不仅需要借助信息技术学科的载体，还需要跨学科融合，支持数学、语文、物理等多学科教学，丰富学习形式，提高学习效率。

第三节　核心素养背景下编程教育的南海模式

佛山市南海区作为信息技术教育的先行者，从1999年开始聚焦信息技术课程的创新型开发和实施，坚持依托信息技术课程探索人才培养的创新之路。特别是近几年在义务教育阶段全面普及编程教育，取得了理想成效，走在全国前列，为其他地区提供了良好的范例。

一、南海区信息技术教育的现状

1. 信息技术教育的优质普及实现了基本的教育公平

南海区是全国中小学信息技术教育试验区，从1999年开始由财政投入大量资金建设连通全区所有学校的教育城域网，全面装备学校电脑室，开发地方教材，建设课程资源，批量培训教师，到2001年实现了信息技术教育在全区范围内的全面普及。让不管是城镇或是农村、发达或是落后地区、本地或是外地户籍、富裕或是贫穷家庭的从小学三年级起的全区中小学生，都能享受到信息技术的普及教育；让每一位适龄学生包括信息意识与信息技术应用能力在内的信息素养得到了有效提升，从而实现了全区范围内信息技术教育的基本公平。

2. 优秀学生已不满足于原有的信息技术课程学习

2014年前的信息技术普及课程是面向全体学生设计的。随着信息技术教育的不断发展和社会信息化、家庭信息化程度的提高，由于学生资质的异同，信息技术的学习逐步表现出了明显差异。对学习兴趣浓烈、学习能力强的优秀学生而言，原有的操作应用类信息技术课程学习已远不能满足他们成长的渴望，如果这部分学生只停留在原有普及课程的学习上，对他们是不公平的。

因此，南海区便先后开展了信息学、电脑制作、机器人、动漫等信息技术教育的拓展课程，让学有余力、有天赋的学生选择其感兴趣的项目进行学习，从而最大限度地满足每个学生的发展需要。

3. 信息学的拔尖学生脱颖而出

近二十年来的脑科学研究成果明确显示，一个人在逻辑思维、语言、想象力、创造力等各个方面的成长均存在着一个关键期，而且这些关键期一般都在12岁之前。错过关键期，或者如果一个有特殊潜能的孩子在小时候得到良好的挖掘和发展，却没能得到继续有针对性的培养；那么，其发展就会出现断层，最终依然不能成为对社会有突出贡献的拔尖创新人才。

因此我们意识到，信息学特长生的培养应系统规划，并在各方面的支撑和配合之下进行科学的研究和实践，才能抓住人才成长的关键期，使信息学拔尖人才脱颖而出，突破学生成长的瓶颈，实现衔接发展。

2002年，南海区将信息学特长生的培养提到了议事日程上，先后开展了信息学教师培训、区信息学夏令营、区信息学竞赛和信息学辅导教材的编写等一系列工作，从全区范围内推动信息学特长生培养工作的开展。

经过10多年的实践，南海区信息学特长生水平不断提高，取得了规模和质量的双丰收。南海区学生参加全国信息学联赛获一等奖人数由2002年的4人，到2005年增加到24人，到2008年再增加到35人，到2015年增加到200多人且5人进入广东省信息学代表队，6人被清华、北大提前录取，实现了三次里程碑式的提升。2018年底，全区近100所学校2500名学生参加了信息学课程学习，从竞赛成绩表现出来的信息学教学质量已从全省落后位置逐步迈进全省甚至是全国的先进行列。

二、南海区编程课程的创新实施

编程教育是计算思维培养的重要途径，注定是信息技术课程的核心价值所在。南海区一直将编程教育植根于整个信息技术课程的开发与实施过程中，并将信息学特长生培养的成功经验反哺到编程普及教学中，牢牢把握住了课程的核心价值。

（一）自主开发编程教材

南海区团队编写的编程教材包括了普及性的小学四年级的GoC图形化编程、小学六年级scratch程序设计、初中八年级的python程序设计及面向特长生的信息学入门篇和提高篇。其中普及教材由广东高等教育出版社出版，获得了专家的高度评价，被列入广东省教材目录，在全省推广使用。这些教材具有如下特点。

（1）体现"双主线"

在教材的组织上，以活动主线与知识主线"双主线"模式贯穿全程，穿插"细心想""齐交流""大胆试"等活动环节，达到了动脑、动手与动口"三结合"，整体育人的目的。

（2）把握"融合性"

内容的选择既关注基础性又关注先进性、既关注传统性又关注创新性、既关注工具性又关注文化性、既关注技术性又关注思维性、既关注学科性又关注综合性，实现教材综合育人。

（3）凸显"先进性"

教材定位于学科核心素养的培养，将最先进的教育理念、信息技术发展成果落实到教材中，占领信息技术课程的前沿阵地。

（4）"项目式"驱动

以项目驱动、任务引领的方式，将内容编排交叉渗透、层层推进、螺旋上升，达到化繁为简、化难为易，在不断巩固中学新知，在新知学习中巩固的目的。

（5）"多元化"评价

创设了教学过程的交流评价、课后检测评价、"我的成长记录""作品记录袋"等全方位的学习档案及评价环境，鼓励学生进行自我评价、交流评价，达到反思总结、不断提升学习品质的目的。

（二）搭建在线教学平台

网络化手段是提高工作效率的利器。为了集中优质教学资源，最大限度地实现编程教育活动中教与学方式的改变，使全区不同地域、不同学校的学生和教师能共享全区优质课程资源，南海区开发了针对GoC学习的少儿编程教育网站，针对信息学特长生使用的信息学在线测试平台，并搭建"南海信息学奥林匹克活动平台"，将课题研究、学生集训、教师研修、总结交流、电子资源、政策制度、工作动态等整合起来，让全区师生在平台上共享资源和交流协作。通过开发题库及测评系统和构建各种辅导平台，在全区构建起全方位、多形式和高效率的教学辅导环境，实现教学效益最大化，从而达到了编程教学水平整体提高的效果。

（三）建立高素质的教师队伍

1. 核心团队领航，为课程改革攻坚克难

南海区首先从核心团队建设入手，以Hayes的团队建设理论、协同理论为指导，采取任务导向途径进行核心团队建设，通过实施"合理选人，组建核心队伍""确立共同目标，明确工作任务""建立协作机制，合力完成各项任务""建立激励机制，激活团队战斗力"等系统性策略，先后打造了信息学、教材开发、教学质量监测等核心团队，对全区工作出谋划策、指导引领和研究实践。

在推进编程课程开发与实施工作中，南海区采取了项目负责制，先后设立了课堂教学、信息学特长生培养、教育科研、教材开发等项目组，由核心团队重要成员担任各项目组长，全权负责该项目在区层面的策划与实施，再通过各镇街中心教研组在学校落地，实现全区镇街、学校的全面联动。例如，在信息学特长生培养方面，2007年开始由世界冠军教练江涛老师任区信息学总教练暨信息学项目教研核心组组长，带领信息学核心组成员开展课题研究、辅导教材编写、资源库建设、教师培训和承担学生的跨校、跨学段集中式教学，有力地带动了全区信息学项目的发展，培养了大批高素养的信息学特长生。

2. "青蓝工程"，促教师队伍共同成长

自2008年开始，南海区实施"青蓝工程"培育年轻教师，使信息技术教师队伍保持活力与激情，避免了不少地方的队伍老化和职业倦怠化现象。"青蓝工程"有如下主要形式。

（1）开展名师与青年教师分组结对培养活动。制定实施了《名师携你前行——信息技术新教师培养活动实施方案》，让每名区名师与3～4位年轻教师分组对结，结成"一对多"导师制的师徒关系，开展课堂打磨、教研指导、微课制作培训、编程专业提升指导等活动，由名师对徒弟进行每轮三年有针对性的培养，促进大批青年教师成长、成才。

（2）开展"名师讲堂"活动。将"名师讲堂"常态化，每学期由若干名区名师承担名师示范课与名师小讲座，在育人价值观、课程理念、教学艺术等方面，为全区500多名信息技术教师树立专业成长的榜样。

（3）信息学项目教师培养方面，实施"层级导师制"培养模式：自上而下分成四个层级，上层带下层、高学段带低学段，使培养对象既可受上层导师指导又可指导下层徒弟，形成一个树状教师衔接成长梯队（图2-3-1）。

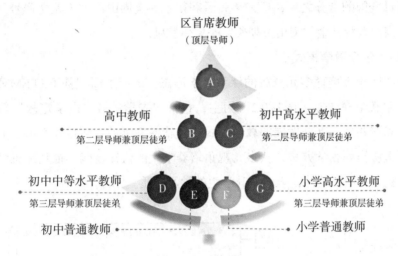

图2-3-1 "层级导师制"教师培养模式①

3. "研训赛评"，创设专业提升平台

将研究、培训、比赛和评价有机结合，搭起信息技术区域教研"研训赛评"一体化新平台，形成专业发展的闭环，促进教师素养不断地螺旋式上升。

研究指向思考力的持续提升，是教师专业发展的基础。以教材、课堂、特长生培养等方面的研究贯穿信息技术课程创新，快速提升并保持教师研究教育教学的内驱力；结合研究项目开展教材教法、质量监测、编程、论文写作等专题培训，精确匹配教师专业发展中的缺陷与不足，引导教师主动发展、攻坚克难；在培训的基础上创设教学设计、教学论文、资源开发、命题解题、优质课

---

① 禹飚，陈茂贤，许之安. 打通了人才培养的"经络"［J］. 广东教育·综合，2019（3）.

等能力展示的平台，释放教师在实践研究中积累的智慧与才华，激发教师超越自我；通过比赛的终结性评价和高效课堂、教学反思撰写等过程性评价，以多元评价为准绳，对教师实践效果、能力表现等进行科学客观的评估，定位教师专业发展的坐标，指引教师向着更高的目标迈进。

通过队伍建设创新，使南海区涌现出一支令人瞩目的高素质的信息技术教师队伍，获各类殊荣的教师人数在区域内占比均保持高位。在2017年全国小学信息技术课例展评活动中，除一人获优质课特等奖，还有8人获教学案例一等奖，超过全国的十分之一；近三年先后获得了一次佛山市"工人先锋号"称号和两次南商教育基金"突出贡献奖"等集体奖励。

（四）创新教学模式

南海区积极培育多元开放的课堂教学形态，形成了以"基于STEM理念的编程课堂教学模式"（图2-3-2）为主，包括"先学后教、以学定教"等各具特色的和谐共生、互补发展的教学模式，实施任务驱动、项目式学习、分层教学、小组协作等教学方法，从多元视角培养学生的认知技能、批判性思维、解决问题能力和创新精神，全面提升学生的学习品质。

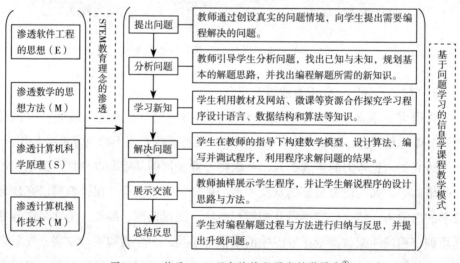

图2-3-2　基于STEM理念的编程课堂教学模式①

---

① 禹飚，陈茂贤，许之安.打通了人才培养的"经络" [J].广东教育·综合，2019（3）.

（五）开展课题研究

南海区的编程教育一直与课题研究相伴发展，通过课题研究、破解难题、寻找创新点，实现课程的螺旋式上升。

2008年开启广东省"十一五"教育科学规划项目"新课改背景下信息学特长生培养的实践研究"课题研究，构建起信息学特长生区域协同培养的"1-5-2塔峰"模式，以区域协同为抓手，建立评价激励制度和区域协作机制，打造跨校协作教师团队，开展立体课程资源开发，实施多元化教学，让学生获得学业与特长双发展，成功打造了信息学特长生培养品牌。标志性成果《聚合资源，协同育人——创新信息学特长生协同培养模式的研究与实践》获得了2017年广东省教育教学成果一等奖。

2015年启动了广东省"十二五"教育科学规划项目"依托信息学课程培养中小学生学习品质的研究"课题研究，以学习品质相关理论为指导，探索了"STEM理念下信息学课程教学模式"，编写了基于学习品质培养的教学指南，以江涛老师为首基于教学图形化思想自主开发出编程快速入门软件GoC，使抽象概念形象化、逻辑思维图形化、复杂问题简单化，大大降低了代码编程的门槛，激发了学生的编程兴趣和无穷的创造欲望。基于该软件的编程教育获得了李艺教授等国家级专家的好评。目前，GoC编程教育不但让每年南海区四年级3万多名适龄学生获得了编程体验，还纳入了省内外多个版本的小学信息技术教材之中，让省内外更多学生受益。

资源建设 篇

第三章 基于核心素养的中小学编程教育资源建设

第一节 教材开发

一、中小学编程教育教材开发的需求

（一）STEM课程的需求

现阶段市面上的教材注重学生兴趣的激发、编程力的培养，在教材中融入了游戏、动画等。这虽较好地激发了学生的学习兴趣，大多以技能操作为主，通过游戏作为载体，重复训练技能，达到令其掌握编程的目的，但由于缺乏与其他学科的整合，学生以接受知识为主。编写一本符合STEM课程理念的教材，则必须考虑与其他学科的整合；并在整合过程中提升学生的综合素养，尤其是其跨学科学习的能力。

（二）校本特色的需求

校本特色是学校课程创新及学校特色形成与发展的需求。已有教材并不能满足一些重点中小学的校本特色，除阿部和广（日）的《Scratch少儿趣味编程》与语文、数学、体育、音乐学科进行了融合，其他教材均以游戏、动画的设计为主。为解决现有市面上的教材无法满足编程教学的问题，编写适合本校甚至本地区学生学习的编程教材变得十分必要。

（三）教师的需求

1. 教材选择没有方向性

国内外教材种类繁多，这些教材都各具特色。但在教学过程中，发现选购教材在实际操作中存在诸多的问题，教师必须对教材进行重组或删选。

2. 教材编写不系统

前几年所选择的教材都有这样的问题：教材只是通过一些动画或游戏来进

行教学程序的编写，在编写顺序上并没有考虑到学生的实际学习情况；学生在学习中出现前后无法衔接等问题。

3. 教材内容实用性不强

近几年所使用的教材都以游戏类为主。但在比赛以及作品展示中，老师们发现游戏类的作品并不是评委所看重的；一些具有知识性、学习性的动画和游戏往往会得到评委的青睐。

二、教材的设计与开发

（一）教材开发的目标

1. 学生总体培养目标

根据新课程理念，遵循《中小学信息技术课程指导纲要（试行）》，结合学校的实际情况（硬件环境、软件环境、教师情况、学生情况等），通过信息技术校本教材开发与使用，培养学生对信息技术的学习兴趣，使了解和掌握信息技术的基本知识和技能，从而使学生具有获取信息、传输信息、处理信息和应用信息的能力，教育学生正确认识和理解与信息技术相关的文化、伦理和社会等问题，负责任地使用信息技术。为学生营造自主发展的氛围，给学生提供网络化的学习环境，促进学生主动发展、全面发展、全体发展，从而培养学生的自主性、主动性和创造性，逐渐培养学生良好的信息素养，使学生积累信息技术常识，把信息技术作为支持终身学习和合作学习的手段，为适应未来社会的学习、工作和生活打下坚实的基础。

2. 教师发展目标

通过教材开发促进教师专业发展，提高教师的课程意识、专业知识及反思能力。"教师即研究者"的早期倡导者布克汉姆曾经说过："研究不是一个专有的领域，而是一种态度。一名优秀的教师应该具有强烈研究的意识，应该是一个在教学中善于发现问题，并且通过研究解决问题的教师。"通过教材的开发可以促进校本教研，提高教师的研究能力，丰富教师的专业知识，实现教师专业化发展。编程学科不同于其他学科，教师需要不断更新自己的专业知识。在教学过程中，经常遇到这样的情况：学生会把自己在运用信息技术时遇到的问题向老师请教，如果教师专业知识匮乏，会让学生对教师产生不信任感。教材开发的过程，对于教师来说也是一个再学习的过程，特别是在创新型的教材开发过程中，许多新知识需要教师学习和掌握。教师需要树立终身学习的观念，不断完善自己的知识结构，丰富专业知识，以适应教研的需要。通过教材的使用可以提高教师的反思能力。教学反思是指教师对自身的教学实践进行自我观察、监控、调节和自我评价。教师同样要学会反思，善于反思，使之成为一种日常习惯，形成"实践—反思—提高"这样一个良性的循环。通过教学反思，可以使教师将理论与实践、思想与行动联系起来，提高教师的问题意识和教育科研能力，从而促使经验型教师向研究型教师的转化。

（二）教材的开发机制与内容组织

1. 教材的开发机制

信息技术学科的校本教材开发是在信息技术学科委员会的带领下，建立的科学、合理、有效的组织管理体系，制定了切实可行的推进策略，并严格按照既定策略有条不紊地向前推进。

（1）明确开发理念

开发理念是教材的灵魂。首先经过集体研讨确定教材的开发理念——以学生全面发展为本，即教材要促进每个学生身心健康发展，培养学生良好的品德，培养学生终身学习的愿望和能力；加强课程结构的综合性、均衡性与选择性，课程内容的深度符合学生的年龄特点和认知规律；加强课程内容与现代社会、科技发展及学生生活之间的联系，体现课程内容的现代化和适应性。教材的开发应致力于学生对知识的融会贯通与综合运用，让学生获得完整、一贯的经验，而非零散破碎的事实，以防止学生的知识体系窄化、僵化和脱离生活实际，促使学生个体全面发展。

（2）制订知识体系

知识体系是教材的骨骼，教师对教材的知识结构、单元的学习主题以及每一课的课题、任务、知识点等都要认真研究。在研究中，教师始终要坚持以学生为本的开发理念（教材的编写者尊重学生的需求充分体现了以学生为本的开发理念）。

（3）开展教师培训

教材开发不仅使信息学科全体教师参与其中，而且还能统一思想、提高对新课程、校本课程的认识。学校教师可以接受学校层面的培训与指导，聘请本学科的教育专家来校讲座，通过一系列的专家指导和学术沙龙活动，教师的课程意识会有很大的提高，为校本教材的开发奠定坚实的理论基础。

（4）统一编写风格

教材的编写是一项相当复杂的工作，由于所有信息教师均承担编写任务，因此教材编写的风格必须统一规范，因此信息学科委员会的成员首先应编写一个单元的样本，对文中的书写语言和图片处理等要做出详细的规定，为后期编写工作铺平道路。

（5）跟进开发进度

在开发教材的过程中，为了方便教师之间的交流，学科委员会应定期开展学术沙龙活动，对开发过程中遇到的问题和困惑进行交流，实时解决，同时还应在网上建立"教材开发交流群"。为了落实教材开发工作，学科委员会每周布置一次开发任务，每位教师的任务都十分明确。一周结束之后，教师把自己编写的教材交给学科委员会审阅。学科委员会每周以表格的形式公示开发进度的完成情况，从制度上保证了开发进度。

（6）强化质量管理

每周教师把开发的教材汇总到学科委员会之后，委员会认真审阅，并提出修改意见，指导教师当周进行修改，强化校本教材的质量管理。

（7）教材适时调整

教材开发是一个不断调整、不断完善的过程。教师开发经验的积累、学生需求的变化、软件的更新都成为我们不断调整校本教材的催化剂，这也正是教材开发的优势所在。

2. 教材开发的内容

大胆选用其他教材所没有涉及的教学内容。学生强烈的求知欲使得现有教材中涉及的软件不能满足他们的学习需要，他们需要更富有挑战性、更实用的软件来实现各种新奇的想法。目前的软件种类繁杂，教师在为学生挑选软件时，颇费脑筋。多数软件专业性强，术语太多，科普性不强，为了选择一款适合学生心智发展的软件，教师需要在多款同类软件中进行细致的筛选。筛选的内容都是经过科学有效的教学实验，才纳入校本教材体系之中的。

三、以生为本的小学编程教材的开发研究

南海区一直非常重视中小学编程教材的开发，2002年就编写了第一套basic

语言入门教材，2005年又编写了pascal语言的《聪明人的游戏——信息学探秘（入门篇）》和《聪明人的游戏——信息学探秘（提高篇）》，2010年作者作为主要编委参与编写了《聪明人的游戏——信息学探秘（初中版）》。2015年作者参与编写了适合中小学入门使用的"C++语言入门篇"。具体的开发过程如下。

（一）小学信息学教材使用情况调查研究

在教材开发前，项目组对41名信息学辅导教师及266名小学信息学学生进行抽样问卷调查，问卷内容如下。

小学信息学教材使用情况调查问卷（教师）

1. 您的性别是（　　　）。

A. 男　　　　　　　B. 女

2. 您的年龄段是（　　　）。

A. 18～25　　　　　B. 26～30　　　　　C. 31～40

D. 41～50　　　　　E. 51～60

3. 您所教的年级是（　　　）。（多选题）

A. 三年级　　　　　B. 四年级　　　　　C. 五年级　　　　　D. 六年级

4. 您从事信息学培训多长时间了？（　　　）。

A. 1～2年　　　　　B. 2～5年　　　　　C. 5～8年　　　　　D. 8年以上

5. 您平均每天花在信息学上的时间大约是（　　　）。

A. 1小时以内　　　B. 1～2小时　　　　C. 2小时以上

6. 您平时使用的信息学教材是（　　　）。（多选题）

A. 《聪明人的游戏》　　　　　　　　B. 《C++入门一本通》

C. 老师自己编的讲义　　　　　　　　D. 没有教材

E. （其他）＿＿＿＿＿＿＿＿＿

7. 您认为该教材在总体上（　　　）。

A. 好　　　　　　　B. 较好　　　　　　C. 一般

8. 您觉得该教材学生学习起来轻松吗？（　　　）

A. 很轻松　　　　　B. 一般　　　　　　C. 比较难　　　　　D. 很难

9. 该教材能让您的学生对信息学产生兴趣吗？（　　　）

A. 很有兴趣　　　　　B. 比较有兴趣　　　　C. 没有兴趣　　　　D. 厌恶

10. 您认为您现在使用的教材是否贴近学生的生活实际？（　　　）

A. 很贴近　　　　　B. 较好　　　　　C. 一般　　　　　D. 脱离生活

11. 该教材的情境设计能引起学生学习的兴趣吗？（　　　）

A. 能引起学生的兴趣　　　　　　　B. 一般

C. 不能引起学生的兴趣

12. 您认为教材中的情境设计有必要吗？（　　　）

A. 有必要　　　　　B. 一般　　　　　C. 没有

13. 您认为该教材在教学内容的容量上（　　　）。

A. 适当　　　　　B. 不足　　　　　C. 偏多

14. 您认为该教材在教学内容的安排上科学吗？（　　　）

A. 很科学　　　　　B. 一般　　　　　C. 不科学

15. 您认为您现在使用的教材对知识点的描述情况（　　　）。

A. 很清楚　　　　　B. 直截了当　　　　　C. 应适当举例子

16. 您认为您现在使用的教材课后习题量如何？（　　　）

A. 多　　　　　B. 适量　　　　　C. 少

17. 您认为教材的习题对学生知识的掌握帮助大吗？（　　　）

A. 大　　　　　B. 一般　　　　　C. 少

18. 您的学生会利用教材自学吗？（　　　）

A. 会　　　　　B. 不会

19. 您认为该教材适合小学生使用吗？（　　　）

A. 适合　　　　　B. 一般　　　　　C. 不适合

D.（其他）_____

20. 您认为该教材的内容对学生形成优秀的学习品质有帮助吗？（　　　）

A. 很大帮助　　　　　B. 较大帮助　　　　　C. 一般　　　　　D. 没有帮助

21. 您认为有必要开发新的信息学教材吗？（　　　）

A. 很有必要　　　　　　　　　　B. 有一定必要

C. 随便　　　　　　　　　　　　D. 完全没有必要

22. 如果编写新的教材，您希望新教材要增加哪些方面的内容？（填空题）

_____

23. 如果编写新的教材，您还有什么其他建议和意见？（填空题）

_____

小学信息学教材使用情况调查问卷（学生）

1. 您的性别是（　　　）。

A. 男　　　　　　　　　B. 女

2. 您所在的年级是（　　　）。

A. 三年级　　　　　B. 四年级　　　　　C. 五年级　　　　　D. 六年级

3. 您学习信息学多长时间了？（　　　）

A. 1年以内　　　　　B. 1~2年　　　　　C. 2~3年　　　　　D. 4年以上

4. 您喜欢信息学吗？（　　　）

A. 喜欢　　　　　　B. 不喜欢　　　　　C. 一般

5. 您平均每天花在信息学学习上的时间大约是（　　　）。

A. 半小时以内　　　B. 0.5~1小时　　　C. 1小时以上

6. 您学信息学的目的是（　　　）。

A. 可以培养自己优秀的学习品质　　　　B. 证明自己的能力

C. 为了考上好中学　　　　　　　　　　D. 老师（家长）要求

7. 您平时使用的信息学教材是（　　　）。

A.《聪明人的游戏》　　　　　　　　　B.《C++入门一本通》

C. 老师自己编的讲义　　　　　　　　　D. 没有教材

E. 其他_____

8. 如果让您自己选择，您会使用哪种教材？（　　　）

A.《聪明人的游戏》　　　　　　　　　B.《C++入门一本通》

C. 老师自己编的讲义　　　　　　　　　D. 其他_____

E. 说明理由_____

9. 您认为该教材在总体上（　　　）。

A. 好　　　　　　　　B. 较好　　　　　　C. 一般

10. 您觉得该教材学习起来轻松吗？（   ）

A. 很轻松   B. 一般   C. 比较难   D. 很难

11. 该教材能让您对信息学产生兴趣吗？（   ）

A. 很有兴趣   B. 比较有兴趣   C. 没有兴趣   D. 厌恶

12. 您认为您现在使用的教材是否贴近您的生活实际？（   ）

A. 很贴近   B. 较好   C. 一般   D. 脱离生活

13. 该教材的情境设计能引起您学习的兴趣吗？（   ）

A. 能引起我的兴趣   B. 一般

C. 不能引起我的兴趣

14. 您喜欢教材中的情境故事吗？（   ）

A. 喜欢   B. 一般   C. 不喜欢

15. 您认为教材中的情境故事对您掌握当课的知识有帮助吗？（   ）

A. 很有帮助   B. 一般   C. 没有帮助

16. 您认为您现在使用的教材课后习题量如何？（   ）

A. 多   B. 适量   C. 少

17. 您认为教材的习题对您知识的掌握的帮助情况（   ）。

A. 帮助很大   B. 一般   C. 帮助少

18. 您有利用教材自学吗？（   ）

A. 有   B. 没有

19. 您认为该教材适合小学生使用吗？（   ）

A. 适合   B. 一般   C. 不适合

D. 其他_____

20. 您认为有必要开发新的信息学教材吗？（   ）

A. 很有必要   B. 有一定必要

C. 随便   D. 完全没有必要

21. 您希望新教材要增加哪些方面的内容？（   ）

A. 典型例题   B. 习题量   C. 相关的知识点

从调查数据可以知道如下内容。

1. 信息学特长生教与学的时间不合理

学生普遍喜欢学习信息学（只有5.26%不喜欢），学习动机良好

（95.94%），所以每天都能花大量的时间用在信息学上（学习时间1小时以上的接近五成），还有超过七成的学生能够主动自学。但是最后能坚持下来的学生不多，六年级学习信息学的比例锐减至12.41%，说明学生学习效率不高，学习吃力，也就是说教材（或者是教师）的安排不够科学，指引性不够强，知识点拨不到位。

教师每天花在信息学上的时间较少：1小时以内的超过了五成，只有一成多（14.63%）能有2小时以上。这说明除了上课培训时间外，教师对教材的钻研和二次开发缺乏足够的时间和精力，这也导致了学生的学习效率不高、学习时间加长，久而久之，学生自然就会觉得困难和厌倦，最后就出现了到六年级时学习人数锐减的情况。

2. 目前没有统一的教材

调查显示目前的信息学培训中，有六成的学校使用的是2006年编写的《聪明人的游戏》，其他的学校有使用教师自编讲义（超过三成）。统一教材无疑会对整个南海区小学信息学的开展提供一个有力的支撑。

3. 教材内容有待更新

不管是学生还是教师，对目前使用的教材认同度都不高，有超过七成的师生认为目前教材一般，在教学使用上也是一般或难的程度，只有一成多的学生（13.16%）认为轻松，而没有1个教师认为轻松。认为目前教材适合小学使用的也都只有两成多：学生占25.19%，教师占21.95%。

情境教学无论是学生还是教师都认为是必要的（超过九成）：教材的情境设计能激发学生的兴趣，对学生掌握知识有较大的帮助（超过九成），但是还不够贴近学生的生活实际，所以学生的兴趣不够浓厚。

调查显示：现有教材的知识体系不适合教师的教与小学生的学，配套的练习层次性不明显，拓展性不强，缺乏渐进性和系统性。

通过对使用小学信息学传统教材师生抽样调查问卷和测评其使用效果分析（图3-1-1），开发一套适合全区中小学信息学特长生培养的地方教材用于教师教学与学生自学迫在眉睫。

图3-1-1　学生（左）及教师（右）对开发新的信息学教材的需求

（二）"以生为本"为定位，确定教材的知识结构和体系结构

文献与调研并行，把握小学生的认知水平和认知心理。"以生为本"的地方性教材开发过程引入学生思维能力培养的相关理论，根据皮亚杰的儿童发展认识理论，以实际问题解决为导向，同时，在课程中引导学生进行头脑风暴，激发学生的发散性思维。

皮亚杰的儿童认知发展理论对心理学的发展产生着重大的影响。根据皮亚杰的儿童认知水平和认知心理特性，将儿童的心理认知发展分为了以下四个阶段，见表3-1-1。

表3-1-1　儿童的心理认知发展阶段

阶段	大致年龄	特征
感知运动阶段	0~2岁	凭感觉与动作以发挥其图示功能，由本能性的反射动作到目的性的活动，对物体认识具有客体永恒性的概念
前运算阶段	2~7岁	能使用语言表达概念，但有自我中心倾向；能使用符号代表实物；能思维但不合逻辑，不能全面认识事物
具体运算阶段	7~11岁	能根据具体经验思维解决问题，能理解可逆性的道理，能理解守恒的道理。"自我中心"程度下降，提高了与他人沟通的能力
形式运算阶段	11~15岁	能抽象思维，能按假设验证的科学法则解决问题，能按形式逻辑的法则思考问题

根据实际的调查研究，珠三角地区小学四至五年级学生的认知水平和认知心理有以下鲜明的特点。

启发性：一切学习本质上都是自我学习。小学生对新知的学习源于兴趣，乐于接受能启迪自己认知水平的新知，发现学习知识是一种乐趣。

直观性：小学生的认知发展，每个阶段的顺序都是固定直观的，不可变化。

阶段性：小学生的认知发展是阶段性的变化，且每个阶段都是不同的。学生每个阶段对新知的学习都有一个最佳的切入口。

渐进性：小学生的认知发展是认知结构的发展，是循序渐进的，只有前一个阶段得到发展之后，才能进行下一个阶段的发展。

重叠性：小学生的认知发展，每个阶段的划分有重叠性，有一定的模糊界限。

差异性：小学生的认知发展，每个儿童的发展有差异性，不应该只把年龄作为衡量其发展阶段的判断依据。

（三）以建构主义学习理论和多元智能理论为基础的教材开发

1. 建构主义学习理论

建构主义学习理论认为，个体的认知发展与学习过程是紧密相关的，学习不是被动依靠教师传授的过程，而是学习者主动地建构内部心理表征的过程，是学习者在一定的情境下，借助他人（老师和学习伙伴）的帮助，利用一定的学习资料，通过意义建构的方式而获得的。

建构主义学习理论强调以学习者为中心，认为"情境"、"协作"、"会话"和"资源"是建构主义学习环境中的基本要素或基本属性。它强调学习过程中要充分发挥学习者的主动性与创造性。教师对学生的意义建构起到了帮助和促进的作用。强调情境对意义建构的重要作用，认为学习总是与一定的情境相关联，学习者在实际情境下利用自己原有的认知结构中的有关经验去同化和顺应当前学到的知识，并赋予新知识某种意义，如果原有经验不能同化新知识，则要重组原有知识结构；提倡协作与交流，并提供可选择的、丰富的、随时可得的与问题解决有关的各种信息资源。

建构主义学习理论对地方教材的编写有以下启示。

（1）教材开发者要尽可能地创设基于真实情境的学习主题，并将主题贯穿于整个学习单元。

（2）强调协作学习与合作学习的重要性。

（3）为学生提供丰富的资源和环境支持，其中包括文本、图片与拓展性练习。学生可以利用这些资源进行更深层次的理解、反思，进一步提升自主学习能力。

2. 多元智能理论

多元智能理论是由美国的心理发展学家霍华德·加德纳提出的。多元智能理论认为，智力的基本性质是多元的——不是一种能力而是一组能力，其基本结构也是多元的——各种能力不是以整合的形式存在而是以相对独立的形式存在。而现代社会是需要各种人才的时代，这就要求教育必须促进每个人各种智力的全面发展，让个性得到充分的发展和完善。加德纳认为人的智力至少可以分为以下八个范畴：语言智能、逻辑数学智能、空间智能、运动智能、音乐能力、人际交往智能、自然观察智能、音乐智能。

通过研究加纳德的多元智能理论，我们将之概括出如下主要特点。

（1）人的智能不是多种智能的整合或某种单一智能，而是具备多元性的特性。每个人的多元智能均以独特、复杂的形式共同地发挥作用。

（2）每一个个体都具有自己独特的特点。由于环境及教育条件的不同，人的智能特点也有差异，我们要公平地看待每个个体的不同智能差异。

（3）人的智能发展需要开发。个体的智能发展方向和发展程度受外界因素的制约，因此，我们应创造条件，尽可能地挖掘学生的潜在智能。

因此，我们在教材编写时应创设有利于学生多元智能发展的教学情境，内容描述、练习、问题等都要注重多元智能的培养。

（四）充分讨论，构建教材的知识结构

传统的编程教材多以学术的知识点分类，具有明显的可传递性的知识作为教材的主体，把同一类的知识放在同一章，这种教材面向高中以上学生，强调学科体系的完整性和逻辑性，秉承的是传统的教育理念。而本教材却是根据学生的认知规律，把知识点拆分到各章各课中，以"需求"为导向，在解决问题的过程中让学生更高效地学习。

例如，所有的C++教材都以介绍C++的各种数据类型开始，"以生为本"教材却直接从最简单的程序出发，只使用整数（int）类型，其他的类型都在使用中逐步渗透学习。传统教材与"以生为本"教材的知识结构对比见表3-1-2。

表3-1-2　传统教材与"以生为本"教材的知识结构对比

	传统教材	"以生为本"教材
入门	**第一章：C++程序设计语言基础** 语言介绍、数据类型、变量与常量、自定义数据类型、运算符、表达式、数制、ASCII码	**第一章：初识C++** 程序的结构、输出语句、赋值语句、输入语句、顺序结构程序设计
	第二章：顺序结构程序设计	第二章：选择结构程序设计
	第三章：选择结构程序设计	第三章：循环结构程序设计
	第四章：循环结构程序设计	第四章：一维数组
	第五章：函数	第五章：二维数组
	第六章：数组	第六章：字符和字符串
	第七章：指针	第七章：函数
	第八章：结构与联合体	第八章：结构体与排序函数
提高	第一章：递归与分治	第一章：算法概述
	第二章：高精度运算	第二章：字符串处理与进制转换
	第三章：排序与检索	第三章：枚举算法
	第四章：数据结构基础	第四章：简单排序
	第五章：贪心法	第五章：高精度运算
	第六章：动态规划	第六章：贪心算法
	第七章：图论模型与算法 （最小生成树、最短路径、网络流等）	第七章：递推与递归
		第八章：搜索策略
		第九章：分治策略
		第十章：动态规划

从表3-1-2可以看出，似乎知识结构的改变不大，但很多的改变其实是在各章的主体内容上。如本教材第二章重点是学习if语句，switch语句是以知识拓展的形式出现的，到了第四章末才引入实数类型等。这些细微的变化是以多名有丰富教学经验的小学信息技术教师的实践生成的。

（五）多方论证，构建教材的体系结构

大部分现有小学C++教材强调的是知识的学习，但编程的核心并不是"语法"，而是"思维"。因此，"以生为本"教材改变了传统教材的说明书式的结构，把小学生的认知水平和认知心理特点作为"以生为本"教材开发的出发点，让学生能利用教材根据自己的认识水平来自主探究，善于发现且乐于合作，实现师生互动，从而更容易实现教学目标。

小学生认知水平和认知心理与"以生为本"教材体系结构的开发体系如图3-1-2所示。

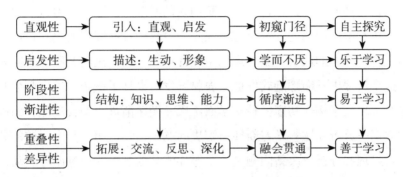

图3–1–2　小学生认知水平和认知心理与"以生为本"教材体系结构的开发体系

根据图3-1-2，遵循小学生认知水平和认知心理信息，按照信息技术学科的规律和知识结构的难易，将"以生为本"的教材（图3-1-3）划分为若干章，每章若干课，每课都以一个小学生喜闻乐见的实际情境来引入，提出问题。学生在"初窥门径"用已有的知识基础解决该问题并产生冲突；在"学而不厌"引出解决该问题的新方法，并通过"循序渐进"、"融会贯通"进一步应用。通过这几个环节，让小学生在自主探究问题求解的过程中构建数学模型，掌握科学的思维方法和程序设计的技巧，在解题过程中培养自主学习意识和创新思维能力，自觉养成自主学习和协作学习、取长补短和总结归纳的良好的学习习惯。每课都设"想一想"让学生通过对比，从中分辨程序编写的技巧。每课课后都有几道循序渐进、层次分明的习题让学生用例题的编程方法去解决实际生活中的问题，达到温故知新、举一反三的效果。

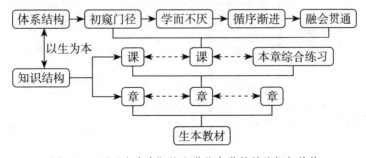

图3–1–3　"以生为本"的小学信息学教材的框架结构

（六）师生互动的教学实践中生成"以生为本"教材的实体内容

编程的过程融合了"实践与思维"、"基础与开放"、"自主与合作"，以其独特的方式促进学生自主学习意识的形成、数学思维和阅读能力的提升。这是一项益智性的活动，也被誉为"聪明人的游戏"。这个学习过程也是学生观察、分析和解决问题的探究过程。在这一过程中没有固定的模式可以套用，并会出现各种各样的问题，教材运用生成性思维不断解决问题和产生问题，让学生在这个过程中不断螺旋式发展。教材开发时设计了一条"适合师生共同成长"之路：典型案例—初窥门径—学而不厌—循序渐进—融会贯通，而提高篇是典型案例—分析问题—学习新知—解决问题—活学活用。其中问题的分析、解决、再发现和分析解决新问题是一个循环流动的过程。通过循环流动，使问题越来越清晰，生成的教材内容才能真正适合学生。

1. 自主探究过程中自主思维的养成和发展形成"以生为本"教材的主体

相对独立的每一课与互相联系每个阶段的主题形成的章节，在学生掌握了编程的基础知识的同时加以拓展，形成学生的自主学习意识和创新思维。"以生为本"，因"一切教育都是自我教育"，一切学习本质上都是"自我学习"。小学生对新知的学习源于兴趣，乐于接受能启迪自己认知水平和认知心理的新知，发现学习知识是一种乐趣。此时教材将"教材"变成小学生的"学材"，注重自主探究的过程，唤起引导学生的自主学习意识，引导学生与"以生为本"教材进行有效的"对话"，实现学生与"以生为本"教材积极"互动"。此时此刻的学生不再是教材的"受体"，而是依托"以生为本"教材进行自觉的自主学习，变成学习的"主体"（图3-1-4）。

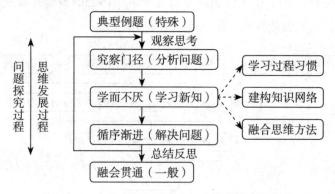

图3-1-4　在自主探究过程中，生成教材实体内容

2."自主+合作"师生共同探究过程中"承上启下"创新教材的实体

"以生为本"教材（图3-1-5）一改传统教材专业性强、枯燥难懂的缺点，所选取的事例贴近学生的生活，由浅入深、由简单到复杂，先介绍C++语言编程环境、各种基本语句、程序基本结构，再介绍数据类型、函数、结构体等，然后中间穿插基础的编程算法。"以生为本"教材从学生的视角出发，依据学生思维认知的发展规律，教师针对要解决的实际问题，将知识点细化，引导学生自主探究，让学生在玩中学、学中思、思中用，师生互动，小组合作，循序渐进地让学生把难懂的专业知识一一掌握。在学习过程中还辅以精心设计的有代表性的例题和大量有层次、有梯度的练习，供教师"活导"与学生"活学"，师生"活用"将知识纵横拓展，达到融会贯通、举一反三。学生在"以生为本"教材的教材探究中形成周密思考的学习品质和获取信息的能力。

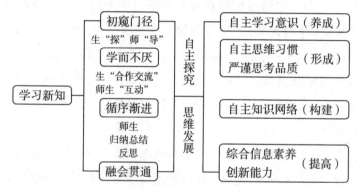

图3-1-5　教学实践中师生互动"生成"教材的实体内容

第二节　在线学习平台搭建

一、在线学习的概念

希尔兹（Hitz）最早提出在线学习概念，指出在线学习是将某一课程的主页及相关资料置于Web之中，形成一个共享的虚拟学习空间，以实现一种面对面（FTF）学习效果的网络应用。特里·安德森（Terry Anderson）和兰迪·卡里森（Randy Carrison）认为，在线学习是指通过网络获取学习资料，实现学习者与教师、学习内容的互动，以此获取知识、建构个人意义的活动。卡利纳（Carliner）认为在线学习是通过计算机呈现学习材料以供学习者学习的活动。

除此之外，中国学者也对在线学习进行了研究，纷纷提出了自己的观点。丁兴富认为，在线学习即网络学习，是指有关机构或部门在网上建立教育平台，学习者通过网络进行学习的一种全新方式。杨素娟认为，在线学习是指有关机构或部门在网络环境下，以现代教育思想和学习理论为指导，充分发挥网络的各种教育功能和丰富的网络资源优势，向教育者和学习者提供一种网络教和学的环境，传递数字化内容，开展以学生为中心的非面授教育活动。

钟志贤于2004年提出在线学习（E-learning）的概念，认为在线学习就是网络化学习，即学生通过网络教育平台进行学习的一种全新方式。他进一步阐述了E-learning的含义："E"的第一层含义是电子的（electronic）、因特网（internet）、现代化的（modern）、无纸化学习的（paperless），主要侧重于硬件和高科技方面。"E"的第二层含义是优秀的（excellent）、经验（experience）、一切事物（everything），主要侧重于软件方面，是在线学习更多强调的方面。

何克抗在对美国教育部关于在线学习概念的定义进行比较分析后指出，在线学习是指通过互联网或其他数字化内容进行学习与教学的活动。它充分利用现代信息技术所提供的、具有全新沟通机制与丰富资源的学习环境，实现一种全新的学习方式。这种学习方式将改变传统教学中教师的作用和师生之间的关系，从而根本改变教学结构和教育本质。

二、在线学习的理论基础

1. 情境学习理论

情境学习是由美国加利福尼亚大学伯克利分校的艾迪安·温格（Etienne Wenger）教授于1990年前后提出的一种学习方式。情境学习理论认为，学习不仅仅是个体性的意义建构的心理过程，更是一个社会性的、实践性的、以差异资源为中介的参与过程。知识的意义连同学习者自身的意识与角色都是在学习者和学习情境的互动、学习者与学习者之间的互动过程中生成的。情境学习研究的重点是学习者的社会性参与，强调参与是学习的关键部分。学习者尤其是在线学习者的学习活动能否做到有效，关键取决于学习者的参与性，参与性越高，就能取得越好的学习效果。

2. 独立学习理论

查尔斯·魏德迈（Charles Pheydemeyer）被誉为"美国远程教育之父"，他提出的独立学习理论促进了在线学习的发展。他认为，克服教育时空屏障的唯一途径就是将教与学分离，在线学习就是实现教与学分离的一种有效方式。他提出三条灵活自主的原理：一是自主选择教育目标和选学课程，二是根据学习需要和条件决定学习进度，三是自主选择学习方式和考试方式。

在线学习符合魏德迈提出的独立学习理论，并具有独立学习系统的六个特征，即师生分离，通过印刷、书写和其他媒体手段实现，教学是个别化的，学习通过学生自己的活动完成，学生自主选择场所进行学习，学生自主控制自己的学习速度等。独立学习理论揭示了有效在线学习的关键在于学习者能够自我控制、调节和评价学习过程。

3. 教学交互理论

加拿大的安德森（Anderson）和兰迪·卡里森（Randy Carrison）在其主编的《网络学习理论与实践》（*Theory and practice of online Learning*）一书中，从价值链角度出发系统地研究了在线学习。这本书主要论述了六种交互理论，即学生与教师、学生与学生、学生与学习内容、教师与教师、教师与学习内容及内容与内容之间的交互。除此之外，还提出了"探究社区"模式，对远程教育的理论研究和实践创新产生了非常积极的影响。

4. 虚拟教学理论

虚拟教学是对基于计算机和电子通信技术进行的双向交互式教与学的一种概括。它既不同于面对面交流的面授教学，也不同于在应用印刷、广播电视和录音录像技术设计制作和发送课程材料的基础上开展的单向、非实时的远程教学。虚拟教学应用电子信息通信技术开展的模拟校园内教学或模拟课堂面授教学，克服了传统教学固有的缺点，将成为未来教学的主要形式之一。目前虚拟教学广泛运用在各种形式的远程教育当中。

三、在线学习平台的系统开发

现在网络上有很多编程的在线测试平台，其中国内广泛使用的有北大的在线测评系统（http：//poj. org）、洛谷网（https：//www. luogu. com. cn/）等。但因为题目太多，类型太广泛，而且测试数据不能开放，造成教师选题的工作量太大，评讲不方便等。因此，很多学校都选择在开源的平台系统的基础上进行修改，自主充实资源供学校或区域范围内使用，这样对学生的个性化教与学更有利。

南海区早在2009年就搭建了以信息学特长生使用为主的编程（C++）在线学习平台（http：//nhoijs. nhedu. net），2017年又开发了基于南海区GoC软件和教材的学习平台（http：//www. 51GoC. com），而以桂江一中、石门实验学校为主要实践基地的编程实验学校大部分也在hustoj或qboj的基础上搭建了本校的学习平台。在线学习平台的开发与使用全面支撑区域编程教育的常态化教学、作业、比赛、论坛等学习活动，使各校及地区的编程教育实施更有效，使学生在家里利用课余时间拓展学习成为现实。学习环境和学习方式发生质的变化，促进了编程教育的高速发展。

（一）南海区信息学在线测试平台的搭建

1. 信息学在线测评系统的需求分析

系统开发之前，对师生进行了调查，获取了他们对系统的第一手需求。

（1）系统题库设计科学，满足中小学各学段使用

NHOIJS系统的基础是题库资源，面向全区中小学校如此多差异的群体，如何设计和建设题库成为一个难题。经调查分析最后确定对题目采取类型和适用水平两个指标，以方便学生个性化学习时进行选择。类型分语言类、算法类、赛题类三大类，每类下面又分许多小类；适用水平根据学生水平情况分九个层次：语言入门、小学初级、小学中级、小学高级、初中初级、初中高级、高中初级、高中中级、高中高级。某道试题可以适合多个层次的学生。

（2）提高题库资源建设效率是一个难题

如果以在线网页的形式填写上传试题的项目内容，操作烦琐并且容易出错，效率较低。开发单机工具（使用Visual Basic开发），在本地生成试题包再上传到系统（图3-2-1），便解决了上述问题。

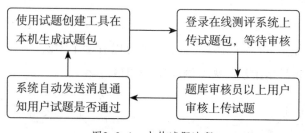

图3-2-1 上传试题流程

经访谈，老师们一致认为：题库的题目不在多而在精，且要能支持不同水平学生的学习需要，那么如何防止试题的重复上传和方便地审核就变得特别重要。

（3）中小学教师利用系统进行教学辅导的迫切需要

根据对一线辅导教师的访谈和问卷调查发现，简单的做题测评无法满足师生的教学需求。系统需要增加以下功能。

在线讨论：成员在系统平台上可以互发消息，有专门的板块可以讨论各种问题，实现师生的及时沟通和交流。

个性化比赛：可以选择学校、团队、年级等进行比赛，跨校团队之间可以联合比赛，可以设置比赛中提交次数、提交后显示情况等参数来适应教学测试的需要，比赛结束后可以查看并导出成绩表。

作业布置：教师在系统上可以布置课堂或课后作业，学生在线解答并产生反馈，方便教师查看学生完成情况，并对学生进行有针对性的辅导。

排名：对学生按照一定的规则在全区、学校和团队中进行排名，激励学生不断上进，形成良好的学习氛围。

2. 信息学在线测评系统的构建

美国著名教育技术专家巴纳西认为，教学系统是分层次的系统复合体。这几个层次是机构层次的系统、管理层次的系统、教学层次的系统、学习层次的系统。这四个系统从机构层次到学习层次，步步递进，前一个层次是后一个层次的父层，每一个层次之间存在着相互联系、相互制约、相互作用的组织形式。从这个层次的划分上可以很清楚地看到教学系统的运行过程，以便于在管理、研究时有更明确的目的性、针对性。根据上述教学系统的理念，我们按照步骤构建出NHOIJS系统，为系统的个性化应用提供了有力保障。

（1）机构层次的系统

机构层次的系统包括用户和团队。用户对应教师或学生，团队则归属某个学校或某个区域共同学习组织，一个学校可以有多个团队，一个团队就像常规教学中的班级将学生组织起来（图3-2-2、图3-2-3）。

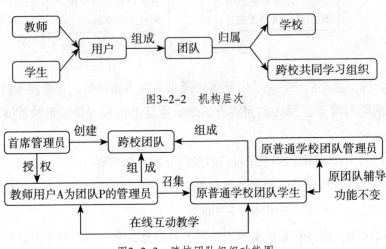

图3-2-2 机构层次

图3-2-3 跨校团队组织功能图

团队分为两种。①普通学校团队：由校内用户按照年级或学习程度分类组成，是常规教学单位，团队管理员可以添加、修改和删除本团队成员，给团队成员群发或单发信息。团队成员可以发信息求助所属团队管理员。②跨校团队：由多个学校团队的某些成员组成的全区性的特殊团队，是为了满足跨区域跨校的集中教学而设置的。例如，石中初一创新班这个跨校团队，江涛老师是管理员，但他原属于石门中学团队，跨校团队的成员原属于不同学校团队。江涛老师可以给这些来自不同团队的学生布置作业、组织比赛，这些学生登录系统后，可以选择登录跨校团队，完成所属跨校团队的作业或比赛。

（2）管理层次的系统

对上述的用户和团队进行细化设计，构建出系统的管理层。系统用户按权限由大到小的顺序划分为六类（图3-2-4）：首席管理员、超级管理员、题库审核员、团队管理员、普通用户、锁定用户。

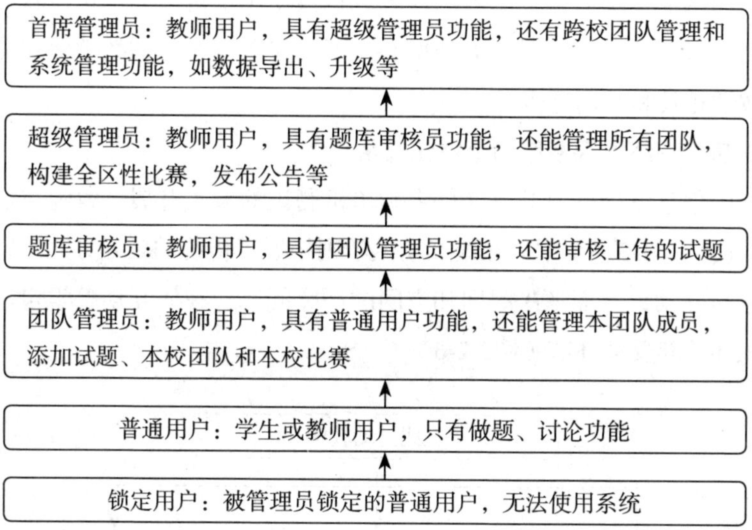

首席管理员：教师用户，具有超级管理员功能，还有跨校团队管理和系统管理功能，如数据导出、升级等
超级管理员：教师用户，具有题库审核员功能，还能管理所有团队，构建全区性比赛，发布公告等
题库审核员：教师用户，具有团队管理员功能，还能审核上传的试题
团队管理员：教师用户，具有普通用户功能，还能管理本团队成员，添加试题、本校团队和本校比赛
普通用户：学生或教师用户，只有做题、讨论功能
锁定用户：被管理员锁定的普通用户，无法使用系统

图3-2-4 用户设计

（3）教学层次的系统

在设计好管理层次的系统后，便要着手架设不同主体间的教学关系和模式。本系统中教学的主体是团队成员（学生）和团队管理员（教师），两者间通过布置作业、组织比赛、题解开闭、主题讨论和互发消息等系统功能建立在线教学模式（图3-2-5）。

布置作业
组织比赛
团队管理员
题解开闭
团队成员
主题讨论
互发消息

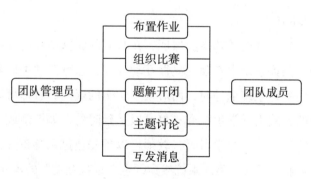

图3-2-5 在线教学模式

（4）学习层次的系统

教师与学生间的教学关系通过上述系统功能构建起来，但是否具有可操作性、如何操作，这就涉及学习层次的系统问题。一方面，教师作为团队管理员要先学习系统的各项功能，灵活运用系统教学模块进行提前备课；另一方面，

学生作为团队成员要有自主学习的理念，积极使用系统教学模块与教师或同学沟通交流。只要师生在实践中处处留心，不断完善相互间的教学伙伴关系，就能实现教学相长和共同进步。

3. 信息学在线测评系统的个性化应用

传统的信息学辅导以共享文件夹和单机测试的方式开展，教师与学生是直接对话，而NHOIJS系统中的在线互动教学则拓展了传统的辅导方式，师生可以在网上进行互动，从而解决时间和空间的冲突问题。在线互动教学包含互动环节、做题环节和反馈环节（图3-2-6）。

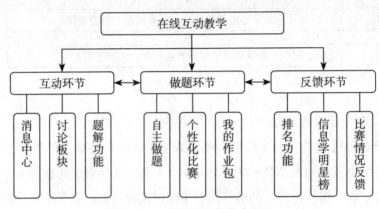

图3-2-6　在线互动教学功能图

（1）互动环节

有效的互动是良好教学效果的保证，在真实的课堂中互动可以面对面地进行，但是能否在测评系统中实现"显性互动"呢？这种互动可以是即时的，如师生在日常使用测评系统辅导时，面对众多学生的疑问，教师可以通过系统发送消息或讨论的方式引导学生探究；也可以是延时的，如课余或放假的时候，学生使用在线测评系统自主学习时，教师可以预先通过系统布置任务或设置讨论主题指导学生业余学习。测评系统成为师生"远程互动"的媒介。

利用"消息中心"。学生可以发送消息给自己的辅导老师并提问，老师可以群发消息给自己的学生，以解答教学中出现的共性问题，也可以单发消息给某一个学员进行单独辅导。

利用"讨论区"。学生、老师可以针对某个主题进行讨论，或者进行学习方法、经验交流等。

利用题解的开关。教师可以发布某一道试题的题解，并设置该题是否开放题解。题解的设置既有利于教师备课——提前做好讲解内容或题目的研究并存放在题解中，又便于学生遇到疑问时通过查看题解获得帮助。教师可以控制题解开闭的时间，从而控制教学的进程。

（2）做题环节

做题并不是单纯地做题，可以有我的作业包、自主做题和参加比赛三种方式。整合上述互动环节后，做题环节的教学流程（图3-2-7）如下。

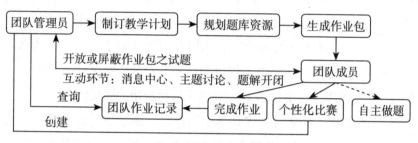

图3-2-7　做题环节图示

在自主做题时，学生可以按照水平级别和题目分类两种方式选择试题来做，这样学生可以有针对性地练习，不至于盲目、耗时，提高学习训练效率。

在个性化比赛时，拥有权限的各级教师用户可以创建比赛，以支持小组、校内、区域共同学习，组织镇街、全区的各类网上跨空间的模拟比赛活动。

利用"我的作业包"。教师可以在系统中给自己团队的学生布置作业包，学生可在课后在网上完成作业，并且自动评测，实现高效的学习。

（3）反馈环节

教学反馈是指导师生深入学习的关键，在线测评系统根据学生在线学习的情况进行激励性的反馈，让教师可以掌握学生学习的进度和效果，从而制订下一步的教学辅导计划和内容；学生也可以看到自己一点一滴的进步，鼓励自己不断前进。

在排名页面可以查看全区学生和教师的做题排名情况，按照通过试题数和提交次数依次排序。系统还设置了信息学明星榜，按照通过的试题数和提交次数以及时间段，分今日之星、本周之星、本月之星、全明星进行展示，以激发学生的学习动力。

比赛中用户提交程序后是即时测评的，得分、耗时和出错等信息马上写入系统数据库中。通过控制提交程序后反馈信息的多少来训练学生的纠错、调试等能力，通过不同的组合有效调动学生的学习热情，从而潜移默化地培养学生的综合素养。比赛结束后，比赛的创建者统计比赛结果，师生可以在系统网页上查看比赛成绩排名并导出比赛成绩的Excel表，便于统计和比较。

（二）桂江一中信息学在线学习平台的搭建和使用

传统的信息学练习与测试以文件夹共享（或教师端发送文件）和单机测试的形式进行，教师与学生在线直接对话。本研究中，我们采用了huasoj信息学在线测试系统作为平台，把教材里的例题与习题全部按知识点分类放在题库里，并为它们加上便于查找的标签，利用系统提供的"讨论""排名""竞赛""联赛"等功能，有效地提高课堂效率和激发学生的学习积极性。

1. 基于在线测试系统的课堂教学增加了教材应用的强度

在教学过程中，教学的主体是学生和教师，两者通过布置作业、组织比赛、主题讨论、互发信息、题解开放等功能建立在线教学模式（图3-2-8），学生通过在线提交程序，可以即时知道自己的练习情况（出现什么错误、哪几组数据出错），并根据出错信息快速判断自己的算法和程序漏洞。教师也可以即时看到所有学生的练习情况，这比逐个检查程序要快了许多。同时，这种即时的信息反馈，为课堂的"生生互动"和"师生互动"提供了有力保障。

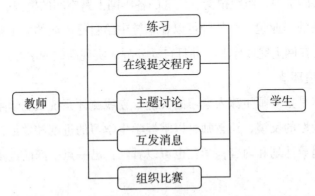

图3-2-8 基于测评系统的在线互动教学模式

2. 基于在线测试系统的课外学习拓展了教材应用的深度

无论哪一门学科的学习，都需要大量拓展性的练习和测试，让学生更好地掌握知识，发散思维，形成能力。教材的篇幅是有限的，因此，测试系统为每章每课都留有"空白"，供教师补充必要的课外练习题，供学生课外自主学习与拓展性训练。

做题并不是单纯地做题，可以重做课堂上的练习题，可以做老师布置的作业，也可以自主根据难度或知识点选题和参加比赛等。

3. 基于在线测试系统的校内外竞赛，拓展了教材应用的宽度

桂城35所小学，8所中学使用"以生为本"教材和"在线测评系统"，注册用户数超过8000人，组织各校间的校际赛40多场次，测评记录20多万条，为"以生为本"教材的使用效果提供了准确的实验数据。

（三）信息技术学习平台ITtools的建设与使用

在信息技术学科教学中，相关教学网站的出现让自主学习与探究学习变得更加容易实现，并逐渐成为信息技术课堂中一种重要的教学辅助工具。随着技术的不断发展，有很多信息技术教师潜心钻研，基于许多教学网站的功能，开发了各种教学辅助平台。由浙江省温岭二中陈斌老师开发的ITtools教学辅助平台就是其中比较优秀的一种，也因其功能强大、免费开源等特点受到广大信息技术教师的青睐，得到广泛传播。刘凤兰名师工作室就专门对此平台的安装及使用对工作室成员进行了培训，并建立起各校联盟，共同研讨基于ITtools平台的编程教学。

1. ITtools的功能模块

ITtools能对很多软件进行过程性的自动评测，除了常见的Excel、Flash等应用性软件，还能对VB、python等编程类的软件进行评测，所以在普及性的编程教育课堂里起着重要的作用。它的整体结构为树形结构，由五个模块构成：超级后台模块、学生模块、教师模块、课堂教学模块、转换阅卷服务控制程序模块。教师可以根据教学现实需求，利用各种模块，实现以下功能。

（1）用户管理功能

ITtools平台设计时使用了体现权限访问集合的角色管理。在ITtools中，管理者可以在特定情境中为不同用户委派不同权限，默认的角色涵盖超级用户、学生、教师这三种。超级用户可以使用口令系统对整个教学平台进行教师及学生用户的管理，分配角色权限，可以对数据库进行管理，对备份资料的安全进行管理；可以对系统参数进行设置；可以设置机房模型，对机房IP地址进行管

理。这对于要求安全程度较高的教育教学系统来说，是十分必要的。教师/超级用户可以对平台的教师、学生、教学、阅卷等其他模块进行管理。

教师进行教学设计，开展教学，可以利用ITtools平台进行课堂管理，设置课程模块开放和关闭的时间、发布、共享、打包、导入课程、批阅学生作业、固定学生座位、对评价量规、课程表、教案进行管理。

学习者登录平台，可以进入课程下载教学资源、提交学习作品、完成测试、查询成绩、修改个人信息、查看系统信息和学习情况。

（2）课程管理功能

ITtools平台支持创建课程目录，教师随时可以创建、删除、打包、修改、下载课程，并可将课程设置为共享或仅个人可见。

（3）学习跟踪分析功能

ITtools平台支持对学生学习过程的监控和管理，教师可以以教师身份登录平台。其中在创建课程时，添加座位表、学情监控、随机点名、学情记录等功能页，实现学情的跟踪分析。

（4）班级、小组功能

ITtools平台支持班级、小组功能，教师可以以教师身份登录平台。其中在创建课程时，添加组长推荐、分组讨论、自由分组、课内BBS、加载分组等功能页面，实现分组教学，协作学习。

（5）课程资源管理功能

使用ITtools平台的课程资源上传功能能够便利地上传各种不同的教学资源，支持Flash动画、Word文本、PPT多媒体课件、音视频等多种媒体素材的直接播放。ITtools不支持的格式的教学资源也可以打包压缩成RAR、ZIP等格式的文件之后再上传。

（6）多种评价功能

ITtools平台支持定性和定量两种评价方式，学生可以对作品做出0～10分的定量自评，可以根据作品优劣，以点击色彩不同的花朵的形式，对其他同学进行好评、中评、差评等定性评价；教师可以同时定性和定量评价学生作品。ITtools平台支持师评、生生互评等评价方式，教师可以以教师权限登录ITtools教学平台，在设置课程时添加学生互评、作品提交功能就可以实现多种评价的功能。注重教学中的及时反馈，加强师生间的互动，更加上易用性，易操作性、免费等特点，ITtools平台适合广大中小学教师用来辅助教学。

（7）在线测试功能

ITtools平台拥有一个功能强大的在线测试功能，教师可以以教师权限登录教学平台，加载课堂测验或课堂调查功能页，设置单选题、多选题、填空题、论述题等题型，测试学生的学习程度，为学生设置操作题，并通过平台的自动批阅功能批阅操作题。

（8）多种网络教学功能

ITtools平台支持的在线教学功能包括讨论、测验、调查、练习等多个种类，其在线的教学模块可以灵活运用组合的动态模块来设计教学活动，而且这些活动可以根据需要自由配置。教师可以根据教学需要选择合适的功能进行教学。教学平台便于操作，用户只需要获得基本计算机操作技能，会应用IE浏览器，输入平台安装所存的计算机的IP地址，就可以登录使用了。

2. ITtools教学平台的使用

（1）个性化定制模块提高备课效率

ITtools教学辅助平台的特点是在集成了大量网站功能的同时，前后台分开管理，界面代码分离，不需要懂得太多网页制作的知识也可以方便快捷地备课，并对课程资源进行管理。

例如，教师在备课时可以添加"描述页面"教学栏目功能模块，在该页面可以展示文字、图片、表格、视频和动画等多种媒体信息，能够实现静态网页的所有功能；在"MHT显示页"模块中，可以将我们之前制作好的PPT文稿直接在教学平台上演示播放；而"调查页面"、"学生互评"、"小组合作"等功能模块大大增强了教学平台的互动功能。

除了以上的新建栏目模块，教师还可以通过"外部页面"模块将自己另外制作好的学习网站整合进来，也可以在教学平台中直接引用已有课程的栏目页面。对于一节设计完整的课程资源，我们可以将其打包下载，便于以后直接导入使用。在网络上或者QQ群中也可以直接下载其他教师共享的课程资源包，稍做修改即可使用，这些功能都大大提高了教师备课的效率。

（2）丰富的栏目功能让课堂管理更轻松

信息技术教师所任教的班级一般都比较多，每个班一周只有40或45分钟的上课时间，很难记住学生的名字，所以核对学生的考勤相对比较麻烦。在教学平台中使用头像采集功能,可以为学生拍照,或者直接将相应规格的图片导入到数据库中,便于教师将学生的头像和名字一一对应起来,并使用"座位表"功能模块对学生进行签到考勤或请假登记。在课堂提问的时候也可以使用"随机点名"功能,一方面这种抽奖方式的点名可以集中学生的注意力、提高学生的学习兴趣,另一方面也便于教师识记学生姓名。

教师通过"作业上交"功能模块,可以设置要提交作业的数量、文件格式,开通自我评价、学生互评等功能,并根据作品评价量规进行评价,对于低于设定分值的作品设置为课后补交作业。学生提交的作业还可以通过"作品循环展播"功能模块在学习平台上展示出来,供所有学生赏析和评价,教师也可以在课堂上即时批改、即时点评等。

3. 完善的评价系统提供精准的反馈信息

ITtools教学辅助平台对于学生的评价,既可以采用过程性评价,也可以进行总结性评价。例如,使用"操作题批阅"功能,可以实现对Word、Excel、PPT、Frontpage、Flash、PhotoShop、VB等软件制作的作品进行自动批阅,并能对出错的步骤进行标记和突出显示,便于老师查看分析,对学生做出有针对性指导,老师还可以对作品给出即时性评语。利用"课堂测验"栏目,则可以对传统的选择、判断、填空题目进行查看评阅。批改方式可以设置为练习模式或考试模式,在练习模式中学生提交答案后立即给出分数、参考答案和题目解析;考试模式需要老师统一发出结束指令,阅卷后公布分数、答案并进行解析。在"课堂测验"栏目中,学生做错的题目可以自动汇总到"查漏补缺"栏目,便于学生自主复习。

在学生答题过程中,可以通过"课堂学习情况监控"页面对学生在每个页面停留的时间进行监控和记录,可以查看学生在"课堂测验"页面停留的时间,从而了解学生做题的认真程度,而通过"课堂测验"页面的"未交学生列表"可以对整体进度进行监控。

学生在做完测验全部提交后或者老师强制发送结束指令后,可以立即进行阅卷评分,并通过成绩列表对成绩进行统计分析,按照分数或学号进行排序。而其更加实用的功能在于详细分析模式,教师可以针对各个题目的答题正确率情况进行相应处理,对于正确率较高的题目略过不讲,而对于正确率较低的题目进行试题分析或着重讲解。这样可以节约课堂时间,提高教学效率。

第三节 数字化资源在编程教育中的应用

教育部颁布的《教育信息化十年发展规划》中指出：至2020年，我国要基本建成学习型社会的信息化体系，基本形成个人享受良好教育资源的数字化学习环境。数字化资源是实施教育信息化的重要基础，包括各种数字化处理的多媒体素材、课件、网络课程、电子期刊/书籍、教育网站等教育资源。编程教学要求学生学会使用基本编程工具解决实际问题，从而提高分析问题的思维能力。因此，巧妙利用数字化资源改变"教"与"学"的方式，有利于引导学生自主学习与探究，达到编程教学的目的。

一、数字化资源在初中编程教学中的应用现状

编程是信息技术学科中的重要课程之一，除了帮助学生掌握计算机知识，还能训练学生的逻辑思维能力，符合现代教学思路与社会发展要求。

1. 教师应用资源积极性较低

尽管目前信息化建设和应用水平在教育教学领域得到了广泛运用，而且编程教学还是属于信息技术教学的其中一部分，但从教学实践来看，在课堂上使用数字化资源的教师所占比例较小，大部分编程教师还是使用传统的讲学练模式，应用编程教学中数字化资源整体积极性较低。

2. 优质数字化资源得不到广泛运用

虽然数字化资源量很大，但资源种类太多，通常仅仅只有少部分适用于初中编程课教学，这非常可惜。其原因一方面是教师需要对资源进行精心的筛选，而一个教师通常需要带几个班级，平时教学任务本身比较繁重，再加之没有足够的时间和机会掌握必须具备的数字化技术，导致甄选优质资源难以实现；另一方面是大部分的优秀资源只能少部分使用，不能实现资源的有效共

享，从而呈现"孤岛"现象。

3. 数字化资源"重建设、轻使用"

大部分学校和教师将研究的重点放在数字化资源的建设上，在考虑平台设计、开发和建设的同时，却忽视了在编程教学中的有效利用。数字化资源建设的最终目的是服务于教育教学，为教师和学生的"教"与"学"营造良好的环境，促进教师专业能力的发展和学生编程能力的培养。这种"重建设、轻使用"的做法只会让数字化资源"束之高阁"。

二、数字化资源在初中编程教学中的创新应用

2019年，教育部颁布的《教育部等八部门关于引导规范教育移动互联网应用有序健康发展的意见》中明确提出："学校应当创新教育资源供给模式，汇聚优质教育资源，继承各类应用，使网络学习空间成为教育移动应用的主要入口。"在这一形势下，结合本校的实际情况，有效地尝试新颖的数字化资源设计，实现了数字化资源的创新应用。其中，初中编程课中涉及的数字化资源主要包括如下内容。

微课资源：微课知识地图、微课学习任务单、微课视频、微课件和微课学科题库等，可通过专业网站下载或教师自主开发等多种形式获得。

图片资源：基础知识图片、编程素材图片、教材资源图片等，可通过引擎搜索或计算机扫描的形式搜集图片。

文字资源：文字解释、描述、对纸质教材的补充说明或知识拓展，包括文字性资料、报告、论文等多种形式。

题目资源：丰富的编程练习题。让学生通过大量的编程训练，提高编程能力。

各种网络应用平台：如利用信息技术教学辅助平台（ITtools）可以对课堂教学进行管理，布置与批改学生作业，产生过程性评价和结果性评价等，实现对学生学习过程的有效监控和管理。

1. 利用数字化资源，提升教材的多样性

数字化资源不是纸质教材的简单数字化，而是信息技术与初中编程教学进行深度融合的产物。编程是一门实践性极强的学科，只有立足于"应用型、创新型和厚基础"人才培养目标，才能更好地促进学生编程能力的发展，使其

能满足社会发展对人才的需求。而在对人才的培养过程中，课程教材是关键，只有切实从时代发展、实际应用和学生需求出发，对过时的、落后的教材内容进行改革与创新，才能有效落实人才培养目标。与传统教材相比，数字化资源同纸质教材的一体化设计，能充分发挥数字化资源和纸质教材的优势，相互补充。一方面，便于学生阅读，利于学生思考；另一方面数字化资源具有丰富多彩的表现形态，且能通过关联技术和手段将相关的知识联系起来，有效地提升教材的广度、宽度和深度，更好地满足教师和学生的需求。

Visual Basic（VB）作为初中编程教育中的重要课程之一，注重培养学生的计算思维和信息素养。初中生刚接触VB语言，缺乏必要的知识背景，导致学生普遍感觉学习比较困难，加之教师以理论讲授为主，学生需要一直处于精力高度集中的状态和具有较强的记忆力，才能记住课堂知识，久而久之，导致学生兴趣缺乏。如果仍然以传统的方式教学，势必会影响教学效果。而微课资源作为数字化资源的重要形式，具有内容精练、时间短的特点，可以围绕某个知识点进行详细讲解，成为教材的有效补充形式，既能激发学生兴趣，又能促使学生养成自主学习的良好习惯。在"初识Visual Basic"一课教学时，设计以下微课资源。

微课1：VB小程序游戏。教师示范，放入班级中学生的学号后两位，然后用程序随机抽取某个学生中奖。在趣味性的游戏中激发学生对VB的兴趣，使学生产生探究欲望。

微课2：VB语言的历史背景。在视频中，通过课件的形式，向学生介绍VB的起源、发展及版本更新过程，帮助学生补充背景知识，使其更好地了解VB的使用价值。

微课3：VB的工作环境。VB本身对软硬件没有特殊要求；它对环境的要求与电脑系统一致。

微课4：VB安装及启动。教师示范，首次安装—添加或删除部件—VB启动。

微课5：一个简单的VB应用程序的创建与开发步骤。教师一一讲解VB的各个窗口功能和工具按钮，让学生了解VB的操作界面，通过具体实例帮助学生掌握VB的编程过程。

设计微课后上传到数字化资源平台，学生课前可以自主选择时间预习、课后进行巩固，有利于加深学生对知识的理解，突破传统教学知识点过多、学生记不住的弊端，有效地促进了学习效率的提升。

2. 优化数字化资源，开展自主探究性学习

《基础教育课程改革纲要》中明确指出："要逐步实现教学内容的呈现方式、学生的学习方式、教师的教学方式和师生活动方式的变革，充分发挥信息技术的优势，为学生的学习和发展提供丰富多彩的教育环境和有力的学习工具。"新课改模式下，在初中编程教学中广泛开展了自主探究性学习，实现对学生编程能力及实践创新能力的培养。而数字化资源为学生提供了网络资源和信息技术学习的手段和工具，使得学生不再受到时间和空间限制，通过自主探究，主动发现问题、寻找答案，以培养学生解决问题的能力。

网络资源虽然丰富多彩，但必须将它与有效的传统教学结合起来，根据课堂教学需求，选择适当、适量的资源，为学生提供开展探究学习的素材。在VB编程教学中，我们通过搜索引擎下载图片，然后制作以图片为主要内容的教学课件，既能为学生提供更加直观化、形象化的学习界面，而且更加符合初中生心理需求。例如，在学习"循环语句结构算法"一课时，For…Next（图3-3-1）、Do…Loop（图3-3-2）、While…Wend（图3-3-3）是循环语句结构中的三种典型算法。为了帮助学生探究三种算法之间的异同点，在教学中，提供给学生相关流程图和NS图，让学生结合教材对三种算法进行深入学习。

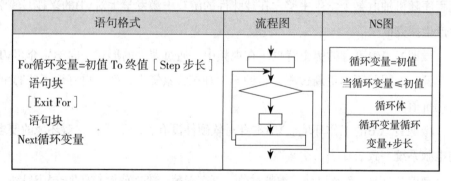

图3-3-1　For循环语句格式、流程图、NS图

语句格式	流程图	语句格式	流程图	NS图
Do While 〈条件〉 　语句块 　［Exit Do］ 　语句块 Loop	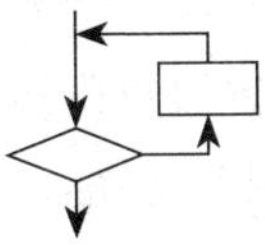	Do Until 〈条件〉 　语句块 　［Exit Do］ 　语句块 Loop	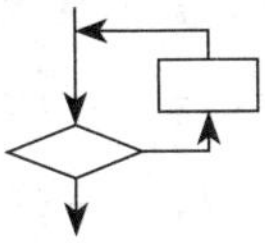	While｜Until〈条件〉 　循环体
Do 　语句块 　［Exit Do］ 　语句块 Loop While 〈条件〉	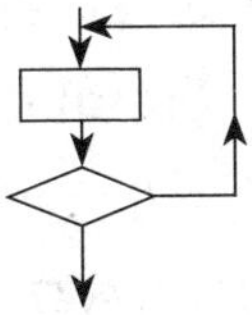	Do 　语句块 　［Exit Do］ 　语句块 Loop Until 〈条件〉	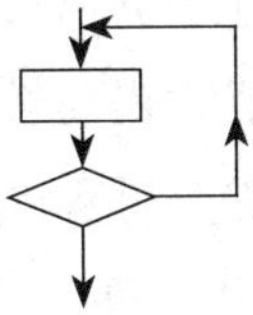	循环体 While｜Until〈条件〉

图3-3-2　Do循环语句格式、流程图、NS图

语句格式	流程图	NS图
While 〈条件〉 　［循环体］ Wend	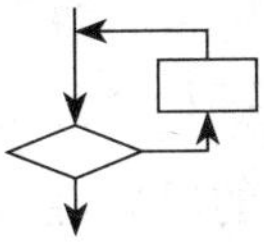	While 〈条件〉 　循环体

图3-3-3　While循环语句格式、流程图、NS图

3. 共享数字化资源，实施协作性学习

在全国提倡"自主、协作和探究"的学习变革浪潮中，如何利用数字化资源开展协作学习活动具有十分重要的意义。所谓"协作性学习"是一种"以学习者为中心"的教学模式，是对传统"以教为中心"教学模式的突破，更有利于促进学习者协作能力和创新能力的培养。协作学习鼓励学生各抒己见，敢于质疑，敢于发表不同意见，在师生、生生交往中促进学习，在学习中促进交往，并使学生学会辩证、全面地看待问题，提高问题解决能力。在初中编程教学中，共享数字化资源，为促进教师与计算机、学生与教师、学生与学生、学生与计算机之间的互动提供了良好的协作学习平台。教师可以按照某种标准将学生分为若干个小组，以小组共同目标设置任务，通过协作学习达到学习目标。

ITtools是一款信息技术课程针对性较强的辅助平台，主要由课堂教学模块、教师模块、学生模块、转换阅读服务控制程序模块、超级后台模块五大模

块构成。学生通过IE即可登录平台，进行课程学习、课堂测验、任务发布、学生互助、查询成绩、作品提交及互评等。学生通过这个平台，可以下载小组资源，分享资源，通过合理分工共同完成作品、上传作品和互评作品。当学生遇到困难时，可以点击"申请帮助"按钮，这样教师及班级中所有学生页面上都能看到相关信息。对于一些完成任务较快的学生，就能去帮助他人；对于学生仍然无法解决的问题，教师可以根据帮助信息，为其提供帮助。这样系统就自主地记录下学生互助的信息，通过帮助结对，并进行适当的鼓励，使得学生协作性学习真正地成为提高教学效率的有效手段。当小组完成任务后，进行作品上传和提交，在提交过程中可以采用教师点评、生生互评和学生自评等多种形式对作品进行打分。可见，数字化资源和平台为有效实施协作性学习提供了保障。

4. 创新数字化资源，促进反思性教学

反思是一种能力，也是一个过程，是一种高级的内部认知活动。反思性教学就是学习者对自身学习活动过程的学习特征进行反向思考的一种学习策略，有助于学习者学习能力的提升。数字化资源是对传统资源的创新，结合数字化学习的特征，在数字化资源背景下的反思性教学，是将反思教学活动迁移到数字化资源环境中，进而实现有效教学的一种策略。

在编程教学中，我们倡导学生在解题之后做反思，进行方法的归类、规律的小结、技巧的揣摩，再进一步做一题多变、一题多问、一题多解，挖掘问题的深度和广度，扩大问题的辐射面，达到发展思维从而形成良好的反思品质的目的。数字化资源及平台丰富了学生研究报告、解题报告等的形式，并让它们成为新的数字资源。这一举措不但让教师及时了解学生对知识的理解程度、接受程度及反思程度，有针对性调整策略，提高教学有效性；还能成为同伴学习、个人以后再反思总结的材料。

5. 巧用人工智能数字化资源，实现个性化教学

"因材施教、个性化学习"是教育教学追求的最佳境界。其中，"个性化学习"是指在教学目标的指导下，根据学生的个性特点和发展潜能而采取的适合学生的教学方式，促进学生充分地发展。个性化教学更加强调学习的独立性、主动性和发展性。但在传统课堂中采用的集体教学的方式，要想实现这一目标很困难。数字化资源根据学生的学习风格、兴趣、能力水平和需求来设

计，是在全面掌握学生个性特征基础上开展教学的。数字化资源的丰富性、多样性及人工智能的功能，为真正实现个性化教学提供了可能。

在C++编程教学中，在线测试题库是重要的数字化资源之一。丰富的题目资源、完整的知识体系、多功能的测试平台给予师生更多选择，同时，能对学生的水平自动做出评估，有利于教师及时了解学生的学习动态，有针对性地进行辅导。例如，在"洛谷网"（https：//www. luogu. org）平台上，学生在做"循环结构"的基础题目时，一次性提交就正确，那么系统自动推送难度大一点的循环结构的题目；如果要多次修改才通过，那么系统建议练习的是同类难度的题；当评估循环结构已掌握时，下一步就会推送"一维数组"知识的题。其过程如图3-3-4所示。

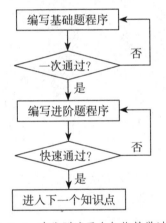

图3-3-4　在线测试平台智能教学过程

教学实践 篇

第一节　中小学编程教学方法

编程作为一门新兴学科，具有极强的实践性，其教学目标是激发学生对编程的兴趣，培养学生编程操作能力。然而，从我们的课堂观察来看，由于编程对于中小学生而言是一个全新的概念，部分学生在思维上形成定式，感觉非常困难，自己无法掌握，导致他们学习兴趣不高；在进行简单的编程设计时就会出现困难重重，甚至无法正确编写代码的现象；他们对于教师的依赖性较强，更加不愿意开动脑筋自主思考。此时，如果在教学中仍然采用旧的思路、旧的方法，势必会造成"学生难懂、教师难教"的恶性循环，影响整个教学的实施效果。因此，探究合适的编程教学方法相当有必要。通过不断的教学实践和总结，本人摸索出了几种典型、有效的教学方法。

一、PBL视域下的初中编程教学

（一）PBL教学法概述

PBL（Problem-Based Learning）是"基于问题式学习"或"问题导向学习"的教学（学习）模式，是倡导学生通过自学、研究、讨论和合作解决问题，培养学生自主学习能力，发展学生综合思考能力的新型的教学方法和教学理念；是一种以学生为主体、以专业领域内的各种问题为学习起点，以问题为核心规划学习内容，让学生围绕问题寻求解决方案的一种学习方法。它把学生置于实际问题情境中，让学生成为情境的主人，不断激励学生思考与探索，运用所学知识逐步分析与解决问题，最终获得知识和技能。PBL教学法旨在帮助学生构建扎实而灵活的知识基础，并培养其解决问题的技能。

与传统方法相比，PBL最显著的特点是师生共同拥有提问的权利，探究问题和解答问题的任务由学生自主完成。课堂中的展示是学生对于问题分析和解决的整个思维过程，让学生充分享受问题探究乐趣，理解知识内涵，领悟学习方法，完成新知构建。近年来，随着PBL教学模式的深化，我们也逐步将其运用到课堂中，并取得了较好的教学效果。

PBL教学法强调创新教育的理念，注重学生自主探究和合作学习，突出教学过程中教师作为引导者的作用，没有固定的绝对的教学流程。但其过程实施一般为提出问题、分析问题、解决问题、评价和反思问题几步，如图4-1-1所示。

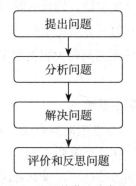

图4-1-1　PBL教学法的实施流程

（二）初中编程PBL教学模式的实施

基于PBL的初中编程教学模式，是指教师以问题为纽带，根据学科特点、学生特征、学生学情、学习目标，创设恰当的问题情境，激发学生的探究热情，带动学生思维，引导学生去探索、发现和自主解决问题，让学生真正"想问、敢问、好问、会问"，有效促进其对知识的理解和应用，提高课堂教学效率。

1.认真钻研教材，合理预设问题

PBL教学理念认为："问题是学习的起点，也是选择知识的依据。"其整个教学流程是"先问题，后内容"。因此，问题的设计成为影响PBL教学质量的关键因素。这就需要教师在吃透教材的基础上，精心预设问题。

问题的设计应体现以下特征：一是问题指向性明确，要能引出编程教学所涉及的相关概念及原理，通过问题学习和探究，实现教学目标；二是问题符合学生最近发展区，研究表明，当知识处于"最近发展区"时，最能激发学生的探究兴趣，难度适中的问题能恰到好处地将学生的新旧知识联系起来；三是问题具有探索性和开放性，能让学生运用多样化的方法去寻求解决方案，达到培养学生问题解决能力的目的。

2. 呈现问题情境，确定解决问题

爱因斯坦说："提出一个问题，往往比解决一个问题更重要。"问题是学生思维的驱动力，也是学生进行深度学习的起点。PBL教学在预设问题后，如何让学生提出问题是关键。建构主义理论认为："知识不是通过教师传授而获得的，而是在一定的情境中通过意义的构建而获得的。"因此，教师需要将编程问题与实际相联系，贴近学生生活，创设一定的问题情境。一方面为学生营造一个和谐宽松的学习氛围；另一方面情境更有利于吸引学生注意力，降低知识理解的难度，促使学生把发现的问题大胆提出来。这也是PBL视域下编程教学的核心内容。

3. 引导分析问题，启迪学生思考

在问题提出后，教师应引导学生对问题进行细化，弄清楚要解决问题需要知道什么，查阅什么资料，还缺少哪些条件。一般学生的想法较为片面或肤浅，在学生分析过程中，教师应为学生提供具有指导性的材料，便于学生理解问题，帮助学生寻找到正确的解决思路。这也是学生解决问题的基础。

4. 小组合作探究，进行成果展示

学生通过对问题的分析，明确了已知和未知条件，尝试制定解决问题的方案。以小组为单位搜集资料，然后经过彼此交流和多次修改，逐步明确解决问题的思路、具体步骤及操作方法。在小组探究过程中，学生自主学习与生生间、师生间的协作学习相互融合，完成问题探究后，小组进行成果展示和交流。

5. 评价学习成果，归纳总结反思

PBL并不是在问题分析与解决后就完成教学流程的一种教学方法，而是在问题解决后，师生共同对问题解决过程中的各方面进行反思与总结，促使学生对问题形成深入认知，完成对新知识的构建。由于初中生的认知仍然处于皮亚杰认知发展理论中的形式运算阶段，对知识的理解处于一种非系统的、零散的、感性的状态，这就需要教师引导学生对整个过程进行梳理整合，去质疑与反思所遇到的疑难问题，把握新旧知识的联系，深化知识的建构，并整理出探究的思路与学习的方法。这对于学生问题解决能力和高级思维技能的培养有着

重要意义。

（三）基于PBL模式的教学案例

下面以南海区八年级下册教材（用VB编程）第7课"预测我的身高——if语句的使用"为例，将PBL教学法渗透到编程教学中，具体流程如下。

1. 学情分析，设计问题

（1）教学内容：本节课主要讲述if语句的语法结构、功能特点及编程流程。

（2）教学目标：让学生通过对if语句的学习，掌握分支结构程序算法，并能运用所学知识解决生活中的问题。

（3）学情分析：学生通过前面章节内容的学习，已经掌握了VB编程的变量、赋值语句等相关知识，具备了一定的独立思考能力，为本节课选择结构编程奠定了基础。

（4）预设问题：影响身高的因素有哪些？常用的身高预测方法有哪些？

（5）课前预习：我们将学生分成6~8人的小组，课前发放导学案，引导课前预习，并让学生搜集相关资料，汇总资料，为课堂学习做好准备。

2. 创设情境，激发兴趣

在导入环节，利用多媒体课件向学生播放一段NBA篮球比赛视频，激发学生课堂兴趣，再呈现一张姚明和粉丝的合影照，照片中的身高差立刻吸引了学生的眼球，此时提出问题："姚明的身高到底是多少呢？"学生对于姚明的关注度比较高，所以立刻给出了准确答案，2.26米，那么，姚明为什么能长这么高呢？有的认为是遗传，有的认为是运动，还有的认为是营养。由于学生课前搜集了相关资料，进行了激烈的讨论，在学生兴致正浓时，提出问题：那么我们如何用编程来预测自己将来的身高呢？

3. 细化问题，引导思考

在明确问题后，我们需要将其进行细化。

（1）预测身高的方法有哪些？

（2）编程算法流程是什么？

（3）如何用编程语言来实现？

针对问题（1），引导学生分析预测身高的方法，利用课前资料，结合教材内容，总结出预测身高常用的方法：男孩成年身高=（父亲身高+母亲身高）×1.08÷2，女孩成年身高=（父亲身高×0.923+母亲身高）÷2。学生经过讨论还整理出利用足长、骨龄、染色体长度等方法，考虑到课堂实践的便利性，选择利用父母身高计算的方法，其余方法学生以课后作业的形式进行探究。

针对问题（2），首先让学生参考书本P.53和P.54的内容提示，完成程序界面的设计（图4-1-2），体验"预测我的身高"程序，并在操作的过程中引出单选按钮的设计方法。

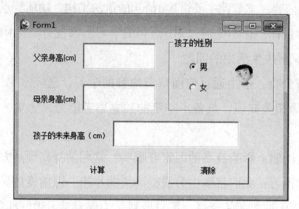

图4-1-2 "预测我的身高"程序界面

针对问题（3），在图4-1-2中，输入父母身高并选择性别后，需要采用不同的公式计算孩子未来的身高，那么如何实现这一点呢？引出本节课"if语句"的学习。带领学生阅读教材内容，了解if语句的格式、关系表达式和执行过程。在此基础上，让学生以小组为单位，自主探究算法的流程及代码编写。

4. 小组合作，解决问题

学生小组合作自主探究，思考"男孩"和"女孩"的不同路径，根据程序的功能要求，画出算法流程图（图4-1-3），分别编写输入数据、处理数据和输出数据三个部分的代码，通过调试程序，美化和优化程序界面功能，提交并生成新的程序。在这一过程中，让学生掌握三段编写代码的方法，理清程序代码的运行过程，也让学生的问题解决能力得到进一步发展。在此过程中，教师可针对学生产生的疑问答疑解惑和点拨指导。比如，有的学生用程序预测出姚明的身高是2.14米，而姚明的实际身高是2.26米，为什么计算会不准呢？结合课前材料分析发现，我们主要是从遗传方面对身高进行预测，但事实上遗传因素仅仅只是影响我们身高的一个主要因素，还有睡眠、运动、营养等因素也会影响我们将来的身高。

在作品完成后，小组展示其探究成果，引导学生欣赏作品，从程序界面和功能设计两个方面评选出有创意和个性化的作品。同时，展示部分错误代码，帮助学生纠正共性问题，厘清知识脉络。

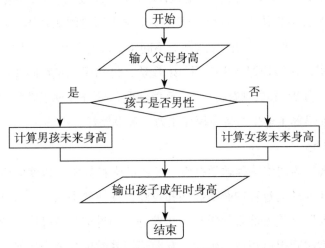

图4-1-3　算法流程图

5. 教学评价，反思总结

（1）学生自我评价，分析个人得失

在PBL教学中，利用表4-1-1引导学生进行自我评价和反思，其目的是让学生更好地了解自己在本节课的整体表现和知识薄弱之处。

表4-1-1　学生自我评价表

评价项目	掌握程度			我在本课学习中的最大收获和不足
	较好	一般	较差	
掌握单选按钮的设置				
掌握if语句格式				
理解关系表达式				
理解if语句执行过程				
会用if语句编程				

（2）教师教学评价，分析课堂得失

在整堂课教学中，以学生为中心，通过问题引导，让学生了解预测身高需要掌握哪些条件；通过资料的搜集掌握预测身高的基本公式；通过运行编程实现预测未来身高的程序设计。让学生在对问题的探究过程中亲身经历利用编程解决问题的方法和步骤，同时，通过上机实践，提高学生的动手编程能力。

由于本节课容量非常大，学生在if语句的执行过程学习中存在较大的困难，仍需增加实例突破这一难点。部分小组学生通过团队合作，其成果作品能做进一步的拓展，如用不同的公式预测不同年龄段的身高。

实践证明，在编程课堂中采用PBL教学，将知识隐藏在问题中，让学生自主发现问题、分析问题、解决问题并反思问题，充分体现以学生为主体的教学理念，有效地培养了学生的自主探究能力，效果较好。

（四）结论

PBL视域下的初中编程教学打破了传统的学科界限，以使学生在运用已有知识去解决新问题的过程中获得新知和技能，促使教师的"一言堂"转向了学生的"群论台"，使得课堂教学具有学术自由和时空开放等诸多特点，使学生的研究和探索时间得以拓展和延伸，有助于培养学生综合分析能力、创新思维能力和良好的自主学习习惯，真正实现从"学会"向"会学"转化。

二、练评讲教学法在编程教学中的实践

练评讲教学法的基本模式从开始的学生先练后评，教师先评后讲逐渐过渡到现在的以班级分组助教管理为依托的练评讲赛模式，这是多年的探索与实践及经验总结出来的行之有效的符合实际情况的模式。学校对班级分组助教管理有专门的评价，即班级"四优"：分组优、干部优、评价优、管理优。对课堂教学也有专门的评价，即课堂"五有"：有课前读、有学生练、有助教评、有教师讲、有小组赛。这是全校各班级各学科的总体模式，而编程教学参照学校总体思路，结合学科特点，在信息学特长生中使用这种模式得到了一些有益经验。

1. 关于分组问题

首先要解决的是分组问题。由于信息学竞赛辅导对象包括了初一、初二、初三的学生，而每个年级又有不同层次的学生，所以，我的分组方式不可能按照班级的常规模式来操作。我的做法是：打破年级界线，按学生的水平层次进行分组。一般来说，每组都有水平高、一般及初学层次的学生，主要是要建立一种机制，实现以旧带新，先进帮后进的良性运作。如现在学生分为4个小组，

每个小组8人，每组一般有初三学生1人，初二学生3人，初一学生4人。由于我是按照水平层次进行分组的，所有当组长的不一定是初三的学生，比如初二学生黎才华就是其中一组的组长，因为黎才华的水平非常高，已是全省初中的前几名，他的组员中的李子为、谢启鹏的水平也是比较高的。而其他组员中诸如初一的邓俊文和黄宗煜基本上是初学水平，连程序实现能力都未过关，他们只需完成学长教给的任务，并接受学长的指导。

2. 关于助教的培养问题

参加信息学竞赛辅导的学生都是学习成绩优异，各方面素质比较高的学生，因此他们一般都是班里的助教，熟悉一般操作模式，具备助教的素质。但是作为信息学竞赛助教，只是具备一般能力是不够的，还需要有扎实的程序调试和阅读理解能力，清晰简洁的解题思路和逐步提问引导他人到达目标问题设计的能力。因此加强助教培养是必要的。对于这些助教的培养，我采用了多种途径：一是每月参加美国USACO在线信息学考试，做完后写总结，跟高中的同学讨论；二是自学GDOI课程，所有内容均是采用看书、做题、跟老师和同学讨论、求教老师的形式；三是隔周跟高中的同学进行切磋；四是轮流承担每次初学学生的授课；五是指导水平较低者的程序实现。

3. 关于练评讲模式各环节的操作问题

练评讲模式分为"学生练"、"助教评"、"教师讲"、"小组赛"四个环节。我在平常的竞赛辅导课教学中基本上采用练评讲模式。我的命题方式同语文、数学的学科教师不同的地方是我建立了题库网站，把竞赛需要训练的内容全部以试题的形式呈现在网站上面。每一次辅导中，我只要在黑板上写出试题编号，学生就可以自己调出题目进行训练。学生做好题目后只要提交，网站马上可以对学生的编程进行评测并将结果反馈给学生。学生可以得到完全通过、错误答案、超时、运行错误等相应的信息。这样学生就可以根据信息对程序进行相应调整，这就是学生练的环节。而助教及组长也可以在网站上看到自己辅导的学生的情况，包括某道题有多少个同学通过了，是一次通过还是修改过几次才通过，其中哪些同学出现了错误，是什么样的错误等。在这个过程中，助教及组长可以组织小组成员互相讨论，尝试调试程序，寻找正确答案。这就是助教评的环节。而教师则可以掌握更多的信息，包括各个学生的情况、各个小组的情况等。然后对各种情况选一名学生，一般先叫通不过的学生来

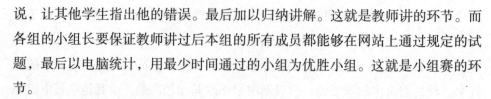

说，让其他学生指出他的错误。最后加以归纳讲解。这就是教师讲的环节。而各组的小组长要保证教师讲过后本组的所有成员都能够在网站上通过规定的试题，最后以电脑统计，用最少时间通过的小组为优胜小组。这就是小组赛的环节。

4. 关于小组赛的拓展——小组周赛测评问题

我们竞赛辅导班，除了常规课堂安排有小组赛环节，每周还安排一次小组竞赛测评，我们叫作小组周赛测评。小组周赛测评是练评讲教学法中课堂小组赛环节的拓展模式。每次时间为3个小时，采用类似大学生程序设计竞赛（ACM）的形式。每次是6道题目，题目难易程度不同，一般是2道比较简单的试题，是不含任何算法的模拟试题；2道中等难度的试题，含基础算法的试题；2道难度较大的试题，符合NOIP第4题难度的试题。小组由组长自行分配任务，包括哪些人负责题目分析，哪些人负责讨论方法，哪个人负责写代码，哪个人负责看程序等。网站会根据设定好的时间开始竞赛，各个学生同时登录网站开始看题目，然后选择题目解题；同一道题可以提交多次，提交发现错误后可以进行修改；哪个组通过了哪一道题，系统能马上显示给所有学生看，3个小时后系统自动停止竞赛，并根据通过率给出各组名次。

5. 关于尝试错误学习理论的应用问题

练评讲教学法是建立在尝试错误学习理论的基础上的。尝试错误是人类认识世界和改造世界的一个基本法则，学习也不会例外。我们竞赛辅导班的每一个学生都有一个笔记本（可以是电子文档），专门用来记录每做一道题主要犯过的错误和自己求助的同学及其克服错误的总结，我们叫个人成长记录手册。每个小组还有一个笔记本，专门记录小组的错误情况和克服错误的总结，由组长记录，交老师审查，我们叫小组成长记录册。学生平时随时可以翻阅这些总结，特别是正式比赛前，看看自己经常犯的错误，能够告诫自己在比赛中要注意哪些问题。

6. 对于练评讲教学法的几点评价

多年的实践，我觉得练评讲教学法在信息学竞赛辅导中的运用基本走向成熟。我辅导的信息学竞赛在2008年和2009年连续两年夺得全国联赛广东省团体第一的好成绩就是一个有力的证明。具体来说，这种教学法至少在下列几个方面显示出它的魅力。

（1）减轻了教师的负担。由组长带组员的方式，把大部分的教学任务都交给了学生助教，使教师能够一个人带三个年级的学生成为现实，其他的教学模式基本做不到。

（2）给学生提供了一个无限发挥的空间，尖子生的水平被他们自己拔得更高。近几年来，南海区信息学的顶尖高手都是从我校出来的，而且一届比一届厉害。这些尖子生毫无例外地都是分组助教中的小组长，他们通过两年多的小老师角色，养成了良好的自主学习探究习惯。为了当好"小老师"，他们努力厘清自己的解题思路，强化自己的表达能力，不但超越了自己，还创造了桂江一中信息学竞赛一个又一个新的高度。

（3）培养了一支团结互助、良性竞争的信息学团队。在我们这个队伍里，竞争时时存在，既要跟外面的学校竞争，也要跟校内的其他同学竞争。通过在线测试系统，学生每天都要比一下谁通过的题数多，谁的正确率高，谁创造了新纪录等。而每个月必定进行至少一次像ACM那样的竞赛。这不仅能提高学生的知识水平，更重要的是能够加强小组的凝聚力，小组成员团结互助成为一种风气。

（4）提高了学生的自主学习能力。在信息学竞赛这个领域中，学生最后一定要比教师强。到了高层次的很多知识，辅导教师也不会，要靠学生自己去学习、领悟，在不断的练习、讨论、解疑、总结的过程中提高。以分组助教管理为依托的练评讲教学法，让竞赛辅导只见起点，不见终点。学生获得的与其说是成绩，不如说是习惯，一种自主学习探究的终身受用的学习习惯。正好应了一句俗话"师傅引进门，修行在个人"。

三、启发式教学法

启发式教学是教育界永久的话题。从我国古代的孔子、西方的苏格拉底开始，至今已有两千多年的历史了。随着社会的进步，科学技术的传承、创新和发展，人们又赋予了它新的内涵。各式各样的启发式教学风靡全球，有人称它为现代启发式教学。它的本质是让学生主动参与学习活动，充分发挥其主观能动性，调动学生积极思考问题，主动探讨问题的答案，目的是培养学生多方面的能力，包括解决问题的能力、创新思维的能力及获取知识的能力。这些能力的培养及提高必须通过教学方式的改变来实现，各种启发式教学方法的创立正迎合了现代教学的需要。

新课程强调教师教的本质在于引导，引导的特点是含而不露、指而不明、开而不达、引而不发。这正是启发式教学的本质特点。它与启发式教学的"不愤不启、不悱不发""道而弗牵、强而弗抑、开而弗达"的特点是相吻合的。可见，启发式教学符合新课改的要求，适应时代的发展，具有顽强的生命力，在很大程度上遵循了教育发展的一般规律，体现了素质教育的主体性、发展性和教学生学会学习的思路，是培养学生分析性思维的基本思想和方法。

古希腊教育家亚里士多德的名言"思维自惊奇和疑问开始"说明了问题是开启思维和发展思维的源泉。合理设置课堂问题情境，可以调动学生积极思考问题；主动探讨问题的答案，可以充分发挥学生学习的积极性。启发式教学过程是民主的、双向的，体现了"人本主义"教学观念。教师与学生之间的信息多向传输、相互启发诱导，师生的思维相互碰撞、经验共享、情感共鸣、思想共振。从而在现实的教学情境中创造和生成新的知识、情感和方法，培养了学生善于思考和实践且运用已学知识解决实际问题，以及探索、创造、积极进取的精神。

编程课堂是否能激发学生的思维，还取决于课堂教学内容的选择。课堂教学内容要具有思辨性，能成为真问题，并在真问题的基础上驱动教学进程；同时灵活采用各种启发式教学的手段，适时适度地引导学生思考、分析。

1. 情境启发

将问题与情境融合，使学生置身情境中而受到情境的感染，脑洞大开。在信息技术思维型课堂中这种实例举不胜举，如百钱买百鸡、猴子选大王。

2. 设疑启发

疑问是激发学生思维的源泉。设立障碍激发学生产生疑问，以疑问引发思考，让学生在质疑、问疑、释疑的过程中获得知识，发展思维。例如，在学习枚举算法时，常用到一个实例：金库大门的锁紧闭着，它的钥匙被混在了成千上万的钥匙群里，你有什么办法帮忙找到这把锁的钥匙吗？学生开始发表他们的意见，有的说要有耐心地一把一把试，有的说要先观察一下颜色、大小、形状等，再分类，再尝试……在这个常识性问题的引导下，学生自己找到了枚举算法的核心思想：剪枝范围，一一列举。

3. 追问启发

心理学家认为追问是培养学生良好思维品质的有效策略。它可以加快思维节奏，探明思维状态，还原思维过程，逼近事物本质，促成学习发生。它是我们分析问题时最常用的策略。例如，在分析从今天开始计算N天后是何年何月何日的问题，我们可以预设好一系列问题：如何求今天是今年的第几天？如何求出每个月有多少天？如何求出2月份有多少天？如何判定年份是闰年？如何求今天的月份之前几个月的总天数？如何求N天后是过了多少年？如何算第x天是当年的几月几号？当问题逐一击破时，原问题即可得到解了。

4. 反诘启发

反诘启发也是启发式教学法中常见的策略。它是在学生问题提出不完全或理解不正确时，我们不直接纠正，而是提出补充问题进行反问，使学生在反问的启发诱导下，进一步思考，自觉纠正。例如，数字三角形问题，从三角形中的塔顶走到塔底，每一步只能走到相邻的方格中，求经过方格的数字之和最大值。学生第一反应是每一步挑一个方格中值比较大的走的贪心策略。此时我们反问：这样走的路径真的是最优的吗？学生开始想方设法证明这样走是不是最优的。经过进一步思考，他们会发现确实是有反例的。再结合图示启发、实例启发、追问启发等策略，引导学生换角度思考。

5. 情感启发

思考力的快慢，一旦加入情感因素，主导作用便会凸显出来。因为喜欢，所以主动。因此适当用情感调控，有利于推动积极的思维。比如，编程求两个数的最大公约数。这其实是一道很简单的题目，但却包含了两个著名算法：尼考曼彻斯法（辗转相减法）和欧几里得算法（辗转相除法）。我们可以先让学生自己想办法，他们可能用数学方法，不断除去公因子，或枚举一个数，不断试除……（方法可行，但似乎有点烦琐）激发他们的好奇心（曾经有两位著名专家分别研究了辗转相减法和辗转相除法来解决最大公约数的问题，你们想知道他们是怎样解决这个问题的吗），再结合类比进行启发（这两种方法的思路有哪些相同点，有哪些不同点）。

6. 图形启发

相对于文字，人更喜欢、更容易接受直观易懂的"图形"的东西。把数字、逻辑、概念等抽象内容，用简单形象的图形表达出来，让初学者直观易懂。结合图形化的编程软件学习编程绘图，利用绘图的逻辑性理解程序的逻辑，启发了初学者的计算思维，大大降低了初学者学习程序设计思想的难度。例如，画一条直线，重复前进、旋转五次后可以画一个五边形；画一个五边形，旋转五次后可以画一个五边形的组合花形，旋转八次后呢？（图4-1-4）通过这一组图形的变化，学生结合图形的变化理解循环，理解循环次数，理解循环体，并尝试修改循环次数、循环体来改变图形，图形的变化启发学生的逻辑思维。

图4-1-4　图形启发

7. 多解启发

一题多解的问题可以给学生带来发散的思维，学生可以从不同角度、多方位剖析问题，并通过对比多种思路，了解每种方法的优劣。这样有助于学生开阔思路，发展灵活的思维。例如，求连续最大子序列的和的问题，学生可以用枚举法，也可以用部分和的方法，还可以用动态规划的方法。他们的思路的出发点都各不相同，但都能解决不同数据范围内的问题。学生通过对本问题的研究和对思路的对比，拓展了思路，开阔了视野，体会到算法的精妙。

8. 图示启发

当思路处于混乱理不清的时候，用图示能直观地表达问题，使思路可以更清晰、开阔。比如，会议厅问题，给出一些会议的起始时间和终止时间，每个时间点最多能有一个会议在会议厅中进行，求会议厅的最长使用时间。很多学生认为这是一道贪心的题目，以结束时间排序，先满足会议时间使用最长的会议，以此类推，将能满足会议的时间段加起来，就是会议厅的最长使用时间。这时我们可以举一个实例，并将它画成图形来比较（图4-1-5）。

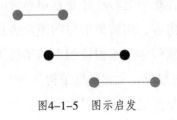

图4-1-5　图示启发

从图4-1-5中，学生很快会发现：此时会议厅的最长使用时间是5分钟，而不是4分钟。

9. 推理启发

推理是逻辑思维的基本形式，是由一个或几个已知的判断推出新判断的过程。信息学研究的问题大多都包含了推理的思想，如递推算法、贪心算法、动态规划算法等。

四、分层教学法

分层教学就是教师根据学生现有的知识、能力水平和潜力倾向把学生科学地分成几组各自水平相近的群体并区别对待，安排课程学习任务。这些群体在教师恰当的分层策略和相互作用中得到最好的发展与提高。

学生水平层级不同决定了我们必须分层教学。清华大学图灵奖得主姚期智在一次学术报告期间，有记者对他提出这样的问题：您所倡导的教育是一种精英教育，那么，是否能够使更多的学生获得这样的教育？他的回答是：如果要让所有人都受到同样的最好的教育，那一定是没有人受到最好的教育。由此可以看出，只有合适自己的才是最好的，也可以看出分层教学的重要性。每个学生的学习都应该是根据他本身的特点和水平而定的。对于具体的某个学生来说，只有当教师设计的教学内容是针对他自己的，他才能取得最快的进步。分层教学要求我们的教学内容在难度的选择上必须要明确这些教学内容是针对哪些层次的，简单的教学内容对于水平高的学生来说是浪费时间，但可能对于水平低的学生来说，却显得极有难度。分层教学可以使各层次的学生都得到最合适的发展。

分层教学是最适合学生的一种教学方法，但是在具体实施过程中，除了教学内容、教学策略等具体知识，我们还应该顾及学生的心理感受，或者说要考虑到学生的情绪。例如，对于水平稍低的学生，如果硬生生地将他分到低水平的组去学习，他可能会出现情绪低落或者放松对自己的要求，甚至以后学习状态越来越差等自我放弃行为。要防止学生出现这种状态，有时我们可以把所有的学生集中在一起学习、讨论，营造一个"团队"的氛围，让水平低一些的学生觉得他们也是属于这个"团队"的，从而找到归属感，支撑其继续学习。

五、讨论教学法

讨论学习能激发学生大脑的活动，使学生个体之间通过交流发现问题，通过交流启发思维，达到取长补短、共同提高的目的。讨论教学法在信息学课程教学中是一种有效的方法，我们可以视情况不同分别采取静态讨论法和动态讨论法进行教学。

1. 静态讨论法

在编程题目的测试后进行讲评时，我们一般可以采取集体讨论的方法，主要的目的是听不同学生的不同解法，或者指出学生解法的不足。这种讨论方式可以培养学生与人交流沟通的能力，也有利于培养学生多角度思考问题的能力，培养学生的发散思维、拓宽思维视野。

由于在讨论之前，学生对所要讨论的问题已经思考完毕，教师也知道所有题目的具体做法，这类讨论可视之为静态讨论。这种情况下的讨论，一般难以完整地反映学生的整个思考过程。

2. 动态讨论法

对于编程的学习，思考过程才是最重要的。对于新的学习内容或新接触的问题，我们可以组织学习能力强的少数高水平学生进行动态的讨论。

例如，教师可以找些高难度的题目让高水平的学生讨论，教师也在预先不看解题报告的前提下参与到学生的讨论中去，和学生一起思考，然后和学生一起讨论，探索正确的解法。由于这些题目难度大，大家一开始可能想到了一些错误的解法或者不严谨的地方，然后相互指出错误或者进行质疑，师生在不断互动过程中，一步一步逼近正确的解法。

在这个讨论过程中，教师和学生都能深刻地感受到对方在思考问题时是如何入手的，是如何化繁为简的，平时常见的思维方式是如何具体应用到解决具体问题中的。最后，当讨论完毕后，还应该看看解题报告，看看别人的解法，检验师生集体讨论的成果。因为讨论过程见证了整个思考的过程，我们可以视这种过程是动态的。

动态讨论教学法对教师本身的要求很高，因为要跟上优秀学生的思维可不是件容易的事。但如果能长期坚持这样训练，相信教师对学生的帮助是巨大的，同理，学生水平的增长反过来也可以提升教师的水平，这也是教学相长的体现。

第二节 中小学编程教学策略

一、基于游戏化学习的中小学编程教学策略

进入21世纪，信息技术无时无刻不在重构着社会生产力和生产关系。可以说，现代社会赖以运转的各大系统的底层已嵌套在算法之中。面对未来，世界各国格外重视与之对应的教育体系设计，提倡将计算思维提升到全民素养的高度，并在不同学段开设相关课程，以培养学生面向未来的计算思维能力。美英等国相继发文强调在K12阶段培养学生计算思维能力的重要性，并因此设置了中小学计算机编程教育类课程，开展相关实践。美国新媒体联盟的《2017地平线报告（基础教育版）》提出将"编程作为一项专业素养"，指出"许多教育工作者认为，编程可以帮助孩子了解计算机的工作原理，通过结构和逻辑来表达自己的想法，进行批判性的思考，在日益数字化的工作环境中取得成功"。

"计算机科学仍然是全球增长非常快的行业之一，做好人力资源储备是未来经济发展的关键。编程素养在所有行业中变得越来越必要……基础水平的编程素养可以帮助学生建立可迁移的技能。编程还能培养解决问题的能力、协作能力，甚至可以通过与游戏、机器人和动画的互动来培养学生的学习兴趣"。

1. 基本的信息化教学环境是实施中小学游戏化编程教学的前提

信息化教学环境分为硬件设施和软件环境两部分。在硬件设施上，每个教室都拥有独立的无线局域网，具备良好的无线上网条件，教室内除了传统的白板还配备了触控一体机；此外，小学三年级有一部分教学班被称为"iPad班"，这些班级或是学校统一采购设备，或是学生自带设备（BYOD），确保人手一部iPad。在软件环境方面，最主要的是首先选用一款主流的儿童编程学习工具或平台，根据学生的基本情况和学校的教学情况选用了Apple开发的基于iPad的Swift Play-grounds工具。这是一款以3D闯关游戏为主要学习内容、辅

以多样灵活的机器人驱动编程创作的文本式儿童编程游戏化学习平台；其次，基于学习过程记录软件Seesaw，不仅组建了学生的个人学习空间，还形成了"生—师—校"互联互通平台，方便家校沟通，更好地辅助孩子的学习。

2. 评估学校教学情况，确定编程课程组织形式

目前，中小学编程教学还处于摸索起步阶段，常见的开课形式可分为单独开设完整的编程课程和嵌入其他课程的模块课程两种形式。其中，完整课程又以选修课、兴趣课的形式出现，目前作为正式课程的还很少见。但它是一门较为完整的以编程学习为主的课程，可开设于学校的选修课或"四点半课堂"（学生四点半放学后的兴趣课），学生可根据自己的兴趣爱好，选择是否修读；模块课程一般嵌入其他课程，作为一个相对完整的模块出现，如嵌入信息技术课程，或是和创客课程等兴趣课程结合起来，组织相关编程学习及实践活动。我们需要综合分析学校的课程开设现实情况和学习者的总体兴趣爱好，从而选择开设完整课程还是模块课程，进而确定课程容量。

3. 分析学习者特征，组建学习小组

课程开课形式和学生确定下来之后，就要开始充分了解学生。可以从学生的起点能力、学习风格、学习态度及信息素养等方面入手；另外，如果是选修课程，就有可能存在学生的设备不统一的情况。这种情况下就要及时确认学生的设备规格是否满足编程教学的最低要求。

4. 给予一定的课"前"指导，让学生尝试自学

毫无疑问，现在的中小学生属于数字原住民，他们在编程学习方面有着惊人的天赋，可以实现丰富的创意，教师要做的不是按部就班地讲解步骤和解释编程术语，而是在课程正式开始前用一份制作精美、完善的学习任务单引导学生自学，让学生在任务单引导下，同学及老师和家长的支持下主动攻克难关，并从中发现自己遇到的困难。有研究者最开始尝试的是翻转课堂教学，但是很快就发现三年级的学生在这种教学模式下学习编程时需要更多、更个性化的指导，家长和同伴由于自身编程"素质"和时间精力等条件的限制不能提供满足其需求的帮助，制作完备的符合每个学生需求的引导资源显然也不现实，因此在策略迭代调整的时候，我大胆地采用了"课内小翻转"的教学方式。把原本翻转教学需要在课前完成的那部分任务放到课堂前10分钟（时间长度可以自定），这样学生可以以一个小团队的方式集体"自学"。教师此时在课堂"巡视"，及时解答学生的疑惑，引导学生完成自学任务。

5. 课中采用基于问题/项目式的游戏化学习方式，注重团队协作

中小学编程课程的教学往往要创设一定的游戏情境，给出学生要完成的挑战和任务，学生需要结合"课前"自主学习的知识，根据任务要求，与同伴协作，确定问题及解决方案，在攻克难关的过程中习得编程技能，并锻炼提升计算思维能力。需要注意的是，在实际教学中发现有一部分学生在完成编程挑战的过程中并不喜欢与他人合作，遇到困难时也不会主动寻求帮助，导致"掉队"。此时教师和助教要及时发现这种情况，并采取一定的策略引导学生进行协作学习。

二、小学编程课堂的导入策略

新课改指出：要引导学生主动参与、乐于探究。小学编程解决问题的方法灵活多样，有利于培养学生乐于探究的精神。但是小学生的身心特点和知识结构水平决定了小学程序设计是一门很有挑战性的学科。许多研究表明，不同教学形式和各种课堂活动情境下呈现出的生动有趣的教学内容最能引起学生的兴趣，使学生产生积极的情绪体验，从而形成或改变其学习态度。相反，在沉闷的课堂情境中，那些枯燥乏味的学习内容、单调的教学形式最易使学生产生并形成消极的学习态度。这里冀望找出一种切实有效的教学方法，让小学生在编程学习的每一节课开始就有着良好的学习状态，乐于学习，坚持探究，更有效地提升学习效率，进而提升小学生的学习品质，促进学生全面发展。

1. 枯燥的问题情境化

如果在教学过程中，能创设与教学内容相适应的教学情境，营造能引导学生主动参与的教育环境，就能更好地激发学生学习的积极性，帮助学生迅速而正确地理解教学内容，提高教学效率。

C++教学内容中的入门知识，如C++编程软件的初步认识、程序的结构、变量和变量名、各种数据类型、赋值语句、输入（cin、scanf）输出（cout、printf）语句。选择结构（if和swith）等基本语句，需要机械记忆的多，无疑是非常枯燥乏味的。现行的教学中，通常都是采用"熟记""多练"的手段来强化效果，往往连事倍功半的效果都达不到。枯燥地练习，低下的效率，使得相当多的学生产生了畏难情绪。

对于这部分内容，我设计了一系列的情境：明明家里来了一个新客人——Robot，"他"是一个成长型智能机器人，我们将和"他"共同快乐成长。然后学生在一系列的导入情境中学会各种语句。例如教学cin、cout命令时，我是这样引入的：通过一个软件教会机器人说话：学生说一句，电脑重复一句。于是学生立刻就有了很大的兴趣，接下来不用我教，学生就愿意主动去学习相关的资料：电脑听是用cin命令，告诉我们是用cout命令等。学生学得有兴趣，效果也非常好。

2. 抽象的问题形象化

抽象的事物往往都难以理解和接受。我们通常把凡是不能被人们的感官所直接把握的东西，也就是"看不见，摸不着"的东西叫作"抽象"；有时"抽象"也被作为贫乏、空洞的同义词而使用。

程序设计中的部分知识是非常抽象的，如循环语句、数组的应用、贪心算法等。现行的编程教学通常都是结合数学进行教学，而数学又是从生活中抽象出来的知识。这部分知识因此就显得更加抽象，更加难懂。而小学生的思维正处于由具体形象思维为主向抽象逻辑思维为主过渡的阶段，形象思维还占主要地位，所以对于这类抽象的问题就更加难以理解了。

例如，在教学循环语句时，"百钱买百鸡"问题是运用最多的教学事例："今鸡翁一值钱五，鸡母一值钱三，鸡雏三值钱一。凡百钱买鸡百只，问鸡翁、母、雏各几何？"解决的方法就是通过循环语句，逐一枚举每种情况，最终找到结果。这个数学问题无疑非常经典，也很有趣，但对于连未知数和方程都没有学过的小学生来说，理解上自然是难上加难了。对于这部分的内容，结合学生的认知水平，我利用一个动画来引入：有一个宝物藏在学校的一间教室里，怎样找出来？学生很容易想到逐层楼逐个教室去找。然后通过我的引导，学生能在脑海里迅速构想出双重循环的结构：楼层就相当于外循环，每层楼的不同教室就相当于内循环，找的动作就是循环体，这样一个形象的过程能极大地帮助学生充分理解双重循环。最后结合流程图直观显示，这样学生就更加容易接受和理解了。

3. 无序的问题条理化

条理性思维通常是指在处理复杂的事务时，按轻重缓急分离成一个个独立的事件进行处理的一种思维方法，它能使人处理事情更加优质和高效。《条理性思维》指出：解决问题的能力和智力无关，也和聪明与否无关，但却和条理性思维及正确解决问题的步骤有很大关系。

程序设计的知识点基本都没有关联性，基础语句尤其如此，通常的教学顺序是由易到难一步一步教学。但是因为没有内在的关联性，学生在学习时，往往学到后面就忘了前面。我依据条理性思维的一些规律，将一些看似不相干的一些事情，利用内部相通的知识（方法），按由易到难的顺序进行教学。这样学生学习起来就可以按照一定的脉络，通过前后的对比，将知识掌握得更牢固，难的知识也会觉得容易。

例如，求商的整数（/）和余数（%）的运算，四年级学生在数学上已经学习过用有余数的除法来解决问题，因此我采用了相关的数学问题来引入这一课的学习：学校去春游，要包几辆旅游大巴车做交通工具，每辆大巴能坐50人，全校836人要包多少辆车？学生很容易可以算出863/50=17（辆）……13（人），17+1=18（辆），从而引入在C++中用"/"求商的整数部分，用"%"求商的余数部分。接下来再利用这个知识（/和%）引入数位分离、回文数、周期性问题等，学生就能通过前后知识的关联，更加容易接受这些知识。

4. 难懂的问题通俗化

C++程序设计内容中相当一部分都是难度比较大的，如进制转换、部分和思想、单调队列、递归算法、递推算法、贪心算法等。特别是在小学阶段，学生形象思维占优势，因此将一些晦涩难懂的理论知识转化成学生通常能见到的事物，通过通俗易懂的事例无疑会大大降低学习的难度。

例如，五六年级各种不同的进制认识，以及不同进制间的转换，对于成人来说都不是一个容易的问题。我是这样来引入二进制的：学生排好一队，像上体育课那样将1、2、1、2报数改成0、1、0、1报数，然后两两组队。这样学生通过游戏，就知道二进制只有2个数（0和1），当报的人数满2后就要另外组一组（进位），再让学生对比十进制，研究总结出二进制的特性。用同样的方法推导出八进制和十六进制，再到n进制，学生认识起来就不会觉得很难了。

5. 成人的问题学生化

现代教育观点认为，谁获取知识谁就是课堂的主体。郭思乐教授也提出教育要以学生为本，要"高度尊重儿童，全面依靠儿童""诱导是教育和培养孩子的最好的方法"。因此从学生的角度思考问题并设计教学方法是提高教学质量的根本。

编程学习依托的是编程软件，而编程以往都是大学的专业教学内容，内容的编写和教学的设计都是从成人的角度出发的。小学信息学教学还处于探索、起步阶段，因为知识构成和人生经验的原因，在很多问题的认知上成人的思维和小学生的思维是截然不同的，所以在教学中就不可避免出现了思维脱节的现象：教师认为很容易的，学生就是听不明白。所以在处理某些问题时，可以让学生通过一些自己的方法来理解、推导，往往能取得事半功倍的效果。

例如，四年级讲解选择排序时，如果从成人的角度来思考，讲解得常常不够透彻，学生往往难以接受。我设计了这样的引入：让学生自己将一队学生按由矮至高的顺序排好队，要求学生在排队的过程中思考如何挑选出每个位置的学生。这样一边排队，一边思考，我再加以适当点拨，学生很容易就能够将选择排序的思想掌握好，接下来就能够自己尝试写程序了。

6. 浅显的问题深入化

当个体体验到成功时，就会产生积极的自我肯定，从而向更高的目标进取。当更高的目标被实现时，体验到的成功感会更加强烈并持久。

C++语句中的for循环、数组的认识、字符和字符串等知识，如果只是教学基本的内容（让学生掌握相关的概念并学会如何运用）还是比较简单的，但是要求仅仅如此，学生的自我体验并不会很好，很难产生持续的内在驱动力，对学生的长期成长无疑是一个致命的打击。因此当学生掌握相关的知识后，我们不妨进一步深化内容，让学生由易到难，不断挑战难度，持续体验成功，从而激发学生探究的热情。

例如，六年级的学生已经掌握数组的0、1计数：用数组的下标表示位置，用数组元素0和1表示该位置的状态。这时可以进一步引导学生思考：既然可以用0、1表示某一位置物体的状态，能不能用其他的数字来表示其他的含义？再用不同的事例让学生自己去发现：还可以用不同数字来表示物体的个数，甚至可以用来表示某一段连续区间的和等。例如求商的整数（/）和余数（%）运算，除了简单的求余、求整的运用，还可以扩展到找规律、数位分离、回文数、周期性问题等。这样学习的知识难度一级一级提高，学生既能由易到难逐步攻克难关，也能持续享受到成功的快乐，从而产生学习的内驱力。

三、基于学生思维发展的初中编程课程课堂提问策略

目前，在初中程序设计教学的过程中，绝大多数教师只关注知识、解题方法及技巧的传授，却忽视了与学生之间的提问互动，更忽视了学生思维的拓展，这使得初中编程课程的课堂变得较为僵化，缺少学生主动参与、积极思考的精彩，也缺少了课堂的即时生成和教师的灵动反馈，严重影响了师生的共同成长，也违背了锻炼和提升学生思维的初衷。

（一）预设层次问题，促进全体学生主动思考

陶行知曾说："培养教育人和种花木一样，首先要认识花木的特点，区别不同情况给以施肥、浇水和培养教育，这叫'因材施教'。"在提问教学实施的过程中，同样需要引入因材施教法，展开分层教学，以学生的学习水平、学习能力等不同标准为基础，将学生分为不同的层次，制订具有针对性的教学目标、提出具有层次性的问题。这既是对学生主体的尊重，也充分考虑了学生的差异化发展。教师在提问时既要把握分层原则，同时也应该兼顾公平原则，根据具体的教学目标、教学内容，有意识地编拟各个层次的问题（如A、B、C），将记忆型或简单理解型的问题设计给水平较低、能力较弱的学生，将适中难度的问题（如一些分析或评价型问题）留给中层次的学生，将思维拓展性较强的综合性问题设计给学习水平与能力普遍较高的学生。这样，优秀学生不会因为内容太简单而没有兴趣，能力稍弱的学生也不会因为没有发挥的舞台而失去信心。

例如，在进行"动态规划"的教学中，为了让学生能根据已有的知识基础拓展新的知识点，我并不直接告诉学生动态规划的相关概念和算法思路，而是展示原有的"攀天梯（递推）"与例题"黑熊过河（线性动态规划）"两道题，提出问题："攀天梯"的解题思路是什么？用什么算法（回忆与复习）？"黑熊过河"跟"攀天梯"的相似之处是什么？区别之处是什么（联系与分析）？初始值是什么？结果在什么位置？还有哪些细节需要注意（分析思考）？

这几个问题都比较简单，可以通过回忆和分析想出答案，可以提问B、C层次的学生。而解决了这几个问题，这道题的方法就出来了，基本可以把程序写对。接着引出动态规划里"阶段、状态、转移方程"等专业术语，并进一步补

充问题：请说出"维修栅栏"这道题的阶段、状态和转移方程分别是什么（应用）？下列哪道题可以用动态规划来解决（思考、充分论证）？

在短时间内要回答这两个问题，有一定的难度，特别是"维修栅栏"一题，对学生的逻辑思维及分析性思维要求高，因此适合A层学生回答。

事实上，课后的调查问卷反映，63%的学生认为这节课的问题较容易，其余学生认为这节课的问题较难。没有人认为很容易或很难，87%的学生认为本节课的问题对拓展思路和思维很有帮助。

（二）注重启发提问，突出教学重点难点

在新课改的推动下，教师应该更多地在教学中融入启发教学的思想，通过提问来培养学生的创新能力、实践能力。这是由于问题的提出能够发挥启发性作用，有助于学生思维能力与质疑能力的提升。对此，教师应根据学生已有的知识基础和逻辑推理能力，由浅入深，循序渐进，促进学生的有序思考；通过不断地追问、质疑、概括和总结，启发学生的思维，同时也解决了教学的重点和难点。但在问题的设计上，教师也应该把握学生的特点与需求，更不能脱离教学要求与目标，即从学生出发，使其真正感受到信息技术学习的乐趣。

例如，在"编程序解数学题"的教学中，学生已学习条件语句和用循环结构求和，可在此基础上提问：如何求输入的n个数里的最大值？

追问：怎么求最大的那个数的位置？

继续问：怎么求最小值及其位置？

如果我要找最小及次小值呢？

如果要把这些数从小到大排序，又怎么办？

从而又引出需要用数组把所有数先储存起来，再依次每次找最大值放好，最后得出选择排序的方法。

整个过程从学生的知识基础出发，每提一个问题引入一点新元素，既让学生在能力范围内思考出解决办法，又突出了几个重难点（比较、复合语句的使用、交换、存储等），同时在思考过程中锻炼了学生的思维能力。

（三）优化提问情境，鼓励学生积极参与

初中生在观察力、概括性等感知能力以及学习水平上出现了新的变化，教师可以创设不同的提问情境进一步增强学生的感受力，避免课堂变成只有问和答的沉闷形式。在初中信息学教学中，教师应该突出学生的主体地位，将思考、分析、解决问题的机会还给学生，注重从学生熟悉的知识、环境入手进行提问，通过设计悬念等方式来构建情境，让学生通过情境找出问题的答案，避免课堂气氛沉闷、僵化。

例如，在学习"选择排序"的时候，我让学生按我预设的顺序排好队，再模拟"选择排序"的过程，最后排成从矮到高的队伍，并在观察排队的过程中思考问题，这样不但对以前学习过的有关知识进行了思考与回顾，还在情境的引导下对选择排序的原理有了清晰的认识，并深入地进行应用和迁移。

通过情境的创设，既调动了学生的主观能动性，使得学生能够结合生活感悟、所学知识加深对新知识的思考，还打破了直接提问的生硬，促使学生的注意力集中于课堂，增强了提问的趣味性。

（四）创设提问形式，润泽学生思维

一般的提问形式是老师问、学生回答，但一直使用这样的形式会令一些学生觉得沉闷，不愿回答，更懒得思考，而教师也无法关注全体学生是否进行了针对该问题的思考。此时，我们可充分利用各种信息技术手段，开展多种形式的提问活动，让学生在不知不觉中动脑思考，达到思维发展的目的。

借助BBS。我们可以用BBS的形式，教师把问题用文字表达出来，学生把自己的答案输出，这样，所有人的答案都可以看到，同时也知道哪些学生是没有答案的。

把问题融入智力游戏或竞赛中，以过关考验的形式吸引学生通过不断地回答问题达到一定的成绩或名次，而学生在"玩"的过程中不自觉地解决了问题，掌握了知识。

以2人或多人为小组，针对某一知识点进行组内或组间的互问互答，然后由教师引导归纳。

问题不一定要即时在课堂上解决，实际上有些问题是需要比较长的时间思考与实践才能解决的，这时可以通过网络的形式，利用通信软件或E-mail让学生讨论回答。

（五）构建反馈机制，升华学生质疑能力

正如哈佛大学的流行语所言，"教育的真正目的就是让人不断地提出问题、思考问题"，而反馈机制的构建就可以发挥这一功效。再好的提问过程如果没有恰当的反馈，也只是虎头蛇尾。因此反馈机制的引入有助于提问教学实

现首尾呼应，使得学生作为主体主动参与到提问教学的过程中。反馈不仅是对学生回答问题后做出恰当的评价，还要培养学生发现问题的能力，对学生的质疑进行解答，从而发挥指导作用。

1. 善于使用"表扬"

122名学生参与的调查显示，有88名（72.13%）学生希望自己回答问题后得到老师的表扬，并能得到老师对回答的具体评价。因此，无论学生的回答是否符合教师心目中的答案，他敢于回答，表达自己的想法，就是值得表扬的一件事。当然，我们表扬的语言、语气不能千篇一律的"好""真棒"，而要用多种形式去表达对学生回答的肯定。对于发散性和综合性的问题，或者学生有独特见解的，我们还要让学生清晰地阐述自己的思维过程，帮助存在疑惑的其他学生，并让学生保持活跃的思维。

2. 及时生成新问题

当学生的回答不够完整或存在错误时，教师的第一反应不应是否定或打断学生，而应该提示学生问题中存在哪些条件，问题的关键是什么，帮助学生进一步理解问题，并通过及时地追问，生成新的问题；不断提出反问，以暗示性的语言和做相关示例的方式进一步启发和引导学生积极思考，使学生发现自己认识上存在的相互矛盾之处，主动得出结论、获得知识。

3. 细化问题

如果发现问题超过了学生的能力范围，也可及时把原问题分解，降低问题的难度，让学生顺着梯子"登堂入室"。事实上，在学生的问卷调查中，对于问题"当你暂时不能回答问题时，你更希望老师采取什么做法"，95%的学生选择"重新解释问题，对关键词进行强调或提示，然后等待你回答"，而不希望老师"提供答案"或"选择另一同学回答"；而对于问题"当你的回答出现错误时，你更希望老师采取的做法是什么"，82%的学生希望老师能"重复回答中的错误，强调问题中的关键词，指引你改正"。

4. 深化问题，引导学生发散和质疑

教师在解决问题的同时，还要注意给学生留下质疑的空间，让学生主动发现问题并提出问题，及时或课后思考讨论发现的值得思考的问题，让课堂教学走出课室，不断延伸教学内容，拓展学生的思维与视野。有时学生的回答是错误的或者是指向了另一个新知识，教师不应该马上否定学生，而应该让学生思考验证其正确性；如果受课堂时间限制，可以让学生课后再思考验证，在验证的过程中学生能发现新的问题及知识。这样既培养了学生的质疑能力，又培养了学生的发散性思维。

四、C++编程教学的评讲策略

在C++编程教学过程中，除了学生练的题要精心准备，评和讲的环节也是非常重要的。很多情况下需要把两者结合在一起，把学生中带有普遍性的典型错例分析透彻，或把学生中带有创造性的答题思路进行交流和发散，并把握时机，设疑、质疑、释疑。这样，不但提高了学生分析问题、解决问题的能力，还能培养学生的发散性思维和创新思维，提高教学效果。

1. 规范解题思路，引导学生讲得清楚明白

每个学科都有其比较规范的解题步骤，程序设计的题型虽然千变万化，解题方法多样，但在解题过程中也遵循了一定的规范。我们在评讲前，一般是先让个别学生讲，讲的时候必须规范，讲得清、讲得明。一般来说，题目解题或讲题按以下步骤进行。

第一，用简练的语言描述题目的意思，包括给出的条件，要求的任务，还有数据范围等，并分析一下题目的特殊性（如数据少，要求的任务有规律等）。

第二，从最朴素的算法谈起，分析算法的优劣，考虑能否通过改进朴素算法得到正解。如果可以，联系一下做过的类似的题目及大概解法，再用相似的思路分析题目。

第三，对于一种可行的算法，说一说是怎样想到的，证明算法的正确性。

例如，给出以下题目，要求学生讲他的解题方法。学生应该怎么样讲呢？题目——纪念品分组。

[题目描述]

元旦快到了，校学生会让乐乐负责新年晚会的纪念品发放工作。为使参加晚会的同学所获得的纪念品价值相对均衡，他要把购来的纪念品根据价格进行分组，但每组最多只能包括两件纪念品，并且每组纪念品的价格之和不能超过一个给定的整数。为了保证在尽量短的时间内发完所有纪念品，乐乐希望分组的数目最少。

你的任务是写一个程序，找出所有分组方案中分组数最少的一种，输出最

少的分组数目。

[输入格式]

第1行包括一个整数w，为每组纪念品价格之和的上限；第2行为一个整数n，表示购来的纪念品的总件数；第3行包含n个正整数Pi（$5 \leqslant$ Pi $\leqslant w$），表示所对应纪念品的价格。

[输出格式]

仅一行，包含一个整数，表示最少的分组数目。

[输入样例]

100

9

90 20 20 30 50 60 70 80 90

[输出样例]

6

[数据限制]

50%的数据满足：$1 \leqslant n \leqslant 15$

100%的数据满足：$1 \leqslant n \leqslant 30000$，$80 \leqslant w \leqslant 200$

对于该题，我们应该这样解题。

首先，题目的意思是给出n个5到200之间的正整数，表示纪念品的价格，要求对这n个数进行分组，每组可以是1个或2个。如果是2个，则这2个数之和不能大于w。要求最小的分组数目，n的值最大是30000。

我们可以分两种情况对题目进行分析。

第一种，选定了一个纪念品A，在剩余的纪念品中找到可以与A匹配的纪念品B，使得$A+B \leqslant w$，此时只能把纪念品A单独分一组。

第二种，选定了一个纪念品A，在剩余的纪念品中找到多个与A匹配的纪念品B_i（$1 \leqslant i \leqslant n-1$），使得$A+B_i \leqslant w$，此时应在匹配的纪念品中找价格最大的那个，将其与$A$放在一组。这种情况我们可以拿样例数据来看（表4-2-1）。

表4-2-1　样例数据

1	2	3	4	5	6	7	8	9
90	20	20	30	50	60	70	80	90

第2个纪念品可以与第3、4、5、6、7、8个纪念品匹配,如果不与价格最大的那个即第8个放在一组,而与第3个放在一组,这样后面在安排第8个纪念品时只能单独一组,如此便造成每组价格空间未能最大化利用,使得组数变多。根据上述的分析,我们可以对所有的纪念品排序,然后采用贪心策略对纪念品进行分组。

因为n最大是30000,所以需要用快速排序,时间复杂度是$O(n\log n)$,而分组的过程每个数只需访问一次,因此是$O(n)$,因此总的时间复杂度是$O(n\log n)$。

学生通过这样讲解,不但对题目理解得更清晰,思路更明确,也可以在讲的过程中就发现自己的错误,及时纠正。同学和老师对他的思路因而有了一个很清晰的了解,才可以做出正确有效的评析。

2. 引导、组织学生讨论和交流,达到相互促进、相互提高的目的

编程教学的主要任务就是通过设计程序来解决一些复杂的实际问题。程序=算法+数据结构。对于每一道具体的题目,每个学生编写的程序其实就是学生的一件作品。它凝聚了每位学生的智慧,体现了学生的思维方式和解决问题的方法。而每位学生的思维方式和解决问题的方法不尽相同,就会出现有的学生采用的算法恰当,处理效率高、速度快;有的则处理效率低、速度慢。为了让每位学生都能够恰当地利用所学的算法进行程序设计,快速高效地解决实际问题,我们在评讲环节中更多地是组织学生讨论和交流,让学生各抒己见;在这个过程中学习别人的长处、发现自己的不足。

例如,对于"纪念品分组"这道题,很多学生对于题目理解还是正确的,但他们没想到用排序,而是直接按题目的意思进行模拟:从第i个数开始,每次往后找到未跟其他数一组的能跟这个数匹配的最大价格和的数进行匹配,主要语句如下。

```
for(int i=1;i<=n-1;i++)
  if(!b[i])
  {
    ma=a[i]; k=0;
    for(int j=i+1;j<=n;j++)
    if(!b[j]&&a[i]+a[j]<=w&&a[i]+a[j]>ma)
```

```
            {
                ma=a[i]+a[j];
                k=j;
            }
        b[i]=1;
        if(k>0) b[j]=1;
        ans++;
    }
```

这种方法的时间复杂度明显是$O(n^2)$，当n=30000时所用时间是超过1秒的，所以这样做的学生就忽略了时间的计算。另外，有些学生在讨论的过程中也提出了另外的意见，因为纪念品的价格是5～200的整数，所以我们也可以不用快速排序，而是用计数排序$O(n)$，即用数组的下标记录该价格的物品的个数，每次把可能的最小和最大价格的纪念品合在一起，这样做也是可行的。

通过这样的讨论和交流，学生一般都可以把一道题的解题思路和方法理解透彻，从不会到会，从会到透，从单一到多样。

3. 评透典型错例

在评讲的过程中，学生的评讲经常会出现就题论题，单纯核对答案的情况，这时候就需要教师介入，对带有普遍性的典型错例进行剖析，要剖得深，析得透。通过反向教育，可以提高学生审题、解题和分析问题的能力。

例如，对于"纪念品分组"这道题，很多学生出现超过时间限制的情况，说明这些学生有可能是忘记要计算算法的时间复杂度和空间复杂度，或者是计算时间复杂度错误。这两种错误都是学生经常犯的，尤其是忘记分析算法所需的时间。所以当学生讲解或评讲时忘记时间复杂度时，教师应该提醒。

又如对于动态规划类的题，很多学生都会把状态划分错误或把状态转移方程写错，如下题：过山车。

[题目描述]

某公园要建造过山车，总共有资金B（$1 \leqslant B \leqslant 1000$）单位，过山车游戏各个部件准备在一个长度为$L$的直线地形上连接。现在生产厂家有$N$（$1 \leqslant N \leqslant 10000$）种不同的设备，第$i$种设备的长度为$W_i$（$1 \leqslant W_i \leqslant L$），价格$C_i$（$1 \leqslant C_i \leqslant 1000$），另外还有一个娱乐值$F_i$（$1 \leqslant F_i \leqslant 1000000$）。

由于地形问题，第i种设备只能安装在位置X_i（$0 \leq X_i \leq L-W_i$）处。公园方面要求选择一些设备把它们连续地放在一块，从位置0开始，长度为L（$0 < L \leq 1000$），组成一个超级过山车，并在不超过预算资金B的前提下，使这些设备的娱乐值总和最大。

［输入格式］

第一行有3个整数：L，N，B。

下面有N行，每行有4个整数，为某设备的4个属性：X_i，W_i，F_i，C_i。

［输出格式］

仅一个整数，表示最大的娱乐总值。

注意，总资金不能超过B，设备要连续放在一起。如果没有方案，输出-1。

［输入样例］

5 6 10

0 2 20 6

2 3 5 6

0 1 2 1

1 1 1 3

1 2 5 4

3 2 10 2

［输出样例］

17

这道题给出的数据项目比较多，题目意思这里不再赘述。从题目意思可以很快地分析出子问题是长度为i的最大娱乐总值是多少。很多学生可以想到用动态规划来解题，但最后却有很多学生答错（当时测试南海区共95人参加，只有4人全对）。因为很多学生想到的是以长度为阶段，记录长度为i时的最大娱乐总值$L[i]$和这时候的资金$money[i]$，按设备的结束位置从小到大排序，对于每个设备的结束位置$L[i]=\max\{L[x[i]]\}+F[i]$，$ifc[i]+money[x[i]] \leq B$。这样做为什么是错的呢？因为没考虑后效性的问题。可以想象，这样做对于价格的考虑是有后效性的。这也是很多学生在解动态规划题时很容易犯的错误。因此，我们要把价格考虑进来，记录长度为i、价格为j时的最大娱乐总值。

上面的分析，其实学生可以完成，但讲到这里就结束了吗？不行，既然这么多人犯这种错误，说明学生对于动态规划掌握不透，考虑问题不完整。这时候，首先随机抽几个学生讲一遍该题的解题思路，确定该题已经过关，然后教师把相关知识点重新梳理，出2～3道类似题目让学生思考讨论并回答，当然最后一步还要写解题报告。

4. 设疑、质疑、释疑

训练学生的开放性逻辑思维能力是编程教学的显著特色之一。它使学生的思维不只局限在某一狭小封闭的领域内，不只看到事物单向的因果联系；思维的"触角"不拘泥于一个方向、一个框架，面向四面八方纵横驰骋。对于很多可扩展、可发散的题目，我们应该在评讲过程中及时地设疑、质疑和释疑，让学生觉得"够味"，调动他们思维的积极性，以达到培养学生的开放性逻辑思维的目的。

例如，对于经典题目"最大连续子段和"（给出n个整数，请找出数列中的一个连续子数列，使得这个子数列中包含的所有元素之和最大，输出这个最大的和），开始，题目给出n的范围是100以内。学生很快就想出方法：枚举起始位置i和结束位置j，求$i \sim j$范围内的和的最大值。主要程序段如下。

```
for(int i=1;i<=n;i++)
 for(int j=1;j<=n;j++)
 {
    for(int k=i;k<=j;k++)
     ans+=a[k];
    maxans=max(ans,maxans);
 }
```

这是从题目出发进行直接模拟的方法，这种方法的时间复杂度是$O(n^3)$，对于$n=100$是可行的。

设疑：有无更快的方法？如果$n=1000$，这种方法明显不可行。

质疑：以上方法重复计算量太多，如果我计算了1～5个数的和，要计算1～6个数的时候，明显就可以直接在计算过的1～5的和的基础上直接加第6个数。

释疑：按上述方法直接模拟——部分和。提出部分和的思想并按此思想解上题。

这两种方法时间复杂度都是$O(n^2)$。

设疑：时间可以更短吗？如果n=100000，怎么办？

质疑：当n=100000时，我们要在规定的时间内出结果，那么算法的时间复杂度只能降为$O（n\log n）$或$O（n）$，该选择哪些算法？

释疑：提出动态规划的思路，算法的时间复杂度是$O（n）$。

当然设疑这一步是由教师完成的，但质疑和释疑都可以由学生自发完成，通过教师引导的质疑和释疑，学生不但接触到更多、更有效的算法，学习了新的知识，而且整个思维就开阔了，凸显了信息学奥赛的精髓——重思维开发。

5. 及时归纳总结

在评讲的过程中，我们的策略是：问题让学生自己提出，疑难让学生自己解决，解题策略让学生自己商定，结论让学生自己归纳，小结让学生自己完成等。因此，这个归纳总结不是指教师评讲完后归纳总结，而是要求学生对这个评讲过程及时归纳和总结。

题目是做不完的，教师出的每道题都有自己的目的，都包含了一种解题思想，因此归纳总结是至关重要的。学生在学习信息学的初期因为涉及的内容少，可以进行口头总结；到了综合性的题目，每道题最好都以解题报告的形式呈现。这不仅能让学生巩固对一个问题或一种思想的理解，还能锻炼学生缜密的思维习惯，甚至有可能学生在写报告的时候会突然产生一个灵感。教师要认真阅读学生的解题报告，并进行修改，对不严密的地方要给学生指出来。

例如，对于"最大连续子段和"，学生的解题报告应该包含以下几方面的内容：题目的基本意思，各种算法的解析、思路及程序的主要部分，对新知识点"部分和"和"动态规划"提出自己的感悟及见解，如果有其他不同的想法也可以提出来。

五、核心素养背景下的初中编程课堂育人策略

信息技术课程的教学并不仅仅是知识与技能的传授，更重要的是发展学生的信息技术核心素养，实现育人目标。核心素养直指教育的真实目的，那就是育人。下面我从四个方面论述了在实践中落实核心素养的具体育人策略。

1. 科学冲浪，学会筛选信息

信息意识指的是个体对信息的敏感度和对信息价值的判断力，是信息技术核心素养之一。面对海量的数据资源，教师要注重培养学生的信息意识，使他

们能够根据解决问题的需要，自觉地寻求恰当的方式获取与处理信息。教师可以通过适当布置学习任务，引导学生进行科学的网上冲浪，在这一过程中不断去培养与强化他们筛选信息的能力。

例如，对于"综合应用——动画创作比赛"这一课的教学，为了充分激发学生的创作欲望与热情，我根据前面所学会的动画制作技术以小组的形式设计了一个动画作品。我首先引导学生通过网上冲浪确定所在小组的活动主题。在课堂上，我向他们提出："在这节课中，大家可以自由结组，确定主题并制作一个动画作品。可供选择的主题主要包括'环保宣传'、'古诗诵读'、'法治教育'、'公益小故事'、'科技创新'、'校园生活'等，大家可以通过网络搜集与主题相关的素材，获取有用的信息，帮助你们动画作品的设计工作。"在这一过程中，学生通过筛选信息，将一个范围较大的主题逐步缩小至作品要描述的具体情节。例如，某小组选择"古诗朗诵"为设计主题，简要情节是一群学童整齐地坐在古代的学堂中朗诵古诗。紧接着这一小组开始了作品的设计，在音频导入的环节，学生利用从网上搜集下载好的《静夜思》古诗朗读音频，有效提高了动画制作的效率。在这一动画创作大赛中，我通过组织学生进行科学冲浪，不仅高效率地完成了教学目标，同时也提高了学生的信息意识，取得了事半功倍的效果。

2. 主题活动，坚持正向引领

主题教学是目前信息技术教学中非常流行的一个趋势。相较于任务驱动教学，主题教学更加生动、活泼。我认为，教师应当善于结合教学目标与教学内容，组织学生进行主题活动，并且在活动中坚持正向引领，适时树立正能量，做学生知识的传授者与道德的引路人。

比如，在对"我家的旅游相册"这一节内容开展教学时，为了使学生掌握图像框控件的使用方法，并用Visual Basic软件设计一个电子相册，我以"旅游相册的制作"为主题开展了主题教学活动。首先我引导学生从网络上搜集一些相关的图片资源。面对海量的网络资源，学生可以看到很多不文明的游客图，如有的游客为了在花海中拍出好看的照片，肆意践踏花草；有的游客在长城上刻字，破坏古建筑；有些游客随意在景区丢弃垃圾……因而我就此对学生加以正确地引导，向他们渗透文明旅游的意识。紧接着我引导学生经过"设计界面—设计算法—编写代码—完善程序"这一系列操作步骤，完成了旅游相册的制作。在这一活动中，我通过开展主题教学活动，有效发展了学生的数字化学习与创新能力，提高了他们的文明旅游意识，实现了"全程育人、以德促智"，取得了很好的育人效果。

3. 拓展资源，鼓励自主探究

教育的重要目标就是培养学生的创新能力与自主学习能力，在核心素养背景下，教师必须改变育人策略，变传统的灌输式教学为启发导学。我认为，广大教师要注重拓展课堂学习资源与学习空间，鼓励学生展开自主探究，从而不断发展他们的创新能力与学习能力。

例如，在"设计动感抽号机"这个内容的教学时，我并没有直接向学生讲述定时器控件的使用方法，而是让他们去探究与尝试，自主发现问题。经过一段时间的摸索与尝试，学生发现了定时器控件Timer常用的属性和事件，如定时器控件Interval属性的作用是指定定时器执行代码的时间间隔，当设置Interval=1时，它就每隔1毫秒执行Timer事件里的代码；而Enable属性决定计时器是否开始工作，当属性值为true时，启动定时器，当属性值为False时，定时器停止，Time事件里的代码即停止执行……随后我给学生布置了小组探究主题：利用定时器控件实现在程序窗体上不断重复打印"南海是我家，清洁卫生靠大家！"的标语，并且要求每隔3秒自动打印一条。为了启发学生的思路，我提供给学生了几个利用计时器控件的VB小程序，作为学习资源。经过一段时间的自主探究，学生最终成功完成了上述任务，掌握了定时器控件的使用方法。在这一活动中，我通过采用拓展学习资源的教学策略，有效启发了学生的思维，提高了他们的自主学习能力，促使他们养成了良好的学习习惯。

4. 组织实践，升华责任意识

近些年来，信息安全、道德问题日益严重，电信诈骗等事件频频发生，这使得信息安全防范、信息道德和法律意识的提升成为当代学生的必修课。广大教育工作者应当肩负起"立德树人"的教育使命，通过组织实践活动等策略，帮助学生明确道德规范，升华责任意识，学会认识信息社会每个成员应当承担的责任，并学会维护自己的权利。

比如，在对"模拟QQ登录——文本框控件的使用"进行教学时，考虑到学生在信息社会责任规范和行为自律方面责任意识不强的现象较为普遍，很多学生缺乏自制力，常常花费很多的时间在QQ、微信等社交软件上，严重影响了日常学习。我除了对课本上文本框控件的使用方法等内容进行教学，同时也通过组织实践活动，进一步发展了他们的信息责任意识。在这节课后，我组织学生开展了"拒绝电子产品，抵制不良诱惑"的专题实践活动，针对学生普遍缺少体育锻炼和意志力锻炼的问题，引导他们进行了一次集身体检测、耐力比拼、意志力磨炼于一体的教育活动。组织了"敬老院献爱心"的志愿活动，带领他们为敬老院的孤寡老人表演节目，为之送去关爱与温暖。通过实践活动的开展，学生在广泛的人际交往当中，放松了学习压力，磨炼了坚忍的意志，形成了良好的信息社会责任意识，落实了信息技术核心素养——信息社会责任的养成教育，取得了很好的教育效果。

综上所述，教师通过采用上述"科学冲浪"、"主题活动"、"拓展资源"、"组织实践"等育人策略，能够显著提高学生的信息意识、数字化学习与创新能力和信息社会责任，能有效深化其信息技术核心素养。总之，广大教师应当注重育人策略的发掘与探究，将核心素养的培养巧妙地融入信息技术课堂教学当中，提高教学的效率与质量。

六、编程课堂中的预设与生成

预设即教学开始前教师在备课过程中以本节课教学中心内容为核心而提出若干问题。预设的作用在于引导学生贴合教师预设的课程进度，而生成则指的是编程课程的实际效果，包括学生的课堂实际表现、学生对于教师此前预设内容的理解程度、学生基于本节课程内容的掌握程度等。在实际教学中，时常会出现预设与生成之间存在明显差距的情况。

1. 预设与生成的关联

在传统教学思维影响下，大部分的教学行为都是预设式的，课堂进度完全或大部分按照教师课前的设计进行，然而在新课改形势下的课堂特别是编程课堂显然更加注重生成性。可见，预设与生成之间本身存在矛盾。以编程课程为例，传统的预设式教学需要学生在课程前段完全按照讲解、演示、练习的流程被动地接受教师预设内容的灌输，但新型的生成式教学则拓展了学生基于编程课程理论知识的自主发挥过程，在师生引导、思考及讨论的过程中对知识的广度及深度都进行拓展，从而达到发展学生思维能力的目的。从实施原则的角度看，二者的矛盾性再一次得到证实。

然而，二者的矛盾关联并不能成为制约教师探索教学有效性的误区，反而应成为教师的资源。从二者的紧密内在关联看，不难理解：生成是在预设基础上围绕预设的目标、内容、重点、策略以及流程而发生的，生成的亮点源于预设；而生成的实践经验又成为教师再次预设的理论基础。

2. 编程课堂教学中预设与生成的实际现状

编程特长生培养是信息技术课程的一种延伸与补充，因此较少人会对此课程的教学有效性进行探究。作为锻炼学生发散思维及培养学生品质的课程，编程课程的教学理念需要及时更新以跟随教育环境的变化发展趋势。教师需要首先明确所教授课程对于学生品质形成的重要意义，以此为基础进行相关教学行为的设计与实施。然而，对预设与生成而言，在编程课程教学的实际课堂上，预设内容时常会因课堂突发状况而无法实现，教师在面临这些与课前的精心设计不符的情况时，往往会出现混乱，严重者会影响课程教学计划。观察实践经验可以发现，这一问题困扰了很多编程教师。

从教师的角度看，当前编程课堂的部分教师会过分理想化预设，导致的直接后果便是预设低效甚至无效。这类现象出现的主要原因在于相关教师并未准确掌握学生情况，包括学生知识的掌握情况、性格情况、学习能力情况等，这一问题常常出现于缺乏经验的年轻教师群体或者小学编程辅导教师中。其普遍表现为教师认为学生会对自身预设的教学内容十分配合，整堂课会按照自己的预设流程进行。然而，实际的课堂中，学生由于个体原因以及其他原因较难做到完全配合教师预设。由于缺乏经验及对编程知识理解不透彻，面对此类非计划情况时，一些教师会自乱阵脚，匆忙给出结论就快速进入下一个教学环节，这样显然对学生的思维发展造成了限制，对于学生学习能力的提升不利。可以说，这样的预设是无效的。

从课堂进度看，有些教师虽然课前做了合理的教学预设计划，但由于在课堂进程中过分关注教学的生成性，令此前的预设计划不能照常进行，形成了无效的预设。究其原因在于教师未能正确看待预设与生成的关系，对课堂核心教学目标把握不准。这一现象也反映出教师在预设时对教学目标并不明确，令课堂生成效果极易影响到教学计划的进行。比如，有的教师在情境创设阶段对于学生可能出现的探索、质疑过分鼓励与表扬，令学生所提问题范围逐渐变宽，直至脱离了原本的课程预设教学目标，不仅浪费了宝贵的课堂时间，更打乱了编程课程的整体教学计划。或者教师在学生"天马行空"后将其思路强行拉回至原本的预设计划内容，这一方法对学生学习热情的维护显然不利。

3. 基于预设与生成的关系对提升编程课堂教学效率提出的对策

首先，基于学生发展需求增强编程课程预设的设计强度。预设环节对于编程教学课程而言，需要基于学生编程知识的掌握程度、课程教学侧重点以及学生对该课程的学习兴趣综合考虑结果。实践证明，预设环节对于学生发展与学习需求的关注度相对更高。而学生的发展与学习需求主要包括编程课程的理论知识、实践经验，这就需要相关教师在预设前对学生的知识水平及知识运用经验有清晰地了解和整体地把握，以帮助编程特长生合理迁移知识，否则将会造成低效预设，不利于课程效率的保障。以动态规划入门为例，动态规划是学生比较难理解、难掌握的一个知识。在学习这个知识时，可以从学生已经熟悉并灵活运用的回溯入手，层层递进，逐步引入新知识。以下是本人动态规划课的设计。

先给出题目"攀天梯"：聪聪打算通过天梯攀上北武当山主峰，攀天梯时，他有时一步一级石阶，有时一步两级，那么，他攀上这 N 级的天梯有多少种不同的方法？（ $N \leqslant 20$ ）。学生很容易从 N 的范围知道本题可以用回溯来解（注意边界条件），其时间复杂度为 $O(2^n)$，当 $n > 23$ 时，程序运行次数超过 10^8，因此会超时（1秒）。此时可以把递归转成递推来写，即转换思路：把第 K 个石阶可以跳到第 $K+1$ 级，也可以跳到第 $K+2$ 级，转换为第 K 个石阶可以从第 $K-1$ 个石阶跳过来，也可以从第 $K-2$ 个跳过来。这个转换非常重要，是把从前往后的思想转换为从大问题转成小问题的思路。此时，时间复杂度变为 $O(n)$。

再给出题目"黑熊过河"，有一只黑熊想过河，要借助河面上的石墩跳过去，它可以一次跳一墩，也可以一次跳两墩，但是每跳一次都会耗费一定的能量，黑熊最终可能因能量不够而掉入水中。所幸的事，有些石墩上放了一些食物，这些食物可以给黑熊增加一定的能量，问黑熊能否利用这些石墩安全地抵达对岸，请计算出抵达对岸后剩余能量的最大值。输入：第一行包含两个整数 P（黑熊的初始能量），Q（黑熊每次起跳时耗费的能量），$0 \leqslant P$，$Q \leqslant 1000$；第二行只有一个整数 n（ $1 \leqslant n \leqslant 10^6$ ），即河中石墩的数目；第三行有 n 个整数，即每个石墩上食物的能量值 a_i（ $0 \leqslant a_i \leqslant 1000$ ）。输出一行，若黑熊能抵达对岸，输出抵达对岸后剩余能量的最大值；若不能，则输出"NO"。

学生刚做完"攀天梯",再看"黑熊过河",会觉得题目的相似性很高,前者是方案数的累加,后者是求最大值,可以从前者合理迁移到后者,即第i个石墩可以从$i-1$或$i-2$个石墩跳过来,因此$F[i]=\max\left(f[i-1], f[i-2]\right)-Q+a[i]$($1\leqslant i\leqslant n+1$),同时注意初始值$f[0]=p$。

至此,学生完美解决这道题,再从这道题出发,引出动态规划阶段、状态、动态规划方程、后效性、子问题等理论知识。从学生熟悉的知识迁移到新知识,从具体的事例分析中归纳出抽象的概念,这样的预设促使编程课程高效完成。

其次,基于对编程课堂的动态变化的关注,提升课堂生成的多元化效应。在编程课堂教学中,知识的传输渠道可以包括教师讲授、小组合作形式、讨论形式、学生自主探索形式等多个类型,可见,生成环节具有明显的多样性。在教学操作过程中,相关教师可以分别以编程课程知识点、错误资源、学生思维闪光点为参考依据,合理选择编程教学内容的生成模式。

以2014年南海区小学甲组竞赛题第4题"安装饮水机"的课堂教学为例,题目如下:在马拉松比赛的沿途有一些观察点,每个观察点有一个观察员驻守。现需要在沿途安装一些饮水机,以方便观察员取水喝。而每个观察员的体力有限,只能在他体力能支持的范围内取水喝,要求设计一个理想的安装饮水机方案,使得安装的饮水机最少,但又保证所有观察员都能取到水喝。输入第一行,仅一个整数,表示有N(n小于等于1000)个观察点。接下来有N行,每行两个整数S_i(S_i小于等于100000)和W_i(W_i小于等于50000),其中S_i表示每个观察点到起点的路程,W_i表示该观察点中驻守点观察员的体力。输出最少要安装几台饮水机。

一些教师可能会从编程里得出贪心的算法,但很多学生会提出疑问:为什么这样做是对的?传统课堂上,编程教师可能因自身水平的原因只会直接告诉学生"就是这样的"、"这样做就满分了"。这种回应对于学生学习的积极性会造成严重挫伤。促进课堂生成效果的回应需要包括对学生质疑精神的表扬、对学生发散思维的引导等。我们可以通过画图、抛出问题等方式引导学生通过组成学习小组的形式讨论贪心策略的正确性;还可以分析一部分学生想出来的"种树"这道题的迁移做法,通过时间复杂度的分析引出如何统计某个范围内是否含有饮水机的$O(s)$的算法,用$O(1)$的时间完成。实际上,这里就引出了部分和、单调队列和树状数组的方法，学生热情高涨，惊叹编程解题的不拘一格，也沉醉在这样的课堂中。事实证明，这样生成的课堂不但提升了学生进一步自主探索的学习兴趣，更充分体现出编程课堂突出培养了学生的发散思维。

最后，基于课堂上预设与生成的平衡点考虑，教师需要明确预设与生成之间的矛盾关系以及内在联系，即预设是生成精彩度的前提条件，生成是在预设的基础上的有效发挥；只有二者达到和谐统一的平衡状态，才能令编程课堂的教学有效性得以保障。换言之，教师需要保持预设与生成在课堂进程中的有序性。理想的课堂状态为学生以预设课堂教学为基础的自主学习，并以此发挥生成的价值。需要注意的是，针对二者之间有序性的考虑需要结合对学生思维发散程度的协调，既不能限制学生基于编程知识的思维，又要因材施教，防止无效发散的生成。以上述课题"安装饮水机"为例，如果教学对象为小学生，那么学生对于部分和、单调队列和树状数组是完全陌生的，以小学生的思维特点，也很难理解掌握这些知识点。此时，教师只需从学生的思路出发，在其所遇瓶颈处加以引导和讨论，最后解决问题即可。

第三节　中小学编程教学评价

一、教学评价概述

教学是学校里一项最主要的工作，是培养人才实现教育目标的基本途径。质量是教育的生命线，学校要提高教育质量，首先必须提高教学质量，而教学评价是对教学是否达到一定质量要求的判断，因而可以说，教学评价是保障和提高教学质量的有效手段。广义的教学评价是指对影响教学活动的所有因素的评价，也就是通常所说的教育评价，既包括对一所学校办学水平的评价，如教育管理的评价等；又包括对教学质量的评价，如学生的学与教师的教双边活动的评价等；还包括德育、智育、体育、美育、劳动教育等方面的评价，即对学校各方面的教育工作进行全方位的、立体式的、综合的评价。狭义的教学评价是指根据一定的教学目标和标准，对"教师的教和学生的学"的教学系统进行检测，并评定其价值、优缺点以及改进的过程。它既是教学过程的重要组成部分，也是所有成功教学的基础，通常人们所说的教学评价特指狭义的评价。具体地说，教学评价就是根据教学目的和教学原则，利用所有可行的评价技术，对教学过程以及教学效果和教学目标的实现程度等做出价值上的判断，以期改进教学工作。

理解教学评价这个概念，需要注意这样几点。第一，教学评价是一种价值判断活动。所谓价值判断，就是根据一定的价值标准，在事实判断的基础上，对事物的价值做出评判。这里的事实判断是指对事物的现状、属性与规律的客观描述。教学评价的最终目的是用一定的价值标准对教学状况进行价值判断，以改进今后的工作。教学评价必须将价值判断建立在事实判断的基础上，才能真正认识与改进教学现状，实现最终目的。第二，教学评价是以教学目标为依据的，明确教学目标是教学评价的前提。教学目标不是单一的，而是由许多目标要素构成的目标系统。第三，教学评价是一个过程。教学评价是教学工作的一个重要组成部分，伴随教学活动的全过程，并直接作用于教学活动的各个方面。评价既是对学生学习能力和学业成就的变化做出评价的过程，也是对教师教学能力与教学效果做出评价的过程；既重视教学工作的总结性评价，更重视教学过程中的形成性评价。

二、中小学编程教学评价的发展趋势

教学评价在当今世界的教育领域中，与教育基本理论、教育发展理论一起，被视为教育领域三大研究课题。评价对于教育发展与改革，对于教育管理与决策，都有着至关重要的作用，因而越来越受到世界各国的高度重视。

1. 注重发展性功能的发挥

1967年斯克瑞文提出形成性评价概念以前，评价热衷于排名次、争高低，属于鉴定性质的评价。传统的编程教学评价基于一个假设，即只有极个别的学生学习优秀，而大多数学生都属于中常。为此，评价就要把优异的成绩给予极少数学生，其余的只能获得中等甚至较低的等级，并据此给学生贴标签、分等级，评价只局限于其甄别功能。现代评价作为教学过程的一个有机构成部分，应是促进学生发展的有效教育手段。评价不是为了给出学生在群体中所处的位置，而是为了让学生在现有基础上谋求发展。关注让学生学会更多的学习策略，同时为学生表现自己的所知所能提供各种机会，通过评价促使学生形成自我认识、自我教育和自我进步的能力。

2. 重视定性评价与定量评价相结合

编程教学评价需要应用数学方法来分析教育过程和结果，这种追求精确量化的倾向在一定程度上实现了评价的客观化与科学化。量化范式下的标准化测验、常模参照测验一度成为世界范围内盛行的评价工具和手段。但是，鉴于今天的科学发展水平，要对教育现象做到全部量化是不可能的，也是没有必要的。量化的评价是把复杂的教育现象加以简化，或只评价简单的教育现象，它不仅无法从本质上保证对客观性的承诺，而且往往丢失了教育中最有意义、最根本的内容。这样学生生动活泼的个性被抽象成一组冷冰冰的数字，学生在各个方面的发展和进步也被简化为可能的几个数据，教育的复杂性和学生状况的丰富性则泯灭其中。至20世纪60年代后期，人们开始对这种状况进行反思和批判。为了更逼真地反映教育现象，定性评价日益受到重视，并强调在实际的操作中，做到定性评价与定量评价相结合。事实上，即使能够量化的教育现象，在实际运作中，也要遵循"定性—定量—定性"规程，以真正实现评价结果可靠（高信度）、有效（高效度）。

3. 重视被评价者在评价中的作用

现代评价越来越重视被评价者在评价中的主体作用，鼓励评价对象特别是学生积极参与评价的全过程。实践证明，任何评价如果没有评价对象或学生的积极参与，很难达到预期的目的。现代教育评价已不再把评价对象或学生看作被动接受检查的客体，而是把他们看作参与评价的主体，采取多种途径和方法，使其积极参与评价过程。在评价的实际工作中，重视评价对象的主观能动性，强调评价对象通过自我检查、自我分析、自我认识和自我教育达到自我提高。评价者与评价对象在整个评价过程中不断对话、互相修正自己的观点，使评价结论尽可能一致。

4. 注重编程评价内容的全面性

教育教学目标是广泛的、丰富的，同时具有整体性。但以往人们在对教学效果评价的实际运作过程中，不要说关注学生的情感态度、动作技能、个性特征等多维目标，就是对于认知领域中高层次的思维技能、应用原理、创造技能、解释关系、预测展望、提出假设与论证、认识资料的局限性、实验设计、组织规划、综合评价等方面的能力也难以得到重视；过多地倾注在认知领域那些容易用纸笔测验的简单的知识技能方面，过多地考虑测验的信度而将测验设计导向零碎的知识、标准的答案、宽广的覆盖面和夸大的区分度等方面。评价中的问题缺乏与现实生活的相似性，学生在这种测验中获得的分数对他们未来真实生活中的表现很少有预测价值。而教育的真正价值不仅在于学生在学校情境中的表现，更要关注学生在以后实际工作、生活中的表现，关注学生在真实情境中解决实际问题的能力。因此，现代教学评价在问题设计方面注重真实性、情境性，以便于学生形成对现实生活的领悟能力、解释能力和创造能力。

三、编程教学评价的实施

编程教学评价的实施是编程评价理论、目标、方案转化为教学评价实践活动的中心环节。评价实施的主要工作是运用各种评价的方法、技术和手段，通过多种渠道与形式，系统地、全面地、准确地搜集被评对象的评价信息，并以评价标准为依据，采用定量和定性的方式，在分析的基础上对评价对象做出科学的评判。

（一）收集编程教学评价信息资料

收集编程教学评价信息是一项基础性工作，也是工作量最大的环节。收集信息的多少和质量的高低直接关系到编程教学评价结果的科学性以及评价目标的实现。评价人员要根据评价指标体系，逐项收集信息，全面、客观、真实地掌握评价对象的情况。在开展评价信息收集工作之前，最好先明确分工，各负其责，选择适当的信息源范围，运用多种手段和方法，采集评价信息，为科学评价做好铺垫。但由于教育现象十分复杂，在有限的人力、物力、财力的条件下，把各方面的信息都收集齐全，几乎是不可能的。因此，在尽可能全面的基础上，要重点收集有关评价准则方面的信息。收集教学评价信息的渠道有很多，最常用的有查阅文献、观察、调查、测验、访谈等。

对于收集到的信息，一般有以下几方面的要求。第一，全面性。教学评价过程中收集的信息能全面反映评价准则范围内的情况，不能有缺漏。只有在掌握了评价指标、评价标准以及评价标准规定范围内的反映评价对象全面状况的评价信息的基础上，才有可能对评价对象的状态和价值做出准确的判断。第二，有效性。有效性意味着收集的信息能深刻反映评价准则方面的情况。如果收集来的信息不能真正反映评价准则方面的情况，那么这些信息就是无效的。第三，真实性。真实性指的是收集的信息应与评价对象的实际情况相一致。在评价工作中，评价信息失真的情况时有发生。究其原因，有的是人为的主观的方面原因，有的是客观方面的原因。无论哪一种都要避免。要提高评价人员在评价过程中收集真实性信息的意识。

（二）审核编程教学评价信息资料

已经收集的大量教学评价信息资料中或多或少地还存在一定程度的不足甚至有虚假的成分。信息的审核是对已获取和收集的原始信息资料，在着手归类、汇总之前，进行审查、核实，以确保资料真实、可信，有效、完整，为后续的汇总、分析奠定基础。

收集来的信息资料一般包括定性资料和定量资料，对这两种信息资料审核的方法虽然不完全相同，但是对信息资料审核的要求基本相同。

第一，要审核信息的完整性。在审核信息资料时，要对照评价指标检验相应的信息资料是否有遗漏、缺陷、错误等。必要时也可以采取紧急措施，追加调查，补齐补足信息资料，以保证信息资料的完整。

第二，审核信息的准确性。对照科学获取信息资料的方法，审核抽样方法、观察技术、问卷设计、文献分析等手段的运用；同时审查原始数据、各种记录是否出现偏差和谬误。必要时还要设法予以修正，保证信息资料的准确性。

第三，审核资料的真实性。经过前期的初步挑选，进一步核实资料的真实性，对有虚假成分的信息要坚决丢弃，对有水分的信息要将水分滤去，保留其真实的部分。判定信息资料真实程度，必须以事实为依据，以评价指标及标准为参考系，不能仅凭个人主观意愿来取舍。

第四，去粗存精。经过上述审核后而保留下来的信息资料未必都是有用的，需要再比较和选择，去粗存精。一方面要根据评价指标的界定在真实信息中选择有用的信息；另一方面要选择有代表性的信息，说明被评对象的相关特征。

（三）编程教学评价信息资料的整理与分析

对编程教学评价信息资料进行整理与分析，首先要对收集来的信息进行归类、汇总和建档，然后再进行分析，形成评价结果。在完成教学评价信息整理、汇总的基础上，对初步形成的评价意见进行汇总，然后对被评对象做出优良程度的区分或对被评对象做出其是否达标的结论。

1. 教学评价材料的整理

对审核后的教学评价材料进行整理，主要包括对评价信息的分类、汇总等工作。

（1）评价信息资料的分类

将各种渠道搜集来的、经审核确认可作为判断评价对象状态和价值的评价信息，依据一定的标准划分成各种类别，为判定评价对象达到各项评价内容标准的程度做好准备。分类的目的是使评价资料条理化、系统化，为发现规律，给予评定提供依据。在分类时，要特别注意分类标准的选择和确定。

（2）评价信息资料的汇总

评价信息资料的汇总是以评价目的、内容为依据，将资料中的各种分散信息汇总，以集中的形式反映被评对象的总体状况。资料的汇总整理是评价阶段一项具有全局性意义的工作，它直接影响对评价结果的分析和处理。评价资料的汇总和整理既要迅速，又要准确。以往通常是手工操作，十分繁复，现在用计算机来进行，使这个工作既简单又快捷。

（3）评价信息资料的建档

评价信息经过审核、归类和汇总后，有的是以文字的形式表达评价信息，有的是以数据形式表达评价信息，也有录音、录像等评价信息。对于这些以不同形式表达的评价信息，则要按不同类别，将信息资料转入档案袋或录入电脑、硬盘等电子设备归类保存，供后续评价、分析时使用。

2. 教学评价信息资料的分析

（1）做出评议评分

做出评议评分可以说是教学评价工作的核心环节。评价者依据评价准则和评价标准，对所获得的信息、资料、数据进行分析综合，得出对各项评价指标初步的评价结论。同时，评价者还要对为什么做出这样的结论进行分析和解释，准备向评价小组汇报。

（2）综合评价结果

综合评价结果是一项具有全局性意义的工作。教学评价工作进行到这一步，各个专题收集信息资料阶段已经结束，并且对自己负责的评价准则范围内的内容已初步进行了分析判定，有了初步的评价结论。此时，评价成员会通过协商，运用教育理论知识和统计方法，把各分项评定的结果整合，从而形成对评价对象的综合评价结论。

第四节　编程教育课程中思维能力的培养

一、编程课程中创新思维能力的培养

（一）创新思维能力培养对编程教学的重要性

首先，在编程课程中明确了编程课程的教学目标，即在教学过程中转变角色，强调学生在学习过程中的主体性，教师要调整教学方式，改变传统的教学方式以调动学生学习的主动性和积极性，重视培养学生的学习能力和创新思维；在编程课程设置中重视理论与实践的结合，与时俱进地深化编程教学内容，提高学生对编程的兴趣，提高学生的信息意识和编程的能力、提高学生的综合素质。由此可见，提升学生在编程教育中的创新思维与教学课程标准的目标是一致的。

其次，在学习中，学生能感受到学习的压力，自主学习能力也在学校的培养中不断提升，因此学生需要不断增强自我教育意识，总结学习规律和创新能力，达到独立解决问题的目的。在日常生活中，学生接触到的编程更加全面，他们会根据自己的喜好、生活中的需求、未来发展规划等多种因素而对编程的学习有一定的针对性和主动性。随着互联网的迅速普及，学生对于学习中的联系性、创造性更加主动。由此可见，创新思维能力培养对于学生的自我发展起到了很好的促进作用。

最后，随着互联网的迅速发展，信息技术的普及度和专业度也在快速发展，掌握一定的信息技术几乎成了大众生活的基本技能。但是学生要成为更优秀、为社会所需要的人才，则需要在众多已存在的编程产品中具有独创性，即思维的创新性和创新能力。这既是社会发展的需要，也是个人自我价值实现的需要。

综上所述，培养学生编程的创新思维既符合课程发展的目标，对于学生独立学习、解决问题、自我发展均是极为重要的；也是社会发展的需要。

（二）编程教学中创新思维能力培养的原则

1. 问题性原则

质疑是思想的开始。在事物的发展过程中，只有通过不断地质疑、发掘新的问题，才能不断地发展。如果一切都是一成不变地接受，那世界不会得到创新、进步。在教学过程中，自主学习是学生的自主性展示，但是教师需要更多地鼓励学生运用创新思维去发现问题，如一个题目的不同解决方法、两个知识点之间的联系等。在编程教学中学生只有保持发现问题、思考问题的思维方式，才能更好地掌握新的知识，提升自己的创新能力和编程核心素养。在课堂教学提问时，教师可以先抛出问题进一步引导学生进行思考；在学生学习中产生问题时不要立即给出答案，可以通过类比等方式引导学生开展联想，鼓励学生创新思路和解题方式。只有这样地引导操作，才能让学生学习的理论知识通过自己的创新思维在实践操作中转化为真正的工具。

2. 自主性原则

苏霍姆林斯基说过："促进自我教育的教育才是真正的教育。"在中学阶段，学生的自主能力已经有所提升，学校鼓励学生通过自主性学习增强自身的自控力和对知识的把握力。在编程教学中，学生通过各种渠道对编程已经有了一定的认识和基础，面对新颖的编程和丰富的信息知识，在编程课程没有考试压力的前提下，信息教学氛围更加宽松；编程的自由性以及学生编程掌握程度的不同、各自的兴趣点不同导致的关注点不同。在这些因素的影响下，信息课程更需要学生进行自主性学习。教师不再是强制性的课程内容灌输者，学生成为课程的主体；教师是辅助者，在学生擅长的不同编程领域给予帮助，开阔学生的视野，激发学生的创新思维，让学生获取更多编程的经验。

3. 实践性原则

实践性是编程课程的特征之一，这也决定了信息课程创新思维的培养必须重视实践性原则。编程是一种技术性强的实践科目，它不像其他的科目，只学习理论知识也可以得到较高的成绩。实践是检验编程知识掌握程度的唯一渠道，在编程课程中空有理论在实践操作中是行不通的，它不能解决实际问题。而且编程发展更新的速度很快，基础的理论知识不能解释最新的技术。只有通过不断地实践，学生才能掌握解决问题的方法和技巧，才能真正认识到编程工具的用途；也只有通过不断实践经验的积累，才能发现事物间的联系，发掘新的问题，结合理论知识在实践中不断完善相关问题的解决方案。

4. 合作性原则

学习编程课程是一个多文化技术学习的过程。在编程教学中进行分工合作，可以减少学生操作中的重复性，优化学生的操作步骤达到最佳的效果。在合作中，学生通过表达自己的观点、不同角度的思路可以让合作的学生对不同的课程内容有更深刻的认识。合作中创新思维的运用能够促进新的见解的产生。学生在合作中进行思想碰撞，这种积极的氛围可以激发创造性思维，提升学生的创新能力。团队意识让学生建立良好的友谊、增加自我认识进而提升个人素质；师生之间的合作可以促进师生良好关系的发展，学生和教师间的相互认识增加，更能促进学生学习的积极性，提升其编程核心素养。

5. 兴趣性原则

兴趣是最好的老师，在编程教学中亦是如此。学生只有对学习的知识技能感兴趣才会有学习动力。在编程课堂中培养学生的创新思维和能力，需要用编程的相关技术或工具吸引学生的注意力，激发他们的兴趣，让他们主动去学习、研究。编程教学在兴趣性原则中有一个天然优势，那就是编程在生活中的应用是较大部分学生的兴趣所在，因此在教学中要合理地运用这一优势，引导学生往正确的方向发展。同时，要保持学生的兴趣，宽松愉悦的学习氛围和互动轻松的教学方式也是必不可少的。

（三）培养学生创新思维在教学中的方法

第一种方法是进行实验教学，对于编程的应用就是让学生自行操作计算机，让学生通过实践来实现创新能力的提升。在以往的教学中，通常只是根据教学大纲设置教学内容，进行枯燥死板、一成不变的内容讲解，使学生的思维逐渐僵化；只是按照教师设定好的模式进行思考，不再进行额外的思考。而通过运用创新性模式进行教育来培养学生的创新能力，可以进一步培养其创新思维。

第二种方法是在教学中为学生设置问题，让学生自行解决问题，将一些问题（如制作身高预测小程序等）设置成课后作业或课堂思考习题，让学生自主分析思考并尝试设计，这样能锻炼学生自行解决问题的能力。让学生在自行找到答案之后进行讨论，在观点不同时进行辩论，不仅可以提升学生自主解决问题的能力，还能提高学生的自我表达能力和人际交往能力，让学生的创新思维在问题的解决过程中不断地进步。

第三种学习方式是设置研究课题，并进行研究。这种方法简单来说就是让学生根据自身的兴趣爱好，选择自身喜欢的事物或者社会现象进行研究，并在研究的过程中获取新的知识。通过这样的活动转变学生的学习方式，让学生通过自主探究和自主研究，进行创新思维的培养。在面对问题时，通过不同的方式、不同的角度去寻找不同的答案；还可以将其与其他学科相结合，进行学科整合，让学生在进行编程同时获取更多的知识。

（四）应用新型技术培养学生创新思维的优点

相关学者的研究表明，创造能力是每个人都具备的能力，只是在没有充分的调动之前，这种能力表现得并不明显。而且这种能力的高低并不是由先天决定的，而是可以通过后天培训进行锻炼的。通过编程可以有效地提高学生的这一能力。网络世界包含的内容很多，在使用网络的同时，会使学生具有更高的兴趣去探索之前所没有接触过的内容，通过兴趣的提升进行知识的提升和创新能力的提升。但是在利用网络的同时要注意对学生的引导，因为网络世界将许多在现实社会隐藏的阴暗面全都暴露出来了，所以要将学生向有利方向进行引导，避免学生受到不良因素的侵害。

通过编程还可以促进学生思维方式的转变，简单来说就是发散性思维。这种思维方式是创新性思维的一种，具体表现就是对待同一事物或问题从不同的角度去考虑，寻求不同的答案。有不少学者认为发散性思维就是判断一个人具有创新思维的重要依据。在我国对于集中思维的培养较为成功，但是在发散型思维的培养上仍有不足。通过编程就可以改善这一现象，将简单的知识传授变为培养学生多角度处理问题的能力。

通过编程还可以对学生的逻辑能力和综合能力起到提升作用。在以往的学科中是没有和编程学科类似的思维方式的。通过计算机运算去解决一个问题时，是需要一步步进行的，在学生运用计算机的过程中就会逐渐养成这样的习惯。在

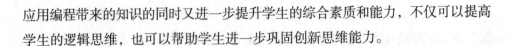

应用编程带来的知识的同时又进一步提升学生的综合素质和能力，不仅可以提高学生的逻辑思维，也可以帮助学生进一步巩固创新思维能力。

二、编程教育中计算思维的培养

（一）计算思维的定义

计算思维是运用计算机科学的基础概念进行问题求解、系统设计以及人类行为理解等一系列思维活动。其具体内容如下。

一是通过约简、嵌入、转化和仿真等方法，把一个看起来困难的问题重新阐释成一个人们知道怎样解决的问题；二是一种通过递归思维和并行处理，把代码译成数据又能把数据译成代码和多维分析推广的类型检查方法；三是一种采用抽象和分解来控制庞杂的任务或进行巨大复杂系统设计的方法，是基于关注分离的方法（Soc方法）；四是一种选择合适的方式去陈述一个问题，或对一个问题的相关方面建模使其易于处理的思维方法；五是按照预防、保护及通过冗余、容错、纠错的方式，并从最坏情况出发进行系统恢复的一种思维方法；六是利用启发式推理寻求解答，即在不确定情况下的规划、学习和调度的思维方法；七是利用海量数据来加快计算，在时间和空间之间、在处理能力和存储容量之间，进行折中的思维方法。

计算思维吸取了问题解决所采用的一般数学思维方法，现实世界中巨大复杂系统的设计与评估的一般工程思维方法，以及复杂性、智能、心理、人类行为的理解等的一般科学思维方法。

（二）计算思维的应用

计算思维是每个人的基本技能，其不仅仅属于计算机科学家。我们应当使每个学生在培养解析能力时不仅掌握阅读、写作和算术（reading, writing and arithmetic，3R），还要学会计算思维。正如印刷出版促进了3R的普及，计算和计算机也以类似的正反馈促进了计算思维的传播。

当我们必须求解一个特定的问题时，首先会问：解决这个问题有多么困难？怎样才是最佳的解决方法？计算机科学根据坚实的理论基础来准确地回答这些问题。表述问题的难度就是工具的基本能力，必须考虑的因素包括机器的指令系统、资源约束和操作环境。

为了有效地求解一个问题，我们可能要进一步问：一个近似解是否就够了，是否可以利用一下随机化以及是否允许误报（false positive）和漏报（false negative）。计算思维就是通过各种方法把一个看起来困难的问题重新阐释成一个已知解决方法的问题。

（三）计算思维与中小学编程课程

中小学编程课程的学科思维应该关注学生的计算思维、批判性思维与创新思维，其中培养学生的计算思维应该作为中小学编程课程的重要目标。在信息化时代的今天，具有计算思维，能够熟练运用新兴的计算机技术和手段进行学习与工作，能够解决专业问题是信息化社会人才必须具有的素质。在中小学编程教育中，教学生掌握计算思维比单纯地学习操作计算机更为重要。

塞尔比（Selby）和伍拉德（Woollard）博士关于计算思维的观点比较适合中小学编程教育。他们认为，计算思维具体包括算法思维、评估、分解、抽象、概括。其中"算法思维"是一种通过明确定义的步骤来解决问题的方法，而不是计算出一个问题的答案；是让学生自主开发一组指令或规则。不论是人还是一台计算机，如果准确地遵循与执行这组指令或规则，就会得出问题答案的类似这种解决问题的方法。"评估"确保一个算法的解决方案是最佳方法。各种算法的性能都需要进行评估：答案是否正确？速度是否足够快？对资源的占用是否最经济？是否方便人们使用？是否能促进合理经验的产生？因为一个理想的解决方案不可能满足所有这些条件，所以需要综合考虑这些指标而对算法进行整体评估。"分解"是一种根据整体的各个组成部分思考算法、流程、系统、问题的方式。这些独立的部分可以被单独来理解、解决、开发和评估，这使复杂的问题更容易解决，使得大型的系统更容易设计。"抽象"是另一种使问题或系统更容易思考的方式，它涉及隐藏细节——删除不必要的复杂性，使得问题在没有任何损失的情况下变得更容易。抽象是一种用来创建复杂算法和整个系统的方法（关键是选择好系统的表示方式，不同表示方式使得不同的事情更容易做）。"概括"是一种基于先前已经解决的问题快速解决新问题的方式。我们可以对解决一些特定问题算法进行改造，使其能解决所有类似问题，然后当遇到一个新问题时，我们可以应用这个通用的解决方案。

（四）中小学编程课程培养学生计算思维的策略与方法

在中小学编程课程实施过程中如何有效培养学生的计算思维，是中小学编程教师十分关注的内容。编程学科教师对于学生计算思维培养关注最多的是开展算法与程序设计教学。编程课程标准中，"算法与程序设计"是高中的一个选修模块，该内容是让学生进一步体验算法的思想。实际上算法思维只是计算机思维的一个方面。在中小学编程教学中，不仅仅只是算法与程序设计模块能较好地培养计算思维中的算法思维。在其他课程内容模块中，只要精心组织好培养计算思维的课堂活动，也都可以很好地培养学生的计算思维。关键是教师要结合编程课程内容挖掘与精心设计计算思维培养的课堂活动。

在进行编程学科课堂教学过程的设计时，教师可以结合课堂教学内容针对计算思维的其中一种思维的培养，设计课堂某个教学环节的活动，也就是一节课关注计算思维的某一方面。教师也可以结合课堂教学内容，设计课堂整体教学活动。在教学活动中，关注计算思维的多个方面的培养，也就是在一节课中设计计算思维的多个方面的内容。

1. 基于计算思维某方面思维培养的单个课堂活动设计

计算思维包括算法思维、评估、分解、抽象、概括等多种思维方式，在课堂教学活动设计时可针对计算思维的某方面思维培养，结合教学内容单独设计某个环节的课堂教学活动。

（1）算法思维培养的课堂活动

例如，在"算法的初步认识"教学中，教师可以设计"猜数字"课堂游戏活动。教师自己选择1～100的某个数字，请学生猜猜是什么数字。学生可以问教师关于数的问题，教师只能回答"是"或"不是"，并且每个学生只可以问教师一个问题。第一次，教师选择一个1～100的数字，要求学生随机猜测数字。第二次，教师重新选择一个1～100的数字，要求学生按顺序从数字"1"开始猜测，如"是1吗？"、"是2吗？"，允许他们有尽可能多的机会去猜数字，最后解释这就是所谓的线性查找。第三次，教师再选择一个1～100的数字，请学生猜，猜之前教师向学生解释他们已经知道的数字是小于100，所以建议他们问"是小于50吗？"，然后再问"是小于25吗？"或"是小于75？"，告诉学生以保持减半，直到猜到这个数，解释这种方法就是二分查找。

三次猜数游戏活动后，组织学生讨论哪种方法更快。当他们熟悉了如何使用二分查找后，使用1～1000的数字重新来玩这个猜数游戏。

通过这个游戏，让学生体会问题的解决有具体的步骤与方法，同时让学生在真实的猜数字游戏中体验达到同一个目的或解决同一个问题可以运用不同的方法，通过总结和归纳不同方法解决的共通之处，从而更好地理解什么是算法，培养学生的算法思维。

（2）抽象思维培养的课堂活动

例如，鼓励正在学习Flash动画设计与制作的学生创建"乒乓球比赛"的游戏动画。这个动画是基于现实世界系统，因此学生需要使用一些抽象的方法来处理动画中系统的复杂性。例如，在一个简单的乒乓球比赛游戏动画中，模拟包括乒乓球是如何移动的，以及它是如何反弹的，在设计与制作这个动画时忽略空气阻力、乒乓球重力与旋转等因素。

当用计算机对问题进行求解时，首先要对问题进行分析，明确问题的要求，然后抽象成适合计算机表示的数据结构和形式化的数学模型，同时要忽略一些复杂的细节，因此抽象在用计算机解决问题的过程中是十分重要的。

在编程学科知识教学过程中，教师可以引导学生寻找新旧知识之间的联系，找到新旧知识之间的异同；引导学生运用迁移规律概括出新知识。

2. 基于计算思维培养的课堂整体教学活动设计

在中小学编程学科教学过程中，除了有针对性地设计有关计算思维某方面思维培养的活动；也可以针对具体学科教学内容，在整体设计一节课的课堂教学活动时，充分挖掘计算思维的各方面内容，或者充分利用计算的一种或多种思维方式来设计课堂教学活动。以下通过一个中学编程课程的课堂实例来分析如何在编程学科教学中落实学生计算思维的培养。学科知识主题："网络与通信——使用一种二进制协议来传输信息"，设计的相关课堂教学活动及说明如下。

活动1：提醒学生回顾知识，以前他们已经学习和理解了计算机体系结构所涉及的不同层次（应用程序、操作系统和硬件）。涉及的计算思维：功能的抽象，从"硬件"、"操作系统"、"应用程序"，不断增加抽象，上一层隐藏了下一层很多繁杂的细节。

活动2：向学生介绍网络体系结构的层次（应用层、传输层和网络层），指出与计算机体系结构层次的相似性。涉及的计算思维：功能的抽象，以类似的方式，抽象出"网络层"、"传输层"、"应用程序"，每层隐藏了下一层繁杂的细节方法的归纳，相同的技术应用到类似的问题，通过层次分析技术，从"计算机体系结构"转移到"网络体系结构"。

活动3：提醒学生理解十进制数据如何以二进制数据形式存储，也就是十进制数据是一个抽象的二进制代码。它们隐藏了数据实际是如何存储的细节。建议学生可以利用这些知识去创造他们自己的传输层协议。涉及的计算思维：数据的抽象，十进制数据掩盖二进制表示的复杂性。

三、初中编程教学中批判性思维的培养

传统编程课堂注重教材知识的传授，轻思维和能力的培养，教师往往只注重知识内容的单向传授，缺乏对学生主动性和思维的培养，学生在课堂上只能机械地记忆和模仿，学生的思维和创新精神得不到有效的培养。长此以往，对学生可持续发展非常不利。将思维型课堂教学理论运用于编程教学，为我们解决上述问题提供了方法，而批判性思维是学生思维由低阶向高阶发展的原动力，为学生思维和能力的可持续发展保驾护航。

（一）思维型课堂

思维型课堂教学，在课堂教学中注重学思结合，课堂中师生活动的核心是思维活动，突出积极思维，培养学生的思维能力、学习能力和创造力。思维型课堂教学将学生的创造力作为学生能力培养的重要指标。创造力是一种综合能力，其核心是创造性思维能力。创造性思维能力指思维活动的创造意识和创新精神，表现为创造性地提出问题和创造性地解决问题。学生创造性地使用原有知识，解决学习和生活中的实际问题，就是学生创新思维能力的外在表现。而创新精神的基础就是批判性思维，批判性思维对学生创造性地解决学习和生活问题起到了关键作用。

（二）批判性思维

批判性思维是对原有观点及其视角、证据、表达方式等内容的重新"检验""辩护"和"再思考"。批判性思维提倡的是一种以"反思"和"质疑"为本质特征的批判精神和批判意识。

思维型课堂教学理论包含四个基本环节，分别是认知冲突、自主建构、自我监控、应用迁移。这四个环节均渗透着批判性思维的原理。思维型课堂中，学生只有对原有知识、结构和现实问题进行批判性思维分析、辨别，才能产生认知冲突；学生只有对原有知识、原有方法，新知识、新方法的批判性评估、判断与选择，才会产生对知识的重新自主建构；自我监控则以确定思维活动目

的，对非认知因素（如成就动机、自制性、坚持性等心理因素）进行管理和控制，对思维的过程进行监督，对思维的结果进行评价，在个体差异上则表现为思维的批判性；学生只有对原问题、原知识，新问题进行了批判性思考，才能确定能否、如何进行知识和方法的迁移应用。可见批判性思维对于思维型课堂是极其重要的，二者相辅相成。而学生的批判性思维不是与生俱来的，教师可以在思维型课堂中不断培养学生的批判性思维。学生的批判性思维体系如图4-4-1所示。

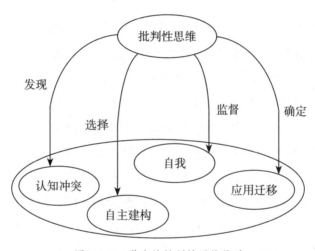

图4-4-1 学生的批判性思维体系

（三）在思维型课堂中渗透批判性思维培养的方法和策略

1. 教师通过引导学生发现和分析问题，引导学生在认知冲突过程中培养批判性思维

教师应根据学情分析和教学内容，合理地、多层次地、多梯度地设计任务和问题，并引导学生运用批判性思维厘清学习任务中遇到的问题与原有知识间的认知冲突，这个过程有利于学生主动加深对知识更深层次的学习和理解。一节课的教学目标是多维的、多层次的，具体包括学生积极的、自主合作探究精神的培养，还包括学生对知识的理解、掌握和熟练运用等方面。如果每节课的课堂任务仅仅是低阶地考查学生是否理解和掌握所学知识，就会使学生失去学习的兴趣。我认为学生学习的乐趣在于知识的高阶熟练运用。而这些更高阶的熟练运用在于教师对课堂任务、问题的巧妙设计。这些任务和问题应包含对原有知识的批判性应用，即任务和问题的解决方法与原有知识的冲突，不再是原有知识的直接套用，而是对原有知识更深入的学习和理解。学生运用批判性思维分析认知冲突后，对问题的理解不再是"雾里看花，若隐若现"、"摸得着问题的手"，但又看不到问题的"全貌"，学生对问题的感觉变成"我好像可以解决这个问题"、"原来问题不是这样的，而是这样的……"。显然，在这个思维过程中，学生的批判性思维得到了培养。

2. 教师通过引导学生进行任务分解，在自主建构新知识体系的过程中培养批判性思维

对思维型课堂，教师合理设计的课堂任务和问题为培养学生的批判性思维、自主建构知识体系搭建了好的平台。学生运用批判性思维对这些任务和问题进行深层次的思考后，会产生认知冲突。在寻求解决认知冲突的过程中，学生必须运用批判性思维对原有知识进行选择、加工、整理，或对课本新知识进行学习，这个过程就是学生对知识的重新自主建构。这是学生思维由低阶向高阶发展的一个过程。没有这个过程，这节课就不是一节真正意义上的思维型课堂。这个过程的关键就在于，这些任务和问题的设计必须具有阶梯性、可分解性，即大问题可分解为若干子问题，而子问题间或子问题与原问题间的难度是具有阶梯性的，且子问题的解决必须要综合运用原有知识点。可见，如果学生没有运用批判性思维对问题进行深入思考、分析，就很难有一个知识的自主建构过程。

3. 教师营造良好的学习氛围，引导学生在自我监控的过程中培养批判性思维

自我监控，是指个体对自己本身，对自己的目标、思想、心理和行为等表现进行管理；自己把自己组织起来，自己对自己进行有效的管理、约束、激励，从而实现目标的一个过程。虽说自我监控是学生利用个人内在力量改变行为的策略，但自我监控这种能力也不是学生与生俱来的，需要教师对学生进行培养。自我监控的过程表现为减少不良行为与增加好的行为的表现，但哪些是不良的行为表现，哪些是好的行为表现，这就需要学生运用批判性思维思考、甄别、选择、取舍。相较于传统的课堂学习环境，信息技术课堂的学习环境更加形式多样、复杂，学生接收的信息会更多，活动形式会更加多样。教师应引入多种教学手段，营造良好的学习氛围，以保障学习效果。学生在这样的氛围中，学习更主动、更自律，以培养自我管理能力，即学习过程中的自我监控。例如，教师可以在教学过程中，引入小组评价、学生个体、小组间的竞争机制、策略，引导学生对自己的行为、思维进行批判性思考，诸如：我这样做对吗？我这样思考对吗？他（她）说的对吗？他们的做法会不会更好呢？他们的做法中哪些值得我去学习？可见这些策略能有效加强学生的自我监控能力。日积月累，当学生在学习过程中，偶尔游离于学习目标之外做其他事情时，如果突然脑海中闪现一个火花，如："哦，我在干什么？"、"我这样做对吗？"、"我这样思考对吗？"、"他们说（做）的确实值得我学习和借鉴。"学生的自我监控能力也就慢慢培养起来了，学生的批判性思维也能得到有效的培养。《论语》中"三省吾身"就是这个道理。

4. 教师通过高阶任务设计，引导学生在迁移应用过程中培养批判性思维

在信息技术课堂中，教师可以结合学习和生活的实际问题，或将学生学习和生活中遇到的问题稍加变形处理设置成新的高阶任务，引导学生运用批判性思维将这些问题抽象出来，运用所学的知识去解决。我们常说"学以致用"，"学"就是为了解决学习和生活中所遇到的实际问题，这其中就暗含了知识、能力的"应用迁移"。面对纷繁复杂的生活实际问题，原有知识能否迁移、可不可以迁移，这要求学生对学习和生活中遇到的实际问题进行批判性思考：哪些能用，哪些不能用，如何用，而不是一味地将原有知识生搬硬套。毕竟直接运用原有知识就能解决的问题在学习、生活中是少之又少的。教师必须培养学生将知识、能力"应用迁移"到学习和生活中的能力，否则学生就是"死读书、读死书"。教师通过这种方法和策略对学生反复训练，不但能培养和提升学生对知识的"应用迁移"能力，而且还能促进学生运用批判性思维思考问题能力的培养和提升。

四、小学编程教学中抽象思维的培养

随着小学编程课程的普及开展，对小学生抽象逻辑思维的要求越来越高，而编程教学和抽象逻辑思维发展是相辅相成的。构建以培养抽象思维为核心的编程教学课堂，分析学生在学习过程中抽象思维的发展情况，探讨如何在小学生程序设计教学中更好地培养学生的抽象思维是必然趋势。

根据思维的形态，可以把思维分为动作思维、形象思维和抽象思维。一般而言，小学阶段的认识属于皮亚杰的具体运算思维阶段（concrete operational stage）。皮亚杰认为具体运算阶段的儿童有了思维的易变性，思维具有可逆性，能解决守恒问题及认识和采取别人的观点，初步掌握逻辑思维，出现了对具体事物进行群集运算的能力。这种运算思维一般均离不开具体事物的支持，若离开具体事物而进行纯粹的逻辑推理会感到困难。因此皮亚杰认为对这一年龄阶段的儿童应多做事实性或技能性的训练。我国心理学家朱智贤在《儿童心理学》一书中就指出，小学儿童思维的基本特点是：从以具体形象性的思维为主要形式逐步过渡到以抽象逻辑思维为主要形式。但这种抽象思维在很大程度上仍然是直接与感性经验相联系的，仍然具有很大的具体形象性成分。

（一）初学编程时的抽象思维培养

在最初接触程序设计时，教师所用的例子通常是具体数据（可以包含图片）。

例如，"如图4-4-2所示，已知长方形的长是100厘米，宽是60厘米，请问长方形的面积是多少？"

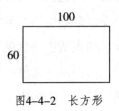

图4-4-2 长方形

学生观察图形，根据数学知识就可以计算结果，写出代码：

```
#include<iosteam>
using namespace std;
int main
{
    s=100*60;
    cout<<s;
    return 0;
}
```

如果把题目改为：

"已知长方形的长是a厘米，宽是b厘米，请问长方形的面积是多少？"

[输入格式]

2个正整数，表示长和宽。

[输出个数]

一个正整数，表示面积。

[输入样例]

100 60

[输出样例]

6000

有部分学生思维会转换不过来，把程序写成这样：

```
#include<iosteam>
using namespace std;
int main
{
    cin>>a>>b;
s=100*60;
    cout<<s;
    return 0;
}
```

为何会有这样的错误呢？因为整个小学阶段，小学生的思维由具体形象思维向抽象逻辑思维发展要经历很长的过程。他们的思维活动在很大程度上还是与面前的具体事物或其表象相联系。小学生往往会根据所学的数学知识，直接使用输入的某一个例子中的具体数据来完成程序代码的编写。

因此，为了更好让学生从"具体事物—数字—程序代码"顺利过渡。我在进行程序设计教学前预先安排了一些相关的练习，以提高学生的抽象思维。

已知：□+△=15、△+○=12、□+○=13求：　　　　　　○=（　　　　）

已知：A＋B=55、A＋C=58、B＋C=53求：　　　　　　A=（　　　　）

让学生对替代值有一个概念性的认识，知道一个图形或一个字母可以表示一个数。教师在讲解第一题的答案时可把程序修改如下。

```
#include<iosteam>
```

```
using namespace std;
int main
{
    a=100; b=60;
s=a*b;
    cout<<s;
    return 0;
}
```

在修改上面程序中，教师应该强调：长方形的面积=长×宽（s=a×b）这个计算公式。让学生观察图4-4-3、图4-4-4，讨论在计算长方形面积时，a是长b是宽，或者a是宽b是长，长方形面积=长×宽（$s=a×b$），是否需要改变？

图4-4-3　长方形一　　　　　　　　图4-4-4　长方形二

教师引导学生思考：如果长和宽在不确定是何数据（只知道是正数）的情况下，$a×b$和$b×a$的结果是不是一样？会不会影响$s=a×b$的计算公式？就这样慢慢引导学生明白：只要a，b的数值都是正数的情况下就符合$s=a×b$，不必分出谁是长，谁是宽。

上面的这个教学设计帮助学生从具体数据归纳总结出面积公式，同时也是把学生的思维方式从具体形象思维为主引向抽象逻辑思维为主的发展方向。

这个时候再让学生做第二个程序代码，几乎全部都可以写成：

```
#include<iosteam>
using namespace std;
int main
{
    cin>>a>>b;
s=a*b;
```

```
    cout≪s;
    return 0;
}
```

这只是教学例子之一，我们在教学前先摸清楚小学生的思维特征，这样就可以合理安排教学计划。课前练习—新授知识—讲解重点—总结归纳，一步一步按部就班完成教学任务。学生在学习程序设计的过程中会遇到很多困难，我们可以通过合理的教学方法一步步促使他们逐渐运用抽象概念进行思维，并促使他们的思维水平开始从以具体形象思维为主要形式逐步向以抽象逻辑思维为主要形式过渡。

（二）学习循环结构时的抽象思维培养

顺序结构、分支结构、循环结构是程序设计课程中的三种基本结构，其中以循环结构最为复杂，也是最为核心的结构，我们发现几乎所有的程序都离不开循环结构。但是由于掌握循环结构思维水平的要求与小学生真实思维水平之间出现了差异，辅导教师往往都会发现每当讲到循环结构内容的时候，大部分小学生突然就反应不过来，最后会出现有的学生跟不上教学进度要求退出的情况。因此循环结构的学习成了小学生能否坚持学习程序设计的第一道分水岭。跨过了这一分水岭，才能算得上开始学习程序设计达到入门水平。

那是什么原因导致小学生跟不上而退出呢？首先，我们知道任何教师要传授知识，都应该先考虑学生能接受的水平。虽然前期的学习过程在一定程度上提高了小学生的思维水平，但小学生的思维由具体形象思维向抽象逻辑思维发展要经历很长的过程。循环结构显然不是简单地把具体数值100转换一个变量a，或者把一个具体算式$100×60$转换为公式然后转化为表达式$s=a×b$那么简单，它需要更高级别的抽象逻辑思维才能理解好知识点。部分教师正因为忽略了这一点，讲课时未能及时同步培养小学生的抽象逻辑思维，才导致学生跟不上而退出。我认为辅导教师关注小学生抽象逻辑的发展比关注程序设计的教学内容更为重要。学生的抽象逻辑思维得到发展提升，理解能力自然就提高了，这样更有利于知识的传授。

在教学循环结构时，我通常把教学内容融入一个课前小游戏或小活动中，这样每个小学生都参与其中，印象也比较深刻，感官思维上也比较具体形象。在教学知识的环节就可以结合刚才做游戏或活动的情节，培养小学生的抽象逻辑思维。

例如，在教学查找最大值时，我让学生玩了一个打擂台的游戏。在讲述规则时，学生知道了每个人都可以争取做擂主，但要成为擂主必须比任何人都强。接着我公布各个擂台的名称：身高、体重、语文测验成绩、数学单元测试成绩、英语单元测验成绩（各科都为同一个单元）。学生在玩游戏时知道不同条件的擂台可能产生不同的擂主，关键是判断条件。

在练习中有这样的一个题目。

[问题描述]

402班准备在学校的体艺节上进行合唱演出，为了准备这一次演出，老师从班里挑出n名学生（n为奇数）并为他们安排合唱队形。合唱队形是中间高两端低，老师是这样安排队形的：先让挑出来的所有学生按高个儿在前的顺序排成一队。然后，最高的那名学生单独站出来，这是合唱队形的中心，再让第二名学生站在他的左手边，让第三名学生站在他的右手边，再依次向两端安排其他人。

给定402班所有学生的身高，请输出他们站成合唱队形之后的身高顺序。

[输入格式]

第一行是1个整数n（n<50），表示合唱队的总人数，已知n为奇数；

第二行是n个整数，表示以厘米为单位的所有人的身高。

[输出格式]

一行n个整数，表示他们按老师的要求站成合唱队形之后的身高顺序。

[输入样例]

7

154　160　157　162　159　152　163

[输出样例]

152　157　160　163　162　159　154

参考代码：

```cpp
#include <iostream>
#include<fstream>
using namespace std;
int a[100000];
```

```
int main()
{
    int n,t; cin>>n;
    for (int i=1;i<=n;i++) cin>>a[i]; //（游戏时，每个学生报身高）
  for (int i=1;i<n;i++) //（游戏时，按顺序排队）
      for (int j=i+1;j<=n;j++)
        if (a[i]>a[j])
        {
            T=a[i];a[i]=a[j];a[j]=t;
        }
      for (int i=1;i<=n;i++)if(i%2==1) cout<<a[i]<<" ";
//（游戏时，最左边到中点的排队）
    for (int i=n;i>1;i--) if(i%2==0) cout<<a[i]<<" ";
//（游戏时，中点到最右边的排队）
    return 0;
}
```

在安排教学时先通过真实人员按要求去排队，然后转换为数字在黑板上排队，讨论实现方法，让学生通过参与真实的游戏感受过程，然后抽象化只有数据的排序讨论、小结方法，最好归纳为程序代码。这个过程自然提高了小学生们的抽象思维。

（三）学习算法运用时的抽象思维培养

在小学阶段程序设计教学中常用的算法有：枚举算法、模拟算法、递推算法、贪心算法、二分算法等。要学习好这些算法，对学生的思维能力要求更高，特别是逻辑推理能力方面，如辐合思维（求同思维）、发散思维（求异思维）、逆向思维、全局思维、空间思维、创造思维等。我们在学习算法时可以采用多种渠道去培养学生的抽象思维，可以是画图展示辅助，可以是游戏辅助，可以做实验辅助，也可以利用思维导图辅助，让学生更好地理解知识之间的联系。

例如，在讲到"一维数组部分和"知识点时，我展示了一幅大鱼吃小鱼的图画帮助学生理解。图中很直观地看到前面的鱼总是被后面的鱼吃掉，所以我们求第n个位置鱼的总重量时应该包含前面的重量。然后从实物图抽象出来数字，最后讨论总结出可以用一个变量表示一个点的鱼的重量，然后用另一个变量求出从开始到这个点的总重量。这样用具体形象的分析帮助小学生在头脑里建立抽象画面，更容易让小学生接受和理解。

我们通过大量的辅助项目培养学生的抽象思维，在一定程度上取得了不错的效果，大部分学生都愿意主动思考、主动寻找解决方案，对学习算法起到了积极的作用。相信长期坚持下去，小学生的思维能力也能得到提高，面对一个题目时会涌现出很多创新的思维模式。

五、巧用提问，发展高阶思维

耶鲁大学教授斯腾伯格在《思维教学》里认为，思维可以划分为分析性思维、实用性思维和创造性思维，这几种思维对所有人来说都非常重要。因此，我们在编程课堂的提问环节，也要创设适宜不同思维特征的问题情境，让不同的思维都能有发展的机会。

1. 问于评价，提高学生分析性思维能力

问于评价指的是让学生对信息技术、教学知识、软件使用、网络信息等进行客观公正的评价，即在加深学生感悟的同时，进一步培养学生对问题的分析能力。这是因为初中生拥有自己独特的认知规律与分析思维，为了构建"思维型"课堂，发挥劣构问题对学生知识与经验累积的积极作用，教师应该提出一些学生可以进行主观性评价的问题。这样既可以提高学生分析识别的素养，也能打造多元精彩的课堂。

以Select Case语句的使用的教学为例，我在教学中让学生结合之前的"模拟QQ登录"进行思考，让学生分析除了书本上列出的"登录成功"这一流程，还会出现怎样的状况；让学生结合Select Case语句来对之前"文本框控件的使用"的教学进行进一步的完善。在简单的课堂讨论之后，学生认为"模拟QQ登录"在流程设计上存在着有待完善的地方，并且当场画出了更加完善的流程图。

2. 问于建模，提高学生实用性思维能力

信息技术课堂上的"问于建模"指的是将抽象枯燥的理论知识与软件使用技巧灵活运用到解决实际问题中。这样能够实现理论与实践的巧妙结合，培养学生自己解决某一个问题的能力，也是一种创新性思维方式的培养。具体建模

问题的提出如图4-4-5所示。

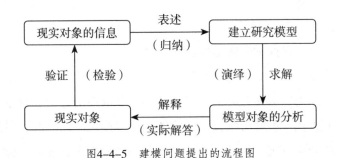

图4-4-5 建模问题提出的流程图

为了让每一位学生都能灵活运用"穷举算法"，我在教学中让学生以小组形式开展建模活动：有的小组以找到10000以内能够被21和17整除的数为条件，进行项目的设计，通过自己设计思路与界面、小组规划算法与流程图，实现了对穷举算法的灵活运用；有的小组则是从生活入手，设计了2016年一整年中每月5号且是星期一的日子，进一步提高了穷举算法的应用性。

3. 问于猜想，提高学生直觉思维能力

"问于猜想"指的是在信息技术课上教师鼓励学生对问题进行大胆的猜想，在没经过严谨的推理和验证的情况下凭直觉说出问题的答案。在45分钟的课堂教学中，时间是有限的，学生也不时提出困惑：课堂上的问题我根本没想好老师就提出了新问题，新问题我没开始想你又提出了更新的问题，我只能听问题的答案。我们为什么经常在课堂上听到"这样想（做）对吗"的问题。不少人认为这种问题是无效问题，不应该在课堂上提。实际上这样的问题很多时候可以提高学生的直觉思维。学生还不知道为什么是对或错，但他们凭直觉能判断出答案，至于"为什么"可以留待下一步解决。当然，同一节课里这类问题不宜多问，但也不能不问，猜想性问题的提出对于学生直觉思维的培养具有重要意义：能够提升学生在学习上的敏锐性与主动性。学生要"能猜想，反应快"，其实是源于其深厚的知识基础及对问题情境的敏锐感知。这类问题其实也是诱发学生课后主动探究的动力源。

例如，在"Select Case语句的使用"的教学中，我在下课前问学生："Select Case语句能不能和If语句进行互换？"60%的学生认为"能"，10%认为"不能"，其他的"不知道"。我让学生课后分组验证自己的猜想。学生在展开激烈讨论的同时，通过画图、制作表格、语言描述以及建模等方式对两种语句进行比对，进一步保证了学生对问题猜想的合理性。在学生阐述了自己的观点之后，我也将自己的想法、思路一一剖析，为学生猜想的证实提供证明。

4. 问于想象，提高学生创造性思维能力

"问于想象"指的是在课堂提问的过程中，应该给予充分的空间让学生搭配原本的知识结构，对研究方法、研究内容以及最终的答案进行创新。想象是每一个学生的天性，教师必须设计出能够放飞学生想象的问题，促进学生创造性思维能力的全面发展。另外，为了鼓励每一个学生充分想象、合理想象，教师应该尽可能地营造出轻松的课堂氛围，给予学生心理与思维发展上的自由。

例如，在"程序大集合"的教学中，课本上提出的要求是"设计出一个'我的程序作品集'"，将之前所学章节的语句与设计的程序进行集合，但是这种程序大集合并不能凸显shell这一语句在生活中的运用价值。对此，我让学生进行合理的想象：在生活中的哪些场合既可以综合使用已学的程序，同时还可以灵活运用shell语句。学生纷纷开动脑筋：有的学生指出在很多星座网站页面中既有登录的程序，同时也有找回密码、测算星座或者是生肖等不同的程序，可以将shell语句运用在这些星座网站上。这时我再让学生在想象的基础上自己设计出程序。还有的学生认为"程序大集合"可以运用在个人信息的统计上，登录程序是个人进入系统的入口，随后可以通过输入基础性的信息，由系统进行自动运算与统计。在此基础上，学生又提出了合理的想象，可以将程序功能进行隐藏，实现全面的后台操作。

第五章　教学设计与教学案例

第一节　基于GoC的小学图形化编程教学案例

随着信息技术学科核心素养的提出和定义，不少教育学者对核心素养进行了探索研究。由广东省佛山市南海区教育发展研究中心设计开发了"魔法学院的奇幻之旅——用GoC编程绘图"。该课程使用南海区首席教师、信息学总教练江涛自主开发的GoC编程软件，使枯燥乏味的代码编程变为一项好玩有趣的活动，通过把复杂问题简单化、抽象概念形象化、逻辑思维图形化，使学生快速方便地建立起自己的C++语言"快速原型"，并在编程绘图中训练逻辑思维、培养创造力。如何在GoC课堂中更好地以核心素养开展教学，刘凤兰名师工作室的教师进行了尝试性探索与思考。

一、核心素养背景下的GoC编程教学

（一）创设情境，培养信息意识

信息意识，是人们对自然界和社会的各种现象、行为、理论观点等从信息的角度去理解、感受和评价。通过创设学生感兴趣的故事情节，培养学生从小就要树立信息保密、传播正确信息的意识。

第12课"幸运大转盘"教学片段

师：国王让小C为晚会制作一个幸运大转盘，你们能帮他吗？

生：能！（学生开始尝试制作……）

师：同学们，关于抽奖，你们父母的手机是否曾经收到过中奖信息？

生1：有，曾经说我中了手提电脑，不过需要先交800元的押金……

生2：说我中了大奖，要登录什么网站，然后输入验证码……

师：你们觉得真的是中奖了吗？怎么判断？

（生开始议论并发表看法……）

本课中，由抽奖转盘引出当今社会很多的诈骗信息，作为教师，我们有责任帮学生厘清哪些信息是真实有用的，哪些信息是虚构骗人的。这就是信息意识的培养。

（二）枚举归纳，领略计算思维

美国卡内基·梅隆大学计算机科学系主任周以真认为，计算思维是运用计算机科学的基础概念进行问题求解、系统设计，以及人类行为理解等涵盖计算机科学的一系列思维活动。它是通过约简、嵌入、转化和仿真等方法，把一个看起来困难的问题重新阐释成一个我们知道怎样解决的问题的方法。

第7课"奇异的花朵"教学片段

师：正十二边形要怎么画呢？

生1：可以先画正三角形。

师：没错，我们可以从边数较少的已知问题入手——先画正三角形。来，请你上台画一画。

（一名学生上台演示，在GoC中快速编程画一个正三角形。）

师：那么，画正三角形时，画笔每次要旋转多少度？

生2：120度。

师：对。如果老师想画一个正四边形，也就是正方形，可以怎么改？

生2：把边数n改为4，旋转角度改为90度。

师：那如果要画正五边形、正六边形呢？请看这张表（表5-1-1），老师把不同的正多边形边数和旋转角度都列举出来了，找一找，它们有什么规律？

生3：我发现了！边数乘以旋转角度都等于360。

师：是吗？我们一起来验算一下，$3 \times 120 = 360$，$4 \times 90 = 360$，$5 \times 72 = 360$，……真的耶，边数乘以旋转角度都等于360！

师：不妨大胆推理一下，正多边形的边数乘以旋转角度都等于360。换句话，旋转角度=360/边数，那么，正十二边形的旋转角度应该是多少？

（教师启发学生找到正多边形边数与旋转角度的规律，并动手画一画。）

表5-1-1　正多边形边数与旋转角度的规律

边数	旋转角度
3	120
4	90
5	72
6	60
8	45
9	40
10	36
…	…
n	?

本课中，通过由少到多，枚举不同的正多边形边数和旋转角度，找出正多边形边数和旋转角度的规律，属于简单枚举归纳推理。不少教师在教学中忽视了学生对正多边形画法的理解，更忽视了"旋转角度=360/边数"这一规律的由来和背后的思考，从而错过了学生思维能力的培养。这种归纳推理的方法，在问题求解和计算机编程中发挥了不可小觑的作用。许多问题可以通过对所有可能的答案进行一一枚举找到解；许多程序也可以通过对经典范例进行模仿归纳找到内在的联系与规律。

第4课"变色魔法"教学片段

师：邪恶的巫婆把彩色公主给抓走了，要救出公主，就需要一张羊皮地图，而要得到地图，就要运用变色魔法做出16面不同颜色的彩旗，大家可以帮忙吗？

生：是不是每种颜色都有代码？

师：没错，一共有16种颜色代码，分别是0～15，只要把它放在p.c里，就会出现不同的颜色（图5-1-1）。

（注：p.c为基本绘图命令中的颜色编号的代码）

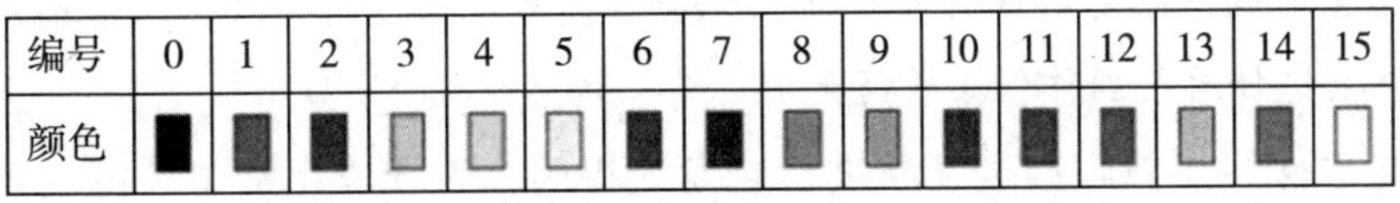

图5-1-1　p.c不同数字对应的不同颜色

其实，抽象是科学研究的重要手段，也是计算思维的本质。把颜色代码抽象成数字，这就是抽象的规则。很多教师上课时可能习惯直接将答案告诉学生，缺少了让学生去思考、尝试、探索的环节。如果能利用抽象这一计算思维的方法会对学生以后的发展有很大的帮助。

（三）启发推理，引导学习创新

数字化学习与创新是指教师和学习者在数字化的教学环境中，遵循现代教育理论和规律，运用数字化的教学资源，以数字化教学模式培养适应新世纪需要的具有创新意识和创新能力的复合型人才的教学活动。

第11课"百变魔法师"教学片段

师：小C终于救出了公主，带着公主到了彩云国皇宫门外，只见上面画着一个大大的三角形，下面有一行字："只要把这个三角形变成一个千变万化的图案，大门便可以打开。"（图5-1-2）

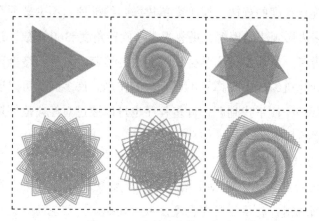

图5-1-2　千变万化的三角形

（生思考、尝试改变图案，示范）。

师：要画出千变万化的图案，一定要灵活使用循环语句，只要在循环体里修改旋转角度，或是利用循环变量的值画出图形，就能给图形带来神奇的变化效果。

（生通过网络资料库打开教师预先准备的程序并进行修改，观察图形的变化，然后选择自行创作作品并提交）。

在本课中，教师通过不断进行启发式提问，引导学生从单一的三角形变化到多个三角形组合成的图形（包括形状、个数、颜色的组合变化），从少到多，层层递进、不断思考创新，最终创作出令人意想不到的效果。

其实，这种"启发"在GoC教学中也经常被用到。例如教材第2课"奇妙时光机"，学生通过启发式推理逐渐理解并熟悉转角的计算方法，找到"平分周角计算法"这一快捷方法。

（四）灌输观念，明确信息责任

信息社会责任是指学生在学习的过程中，要明白有责任感是做人成才的基础，对自己负责、对他人负责、对集体负责、对社会负责，不要传播不良信息，要传播正能量，特别是在当今信息发达的时代，更要从小树立强烈的主人翁意识和高度的信息社会责任感。

第10课"交通信号灯"教学片段

师：公主被大家救出后非常开心，她决定举办一场隆重又热闹的魔法晚会，已经有很多魔法师前来，由于交通工具甚多，乱作一团，大家可以设计一个交通信号灯来指挥交通吗？

（生画信号灯）。

就本课来说，主要是让学生通过设计交通信号灯来管制交通工具，从而达到道路畅通的目的。让学生联想起日常生活中有些人横冲马路，特别是开电动车的，完全没有交通安全意识，导致了很多不必要的交通事故。这也是一种社会责任。

这里探讨了信息技术学科核心素养在小学信息技术GoC编程绘图教学中的实施应用。相信随着信息技术核心素养的颁布和各种深入研究，学生的信息意识、计算思维、数字化学习和创新能力、信息社会责任感都能得以有效培养和发展，也期待未来有更多教师同行投入如何在小学信息技术教学中培养学生核心素养的探索研究中。让信息技术学科核心素养真正落地生根。

二、"变色魔法——GoC基本绘图命令"教学案例

（一）设计思想

建构主义教学理论认为，学习者的知识是在一定的情境下，借助他人的帮助，如人与人之间的协作、交流、利用必要的信息等，通过意义的建构而获得的。《广东省义务教育信息技术课程纲要》明确指出，义务教育阶段信息技术课程的总目标是培养学生应用信息技术的初步能力，逐步养成良好的信息素

养，为学生后续学习乃至终身发展打基础。而小学阶段的信息技术学习则以"玩中学"为主要特征，通过丰富有趣的活动，让学生在形式多样的活动中快乐学习，感受信息技术在学习、生活中的应用，认识信息技术的影响和作用，激发学生对信息技术学习的兴趣和主动应用信息技术的意识。因此，在教学中，我特别关注学生主动探索知识的过程，引导学生在协作学习的过程中不断地分享与交流，逐渐发现和解决学习中的问题，最后顺利完成意义的建构，使学生享受学习的整个过程，收获知识和正能量，形成主动学习、相互合作等良好的学习习惯。

（二）教材分析

"变色魔法"是广东省佛山市南海区教研室编写的《小学信息技术》教科书四年级上学期第 4 课的内容，是在学生初步熟悉 GoC 编程软件的环境以及掌握前进、右转、左转这几个基本画图命令的基础上，学习颜色、显笔、速度这几个有趣又形象的基本绘图命令。这可以激发学生学习编程的兴趣，为学生日后在 GoC 这个图形化的编程软件中进一步学习打下基础。

（三）学情分析

四年级的学生活泼好动，求知欲强，经过差不多一年的信息技术学习，已经逐渐形成了自主探究、互助协作等良好的信息技术课堂学习习惯。学生在此之前，已经初步掌握了前进、右转、左转这几个基本的绘图命令，在此基础上学习颜色、显笔和速度命令，符合学生的认知规律。但四年级的学生对一些枯燥的理论及单调的操作并不是很感兴趣，因此，在教学过程中既要考虑学习的趣味性，同时也要关注知识结构的梳理和总结。

（四）教学策略

1. 教法运用

本节课主要采取了"分层互动"与"先学后教"相融合的教学策略，结合情境教学、任务驱动等教学方法开展教学活动。

（1）分层互动：在了解每个学生的学习状况、心理特点、特长爱好等的前提下，将学生进行异质分组，形成一个个学习群体，开展小组协作学习，充分发挥师生之间、学生之间的互动、激励作用，为每个学生创造整体发展的机会。特别是学生间人际互动，利用了学生层次的差异性与合作意识，形成有利于每个成员协调发展的集体力量。

（2）先学后教："先学后教"是充分体现学生主体地位的教学策略，深入研究教材，为学生提供有利于知识建构的学习资源，让学生在了解任务的前提下，利用学习资源在小组内进行"自主先学"，让学生把遇到的问题记录下来，反馈后再有针对性地展开"后教"，充分尊重学生探索知识的权利。

此外，结合任务驱动法、激励教学法等多种教学方法进行灵活运用，最大限度地调动学生的积极性，使他们主动地动口、动手、动眼、动耳、动脑，去做、去实际操作、体验和表现，实现学生学习活动方式的自主、参与和合作。

2. 学法指导

在学法的指导上，主要采取了以下几种方式。

（1）鼓励学生开展小组协作学习

协作学习的过程就是交流的过程。在这个过程中，每个学习者的想法都为整个学习群体所共享。因此，在学习过程中，我鼓励学生积极参与小组的学习活动，在学习中相互学习、相互检查、相互帮助、相互交流、相互分享，形成了良好的学习习惯和团队意识。

（2）鼓励学生提出问题、解决问题

在"先学后教"过程中，无论是哪个层次的学生在"先学"中遇到困难或发现一些问题，我都是指导学生把自己遇到的困难和问题先记录下来，在小组内提出，尝试先通过小组互助的方式解决问题；解决不了再在全班分享，让其他同学和老师一起研究解决。这可以培养学生提出问题、解决问题的能力。

（3）鼓励学生总结方法和体会

学生每完成一个任务，我都鼓励学生尝试用简单的词语来总结方法，或谈谈在学习过程中的困难及感受。

（五）教学目标

1. 知识与技能

（1）让学生掌握颜色、显笔、速度等基本绘图命令。

（2）让学生掌握查看帮助的方法。

2. 过程与方法

通过探索GoC基本绘图命令的使用方法，进一步掌握编程的基本方法。

通过小组合作的学习过程，掌握协作学习的方法。

3. 情感态度与价值观

通过学习GoC基本命令的活动，培养学生严谨的学习态度和良好的信息技术素养。

（六）重点难点

1. 教学重点

掌握颜色、显笔、速度这几个基本绘图命令。

2. 教学难点

掌握颜色、速度命令。

分析图形，灵活运用命令画出图形。

（七）课前准备

安装GoC编程软件；教师电脑具备多媒体教学系统，有视频、音频广播，监控学生机，文件发送等功能；多媒体课件。

（八）教学过程

1. 情境引入，导入新课（3分钟）

（1）教学内容

以主角小C的旅行足迹复习旧知识，创设情境，引入课题。

（2）教师活动

情境引入（课件出示学习历程）。

师：自从小C得到魔笔后，他非常努力地学习，掌握了一些魔法秘籍，谁记得是怎样的？

师：小C带着魔笔和GoC魔法机开始了他的魔幻之旅。今天他来到了彩旗镇。

（3）学生活动

学生进入情境，思考回顾4个重要的基本绘图命令［前进：pen.fd（数值）；后退：pen.bk（数值）；右转：pen.rt（角度）；左转：pen.lt（角度）］并回答问题。

（4）设计意图

精心创设情境，从而确定了本节课的活动主线，激发学生的学习兴趣。

2. 课前热身（5分钟）

（1）教学内容

初步理解画三角形旗子的程序。

（2）教师活动

师：在入口处有3个GoC谜语，猜对了才能进入，请你们仔细分析一下，猜猜他画出了什么图形？（课件依次展示正方形、正方形旗子和三角形旗子的程序，引导学生从简单到复杂，理解画旗子的过程。）

引导学生打开程序画旗子，理解画旗子的过程。

展示课题。

师：同学们看到的旗子是什么颜色的？

师：因为彩色公主被巫婆抓走了，所以就只剩蓝色了，同学们能不能帮帮她？

师：这节课，我们就一起来学习第4课"变色魔法——GoC基本绘图命令"。

（3）学生活动

通过分析程序、动手画等方法，尝试把程序与图形建立起联系，猜出图形，回答问题。

学生打开程序，理解画旗子的过程。

（4）设计意图

理解画三角形旗子的过程是比较难的。但先从学生最容易理解的画正方形程序入手，然后再展示画正方形旗子的程序，学生很容易理解旗杆和旗面两部分，再出示画三角形旗子的程序。这样循序渐进引导学生进行分析，学生就容易理解了，从而培养仔细分析程序的兴趣和良好的习惯。

3. 自主探究，学习新知（16分钟）

（1）学习内容

学习变色命令和速度命令。

（2）教师活动

任务1：变色

引导学生找出变色命令和颜色编号。

师：谁知道变色命令是怎样的？

师：一共有多少种颜色？你喜欢什么颜色，编号是几？［板书：变色命令pen.c（颜色编号）］。

出示任务要求：输入变色命令，画出彩旗。想一想，如果要旗杆变颜色，变色命令应该放在什么位置？

引导学生尝试根据学习平台的提示与要求完成任务。

学生演示，并引导学生思考变色命令的位置。

小结：顺序结构程序会从上到下执行命令，如果你想要哪一笔变颜色，就要在它前面先设置好。

任务2：慢动作

师：同学们的旗子太漂亮了，但画得太快，都没看清楚它是怎么画出来的？有哪两个命令可以帮助我们更直观、清晰地观察？

出示任务要求：添加显笔命令与速度命令，让运行更直观。

添加显笔命令，让笔现身；添加速度命令，并调整速度值，观察运行有什么变化。想一想，速度值1~10，哪个数值最慢？哪个数值最快？

引导学生尝试根据学习平台的提示与要求完成任务。

引导学生提出遇到的问题、解决问题。可能会出现的问题：显笔命令与速度命令混淆。

速度值的变得过大，看不到结果。

通过与学生一起互动总结以下两点：速度值与速度的关系；在日后我们面对一些复杂的程序时，这两个命令能帮助我们分析和纠正错误。

（3）学生活动

学生先根据learnsite学习平台【问题导学】的问题开展自学，在书本上找到答案并汇报成果。

学生初步了解命令的格式和用法。

学生明确任务要求。

学生尝试根据学习平台和书本上的提示添加变色命令并观察运行结果。

学生示范，其他学生观察并思考，回答问题。

学生进一步巩固知识。

学生看书，回答问题。

学生初步了解速度命令的格式和用法并明确任务要求。

学生尝试根据学习平台和书本上的提示添加显笔与速度命令，调整速度值，并观察运行结果。

学生汇报遇到的困难与发现的问题，其他学生一起解决问题。

与老师互动。

（4）设计意图

依托learnsite信息技术学习平台，开展"先学后教"的学习，让学生每次上课登录学习平台后，先根据问题进行预习，慢慢地形成良好的自主探究、主动学习的习惯。

通过引导学生思考命令的先后顺序，进一步使学生了解顺序结构程序的特点，厘清思路，为以后的编程打下基础。

这两个命令虽然比较简单，而且常常搭配使用，但有些学生还是会把这两个命令混淆。因此，在这一环节，我运用"先学后教，以学定教"的教学方法，先放手让学生根据学习平台的提示以及教材的指引进行大胆的尝试；在尝试过后发现问题、解决问题，相信学生的能力，让学生在问题中成长。

引导学生对速度命令的速度值进行调整，并观察运行结果，放手让学生去尝试，从实践中体验不同数据的变化，让学生能够形象地理解在编写程序过程中不同数值给程序带来的变化。

4. 巩固提升（10分钟）

（1）学习内容

基本绘图命令的综合运用。

（2）教师活动

观察学习平台中【显身手】的参考图形，引导学生用GoC基本绘图命令画出图形。

教师巡视，发现问题及时解决问题。

（3）学生活动

学生根据自己的学习情况选择相应难度的图形，运用GoC基本绘图命令画出图形。能力较强的学生也可以创作自己喜欢的图形。

（4）设计意图

让不同水平的学生根据自己的能力选择图形进行一次GoC基本绘图命令的综合运用，进一步熟悉命令及编写程序的过程。对过程中的错误及问题进行解决的同时，培养学生的创造力和思维能力。

5. 分享评价（5分钟）

（1）学习内容

运用learnsite信息技术学习平台进行评价。

（2）教师活动

展示学生作品，引导学生分享经验，相互评价。

引导学生运用learnsite信息技术学习平台完成评价。

教师根据评价结果进行小结，关注有困难的学生。

（3）学生活动

学生欣赏作品，聆听与评价；学生完成评价栏。

查看评价结果，关注并帮助那些学习有困难的同学。

（4）设计意图

通过分享，使学生了解相互之间的思维过程，取长补短。

通过网络学习平台进行评价，即时生成评价数据，及时掌握学生真实的学习情况，关注个别学生的薄弱点和有困难的学生。

6. 交流收获，总结延伸（1分钟）

（1）学习内容

师生共同交流总结。

（2）教师活动

教师与学生一起总结本节课的学习情况和收获。

师：恭喜同学们获得了4级魔法师称号，并得到了一张解救彩色公主的地图。接下来，小C能不能顺利把公主救出来呢？让我们一起期待吧！

（3）学生活动

学生谈收获。

整理好学习用品和桌椅，有序离开电脑室。

（4）设计意图

鼓励学生的同时，为下节课埋下伏笔。

（九）教学反思

教学反思见表5-1-2。

表5-1-2　教学反思表

项目		80%以上达标	60%~80%达标	40%~60%达标	40%以下达标
学生总体评估记录	任务1：变色（变色命令）	√			

项目		80%以上达标	60%～80%达标	40%～60%达标	40%以下达标
学生总体评估记录	任务2：慢动作（显笔命令、速度命令）	√			
	显身手	√			
	学生参与的积极性	√			
简要分析	以上统计数据显示，本节课顺利地完成了教学目标，学生通过学习掌握了变色、显笔和速度命令，并结合前面所学的基本命令进行灵活运用。掌握了协作学习的方法，形成了良好的安全意识、文明意识、规划意识等良好品质。从整个课堂的学习气氛、学习过程、课堂生成等方面来看都取得了非常好的效果。具体有以下几个亮点。 第一，充分相信学生，关注学生的思维过程。课堂中，充分尊重学生的发言，从学生的思维角度出发发现问题，通过不同学生的思维碰撞，从而解决问题。 第二，形成了良好的小组合作学习习惯。各个小组的组员都能在学习中相互帮助、相互研究、共同完成学习任务，在学习过程中，每位组员都可以是小老师，每位组员都以自己小组能高效地完成任务为荣，课堂气氛非常活跃。 第三，先学后教，少讲多练，放手让学生去尝试，让学生有更多练习和思考问题的空间；这节课在时间的分配上，把大部分的时间还给了学生，让学生不断尝试、提出问题和解决问题，教师只是在适当的时候对学生进行引导，最后进行总结。 第四，关注学生的过程性评价。整个课堂，多种评价方式贯穿其中，除了运用语言、动态评价对学生的表现进行评价与激励，还组织学生利用Learnsite信息技术网络平台评价方式让学生展开自评与互评，教师根据数据及时反馈和总结。这种评价方式，不但能让教师及时了解学生的真实学习情况，而且更有利于学生之间的互动和能力的提升。				
学生典型个案记录	个别学生在完成"任务2：慢动作"的过程当中，能够大胆尝试，发现速度值并非书本上所说的1～10，而是可以在这个范围外。学生发现这个规律之后非常激动。因此，对于学生而言，用更多的时间鼓励学生去大胆尝试，往往会有很多意想不到的收获。				
待解决的问题及困惑	每个学生的学习能力都有差异，虽然我已经根据学生的特点进行了比较合理的分组，做到"生教生"，形成了良好的小组合作学习氛围，但仍然会存在两极分化的现象。对于两头的学生，我们怎样在每一个具体的学习内容和任务要求上进行更合理的分层以促进每个学生的共同进步呢？经过不断地反思，结合学生的实际情况，在最后的【显身手】综合运用环节，学生可以选择相应难度的图形进行挑战。这样，既保证了一般学生对于基础知识的掌握，同时也提高了优秀学生的思维能力，使全体学生都能得到了提高。				

（十）教学评价设计

1. 评价手段

（1）运用教师通过语言交流，与学生一起及时发现和总结学习中遇到的问题和困难，帮助学生补救，为后续阶段的学习做好充分的准备，并关注学生的学习过程，对表现积极、乐于助人、进步较大的学生予以表扬和记录。

（2）运用Learnsite信息技术网络学习平台的优势，开展学生自评、互评以及教师评价等评价活动。利用平台即时生成的学生评价数据，及时把握学生的学习情况，如掌握知识的情况、学习态度、学习习惯等；及时抓住学生薄弱点调整教学策略；及时发现学生的亮点进行表扬并提出发展建议。教学评价栏如图5-1-3所示。

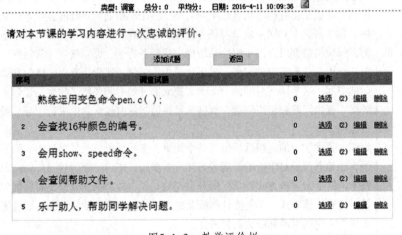

图5-1-3　教学评价栏

（3）运用Flash制作的动态课堂教学评价表（图5-1-4），及时调控课堂并评价、记录每一个学习小组的课堂状态及小组学习的效果（包括排队、课前准备、完成任务情况、学习过程、课后习惯），对整个班的整体学习状况有一个总体把握。激励学生开展有序高效的小组合作学习，对部分小组存在的问题及时反馈并提出建议。

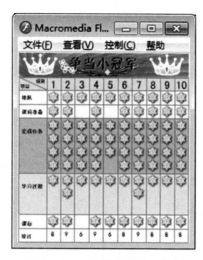

图5-1-4 动态课堂教学评价表

2. 评价方式

本节课运用多种评价方式，设计多元主体的评价活动。除了常规的教师评价，还让学生自我评价、同学和小组间互相评价。在活动中，逐步培养起学生主动参与评价的习惯和意识，提高学生自我评价与相互评价的能力，在评价中学生学会了反思和发展。

（1）学生自评。学生可以在学习平台上对自己本节课的学习情况进行评价，让学生通过每一次的评价，养成整理知识、反思学习过程的良好学习习惯。学生自评栏如图5-1-5所示。

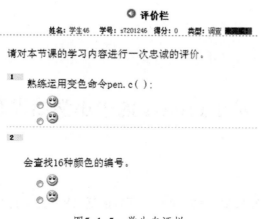

图5-1-5 学生自评栏

（2）学生互评。学生可以在平台中对同学的作品进行评分，对同学的表现进行投票和献花表示点赞。学生互评栏如图5-1-6所示。

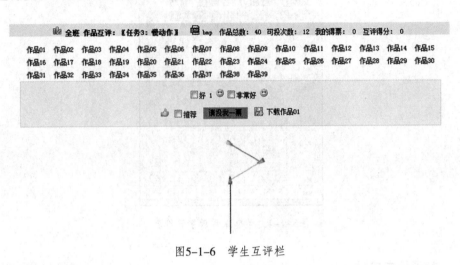

图5-1-6　学生互评栏

（3）教师评价。教师除了关注学生的学习过程，还可以在学习平台上直观地看到学生提交的作品并进行点评。

3. 评价效果

通过以上多种手段、多种方式及多元主体的评价活动，使学生的学习过程、学习效果有一个相对客观的、全面的体现。经过长时间的实施，提高了学生的自主学习能力，使学生养成了良好的学习习惯，形成了相互帮助、相互欣赏、相互监督的良好的学习环境，大大提高了课堂效率。

第二节　基于Scratch的中小学编程教学设计

Scratch是由麻省理工学院2007年开发的适合8～16岁青少年的开源编程软件，2010年引入我国。近年来，随着创客教育的兴起，Scratch程序设计教学在全国范围内掀起了热潮，许多省市地方信息技术教材都将Scratch程序设计作为重要的课程内容。

一、Scratch程序设计课程培养学生信息技术核心素养的路径

Scratch程序设计教学对培养中小学生信息技术核心素养具有重要作用。为充分发挥Scratch教学在培养学生信息技术核心素养方面的优势，在课程的开发、设计、实施等阶段要以培养学生学科核心素养为目标，更好地服务于信息技术教学工作。

1. 课程目标制订：提升学生信息素养

Scratch课程目标是让学生认识Scratch软件界面及操作方法，理解Scratch各模块指令及其使用方法，学会用Scratch软件制作丰富多彩的故事、动画、游戏等，学会用Scratch解决生活中的问题。学生在学习Scratch程序设计的过程中不但能熟练掌握其脚本语言的运用，提高计算思维和逻辑思维能力，而且能综合运用Scratch创作多媒体效果的数字文化作品。在引导学生创作数字文化作品时，可将作品创作与学生生活实际、社会问题等内容相结合，潜移默化地提高学生信息安全责任意识，最终提升学生的信息素养水平。

2. 课程内容选择：循序渐进，综合运用

Scratch课程内容要联系学生生活实际、符合中小学生认知水平、特点，包含知识性、趣味性，在激发学生学习兴趣的同时培养学生良好的道德品质。在开发Scratch课程内容时，可根据创作难度分为"Scratch入门篇"和"Scratch进阶篇"。"Scratch入门篇"是根据Scratch十大模块循序渐进讲解，教学对象为初次接触Scratch的学生。学生通过"Scratch入门篇"的学习，能快速掌握Scratch软件的基础操作及各模块下的指令运用方式。"Scratch进阶篇"采用项目式学习方式，以综合实例为主。选取的实例由易到难、承上启下、相互联系，实例的难度符合学生最近发展区的特点，不设置过高门槛，让学生在学习过程中不断获得成就感，从而更有兴趣进行深入学习。

3. 课程实施与评价：实施"五步教学法"，对学生作品及时给予评价

Scratch课程在实施时可按照"情境创设—模仿创作—观察反思—创新设计—交流分享"的"五步教学法"进行教学。"情境创设"即创设符合学生年龄特点、与生活实际相符合的故事情境，开启学生想象的大门；"模仿创作"

即提供范例供学生探究学习，教师在此过程中扮演"领路人"、"引导者"的角色；"观察反思"即对在范例学习的过程中遇到的问题反复试读、思考，学会自主解决问题；"创新设计"即满足学生进一步创作的欲望，发散思维，创作更具新意的作品；"交流分享"即将自己创作的作品与同伴分享或上传到Scratch官网上与世界各地的朋友交流。通过"五步教学法"，学生的数字文化创作水平、计算思维、逻辑思维、自主探究能力、交流分享能力等都得到了提升。

在实施"五步教学法"的过程中，教师要对学生模仿创作和创新设计的作品及时给予鼓励和正面的评价。评价的方式可以多样化，可以在课堂上采取生评、师评的方式，也可以鼓励学生课后对其他同学分享的作品点赞或留言。多样化的评价方式提高了学生学习和创作的积极性，同时也提升了学生对Scratch作品的辨别能力，从而使之能更加高效地利用网络上的Scratch资源。

二、Scratch程序设计课程案例——Scratch乐园里的马戏团之角色及背景的使用

（一）教材分析

这里选取的课程是南海区六年级上册电子教材Scratch教学的第二课时。学生在第一节课刚认识了Scratch这个程序，这节课将学习角色和背景的使用。在Scratch乐园里的马戏团的情境创设下，学习导入、绘制角色和编辑角色；学会添加角色的不同造型；掌握利用"外观模块"中的"下一个造型指令"编写程序脚本的方法，设置角色特效；学会从"桌面"中导入合适的背景。只有学好了角色和背景的使用，才能更好地开展以后的创作，因此本课的学习起着关键的作用。

（二）学情分析

学生初接触Scratch程序设计时对小游戏的制作充满了新奇感，求知欲强。本节课的学习中，脚本的编写对学生来说有一定的难度，需要协作学习探讨解决。

（三）教学设计思想及理解

1. 教法运用

本节课采用主体参与、合作学习、差异发展、体验成功的主体式教学策略，具体采用的教学方法如下。

（1）情境教学法：通过情境引入新课，并创设各种情景，让学生感受不同角色多种动作的新奇。

（2）任务驱动法：围绕创作任务"制作精彩的马戏表演"，引导学生通过自主学习和协作学习，完成导入角色、添加同一角色不同造型，以及造型切换三个任务，循序渐进完成教学目标。

（3）示范教学法：本节课主要由学生进行纠错性示范及创新性示范，从而突破重点、难点，同时达成情感目标。

2. 学法指导

（1）自主学习策略：指导学生根据书本指引进行自主探索，体会独立创作带来的成功感，并在探究过程中提升自学能力。

（2）交流讨论学习策略：学生通过讨论、交流，贴出"实现造型的切换"的指令，从而解决本课的重难点。

（3）协作学习策略：鼓励学生积极参与分组探究与合作学习活动，遇到瓶颈时可以适度向他人求助，体会小组合作交流给自己学习带来的帮助及集体智慧的力量和伟大。

（四）教学目标

1. 知识与技能

（1）掌握导入、绘制角色和编辑角色的方法。

（2）学会添加角色的不同造型。

（3）掌握使用"外观模块"中的"下一个造型指令"编写程序脚本的方法，并设置角色特效。

（4）学会从"桌面"中导入合适的背景。

2. 过程与方法

（1）通过主题创作，掌握添加新角色、添加角色造型的方法。

（2）掌握利用"外观模块"中的"下一个造型指令"编写程序脚本的方法，并设置角色特效。

（3）配合主题创作，从"桌面"中导入合适的背景。

3. 情感态度与价值观

（1）通过"Scratch乐园里的马戏团"作品的创作，感受编写动画程序的乐趣。

（2）在自主探究和互动交流中，养成善于思考、互相协作、勇于实践的学习习惯。

（五）教学重难点

1. 教学重点

（1）导入、绘制角色和编辑角色。

（2）添加角色的不同造型。

（3）掌握利用"外观模块"中的"下一个造型指令"编写程序脚本的方法，并实现造型的切换。

2. 教学难点

掌握利用"外观模块"中"下一个造型指令"编写程序脚本的方法，并实现造型的切换。

（六）教学准备

第一，准备多张不同的舞台图片；第二，准备教学课件制作；第三，准备卡纸制作脚本模块。

（七）教学过程

1. 激趣引入

（1）活动目的：学生被动画中的角色表演吸引，产生对本节课学习的兴趣。

（2）教学内容：情境引入，出示课题。

（3）教师活动：同学们，Scratch乐园的马戏团将要上演节目了，酷猫和它的朋友们一起上台表演啦！看，舞台上有谁准备为我们表演呢？这些就是Scratch中的角色（板书"角色"）。下面我们睁大眼睛欣赏它们的表演吧！今天，我们就继续学习Scratch，制作这场马戏团的表演，好吗？

（4）学生活动：学生一一说出舞台上的演员，并边看边说出各种动物的表演。

2. 师生互动，探索实践

（1）新增角色，编辑角色

① 活动目的：第一，以自主探索为主，让学生学会自学的方法，也学会解决问题的方法。学生演示操作体现了生生互学的过程；第二，了解编辑工具，为学习后面的学习内容做好准备。

② 教师活动：第一，我们把演员们一一请上台吧！简单介绍新增角色栏的方法；第二，用三种方法添加新角色。看书"大胆试"，完成"从文件夹中选择角色"导入蓝狗角色，绘制小白兔角色，"来个令人惊喜的角色吧"添加神

秘的嘉宾；第三，教师点拨绘制角色中的旋转、放大、缩小等编辑的方法；第四，看，演员都登台了，真热闹！如果这时我们想改变角色的大小和方向，使之更合我们的心意，还可以用左上角的工具进行操作。

③学生活动：第一，学生看着课本自主尝试导入、绘制角色的操作；第二，小组长帮教，组员间帮教（当组员都已完成的，组长在黑板上的评价栏为自己的小组贴上一颗星星）；第三，学生当小老师演示绘制小白兔的角色；第四，根据老师引导，学生说出编辑角色的各项操作。

（2）添加角色的不同造型

①活动目的

培养学生分析、解决问题的能力及语言表达能力，培养学生自主和协作性学习的能力。

②教师活动

提问：演员们安安静静地站着，怎样使他们动起来呢？让我们来观察一下酷猫，分析酷猫的两个造型，并以拍手的动作举例。明白一个简单动画的制作原理。学生看书理解添加不同角色的方法，教师在"提点小锦囊"中复制——编辑造型的方法。挑战"大胆试"，为蓝狗、狮子、兔子等角色添加不同造型。

③学生活动

学生观察；看书理解；尝试操作；学生当小老师，演示为蓝狗添加造型；学生继续用复制、编辑的方法为角色添加造型。

（3）实现造型的切换

①活动目的

培养学生看书、理解的能力。

②教师活动

导语：同一角色我们设计了不同的造型，只要加上指令使造型进行切换，马戏团就会变精彩了！

学生看书讨论"实现造型的切换"的指令，请一位学生在黑板上贴出指令。

教师提出问题：如何更快地完成各个角色的脚本编写（指令复制、粘贴的用法）？

"大胆试"，为每个角色添加脚本指令，实现造型的切换。

③学生活动

学生说角色切换的脚本制作步骤，并到黑板上贴出指令；学生思考作答；根据讨论出的方法操作。

（4）背景的导入

①活动目的

培养学生的欣赏能力。

②教师活动

从桌面"舞台背景"的文件夹导入自己喜欢的舞台背景。

小结：背景、造型和角色除了可以从Scratch自带的图片库导入，还可以从网上下载图片，或用金山画王等制图，保存在本地文件夹中，再导入。

③学生活动

从桌面导入背景。

3. 课堂总结评价

（1）欣赏评价作品

①活动目的

在分享中感受成功的喜悦。

②教师活动

播放学生作品，欣赏作品；结合点评，继续完善并保存作品；通过评价栏表扬成为Scratch创作小达人的小组，并颁发奖品：一个酷猫的头饰。

③学生活动

学生说说作品好的地方或者建议。

（2）总结，情感教育

①活动目的

培养学生自主探究、互相协助，勇于实践的学习意识。

②教师活动

总结：今天我们不仅学会了Scratch马戏团的动画创作，还养成了自主探究、互相协助、勇于实践的学习习惯，希望同学们保持学习信息技术的热情，成为Scratch创作的小达人。

（八）教学反思

本节课通过情境教学、情境兴趣的任务驱动，引导学生自主学习、探究学习、协作学习。学生怀着新奇的兴趣，一次又一次地完成任务，愉悦地掌握了知识与技能，并挑战成为Scratch小达人。这节课主要成功的地方有：第一，情境的导入中，学生被动画中的角色表演吸引，产生了对本节课学习的兴趣。制作一场独特的精彩的马戏成了学生的目标，并贯穿每个"大胆试"的学习中，所以课堂上学生的学习热情高涨。第二，学生看书尝试操作、组员互帮、组长互助的学习方式结合并运用于一体，很好地培养了学生的自学能力、协作能力，探究精神。第三，小组竞赛贯穿整节课，课堂气氛非常活跃。第四，学生小组讨论，小组协作气氛浓厚，使绝大部分学生能体会到成功感。第五，教师提供多样素材，学生作品各具特色，带给学生赏心悦目的感受。

第三节　基于VB的编程教学设计

一、VB编程课堂教学环节

在VB程序设计课堂教学中，通常将混合式教学与任务驱动法结合在一起。这需要教师对教材做相应的处理，将生活中常见的现象引入程序设计的教学中，并将其改编成一个个典型小案例，以此来展开教学活动，引导学生由浅入深、由简到繁、循序渐进地完成任务。通过"线下"学生利用网络平台的学习、自由交流和教师在课堂上面对面的知识传授，培养学生自主探究和协作学习的能力，利用网络资源收集资料、整理资料的能力。下面以冒泡排序法为例，简述课堂教学的几个环节。

（一）课前准备——学习任务单的编写和微课的制作

1. 资源的准备

课前，教师对教材进行处理，选择一个生活中的实例——排队，以此让学生思考：在VB中，我们如何对数据进行升序或降序排列？如果给你一组无序的数据，怎么样让它排列成从小到大或从大到小这样有序的数据；给出冒泡排序法的算法（微课或者PPT形式展示），并要求学生能口述它的思想；提供给学生几个利用冒泡排序法实现数据的有序排列的微课实例，让学生通过观察程序的源代码和运行结果，思考一个完整的排序程序一般需要有哪几个步骤。（排序前，这些无序的数据存放于何处？怎么样利用冒泡排序法对数据进行排序？排序好的数据如何进行输出？）

2. 资源的上传

教师将这些准备好的教学资源以多媒体或任务单的形式上传至网络教学平台并布置预习任务。随后，学生登录网络教学平台（电脑、手机均可登录），观看微课，初识冒泡排序法和程序的写法。最后，学生完成老师布置的任务并上传；不懂之处，可以在讨论区和同学进行交流，也可以给老师留言。此环节不仅培养了学生自主学习的能力，让学生熟悉了信息化手段的运用，更为重要的是，通过预习让学生带着明确的目标走进课堂，让接下来面对面的课堂教授更加有效，也留给教师更多的时间来突破教学的重难点。

（二）课中讨论——协作学习、成果展示、评价反馈

学生在课前已经利用网络平台进行过预习，对上课的主题已有大致的了解；教师通过学生的课前反馈，了解了本班学生的学习状况。在面对面的授课中，教师需要通过多媒体教学平台开发具体生活情境的工作任务以及验收目标，激发学生的学习动机；通过教师导学、学生协作交流探索、教师助学三种方式引导学生通过体验具体生活情境结合已有的经验，完成对知识的建构，最终实现学生"被动—主动、主动—自主、自主—能动"的转变。

1. 生活情境的创设，领会冒泡排序法的核心思想

课前，教师可以以日常生活中的排队作为案例引入。让学生思考将一个无序的队列按从大到小或从小到大的顺序排列可以用什么样的方式，用多媒体呈现冒泡排序法的原理；让学生以组为单位来演示用冒泡排序法将一列无序的队列排成从低到高的有序队列；最后引导学生总结并让学生谈谈冒泡排序法对数据进行排序的优缺点。学生在此体验总结的过程中，领会了该排序法的核心思想。

2. 程序代码的书写

在领会冒泡排序法的核心思想后，接下来需要将这种思想通过程序语言表达出来。课前，学生已经通过观看微视频、同学之间的讨论和简单预习作业的书写，已有一个朦胧的印象。而此时，需要学生结合刚刚学到的冒泡思想和之前习得的VB程序语法、数组等相关知识，将其编写成完整的排序程序。学生单靠小组的协作很难完成任务，教师需要将任务进行分解，通过多媒体或者网络教学平台提供给学生助学视频及相关材料。教师也可以在各小组间巡视，及时解答小组学生在学习过程中遇到的问题，帮助他们完成任务。

3. 展示及评价

学生在教师的引导下，通过获取外界信息结合自身能力，完成对知识经验的重构，将大大增强他们的学习兴趣，获得成功的体验。此时，如果能给学生提供一个展示自我成果的平台，将大大地激发学生的学习欲望，让他们感受到学习是一种乐趣。因此，教师需要把握好这一环节，让学生的表现欲得到满足：可以小组派代表到教师机上进行展示，边写代码、边解释每一小段的含义，最后由教师给予简单的点评。

（三）课后拓展——学生巩固知识、实现迁移

课后，学生登录网络教学平台完成教师布置的练习来巩固所学知识。这里，教师可以放置一些利用排序来解决日常生活中出现的问题的案例，如按顺序统计数字个数。这是一道非常贴近生活的练习，学生需要综合地运用以往所学知识结合刚刚学到的冒泡排序法来解答此题。学生在解决问题的过程中肯定会遇到各种困惑，网络教学平台再一次提供给了学生相互交流和协作学习的机会，解决不了的问题也可向老师求助。最后，教师对学生完成作业的情况予以评价。

（四）课程的评价

编程课堂教学评价较传统教学中以分数的高低来衡量学习的好坏相比，有其独特的优势。它使得评价过程更加科学、合理，真正做到了以评促学。它采用多元化的评价方式，将评价过程分为个人自评、教师评价和小组互评三个部分。在课前预习环节，学生在教学平台上完成任务，教师将根据学生提交上来的作业给出分数，并据此迅速了解学生对知识的掌握程度。课内新知环节的小组讨论成果及展示，采用小组投票互评的方式结合教师在巡视过程中所看到的学生的参与热情及积极性，在网络教学平台上给予打分。课外拓展环节，则可以采用小组成员互评的方式及结合教师的评价给予打分，最终，由网络教学平台系统生成终结性评价。

二、"我的生日愿望——标签、命令按钮的使用"教学设计

（一）教学设计思想与理念

本课的设计以诱思探究导学法、任务驱动教学法、小组合作教学法为依据，同时采用了自主学习、合作探究、讨论交流等学习方式，充分发挥了学生的主体作用，更好地培养了学生自主学习的能力和提高了小组合作探究的凝聚力。此外，教师在课前为学生制作了本课的导学案和微课视频。学习内容安排是以制作项目程序"我的生日愿望"为主线来引领学习活动，根据八年级学生的知识基础和心理特点，遵循逐步递进的原则来设计的。主要是让学生在自主学习的过程中发现问题，通过师生互动在小组合作讨论交流中解决问题。

（二）教学背景

1. 教材分析

本课是南海区信息技术教材八年级下册第一单元"我爱我家——用Visual Basic来编程"中第2课的教学内容。前面第1课的学习内容是以创建一个实例"认识VB"为例，让学生认识VB窗口界面，掌握VB的基本操作，如VB工程及窗体的创建、控件的添加、对象属性的修改、代码的编写、工程文件的保存及生成等，进而让学生理解一个完整VB项目的开发过程。

本课主要是向学生介绍在VB程序界面设计中最常用的两种控件：标签与命令按钮。因为掌握了标签与命令按钮的使用方法，可以为后面课程的学习打好基础。本课的教学流程以制作项目程序"我的生日愿望"贯穿整个教学环节：先从项目分析入手，然后添加标签和命令按钮来设计程序界面；界面设计好后，接着就是在命令按钮中编写代码实现程序的功能。在学习过程中教师要制造机会让学生体验成功的喜悦，提高他们学习VB的兴趣。本课计划安排2个课时学习。这个教学设计是以第1课时的教学内容为主，第2课时内容主要以拓展延伸、创作作品和作品点评、交流意见为主。

2. 学生分析

本课教学对象为八年级的学生。经过前面第1课的学习，学生初步对VB的窗口组成有了一定的认识。他们可以通过添加控件及修改属性来完成简单的实例，已经初步掌握了VB的操作方法。

本课是以开发项目程序"我的生日愿望"作为任务驱动的，给学生梳理了

一条非常清晰的制作流程，但考虑到学生刚刚接触VB学习，所以本课任务安排基本上沿用教材内容，适合大多数学生的能力水平。在课外拓展的部分进行灵活运用，安排了"能力提升"、"拓展延伸"两个环节，通过提供难易不同的任务，可以满足部分学生知识技能的需求。这样可以使每个学生都能根据自己的能力水平完成任务。

（三）教学策略与手段

1. 教学方法

基于本课教学内容的特点和要求，考虑到八年级学生的实际情况，教学以学生自主学习为主、教师在课堂中起主导作用并结合以下的主要教学方法来进行。

（1）诱思探究导学法

以"诱思探究导学法"为指导思想，主要体现"诱"和"导"两个环节。首先是"诱发学生学习动机"，主要用于引入新课的环节，通过创设体验活动的教学环境，向学生演示程序"我的生日愿望"，激发学生对VB学习的欲望。接着教师结合PPT的板书内容，把开发项目的分析过程加以引导，让学生的思维航向有个正确的方向。

（2）任务驱动教学法

任务驱动教学法强调以任务为主线、以教师为主导、以学生为主体，通过细化项目活动，把整节课时分成界面设计、编写代码、课外拓展几个学习部分，充分调动学生学习的主动性、积极性和创造性，促使学生在完成任务的同时学到知识、获得技能，形成能力。

（3）小组合作教学法

小组合作教学法以学生自主学习为主体，以教师点拨为主导，教师将学生在学习中出现的问题进行有机整合、适当提升后，让学生在一种轻松、合作和交流的学习环境中进行小组内分析讨论，找出方法，以求开阔思路，对知识产生新的理解，使学生之间的团结协作能力得到培养。

（4）讲授法

讲授法是指教师通过简明、生动的口头语言向学生阐明如何通过编写代码来达到修改标签属性的效果，引导学生学会分析问题、做到模仿、举一反三，进一步提升学生的智力发展空间。

此外，我还适当地运用了读书指导法，让学生通过阅读课本的旁注内容获得更多的知识，养成良好的读书习惯。

2. 学法指导

（1）加强学生自主学习和合作学习的意识

学生在整个教学过程中始终是认识和发展的主体，教师应尽量让学生充分发挥主观能动性，主动地去学习，适时调动学生之间进行小组合作讨论交流，协助学生找到解决问题的方法。

（2）勇于动手实践探究，注重理论联系实际

教师要积极提高学生学习的自信心，鼓励学生敢想、敢说、敢做，培养学生应用信息技术解决实际问题的能力，同时也要使学生明白课本理论知识的重要性，让他们知道只有掌握了理论知识，实践操作才会少走弯路。

（3）分层次选择练习内容，使学生有发挥能力的创作空间

为了每个学生都能"各取所需，各有所获"，在本课的拓展部分，可让学生根据自己的能力水平来完成适合自己的学习任务，让不同层次的学生都可以在课堂中尽量学习符合自己学习能力的知识。

（四）教学目标

1. 知识与技能

（1）认识标签控件和命令按钮的作用及常用属性。

（2）掌握标签控件和命令按钮的使用方法。

（3）掌握标签及命令按钮的属性设置方法。

（4）学会修改代码的逻辑错误。

2. 过程与方法

（1）以任务驱动、自主学习等方式，让学生利用标签及命令按钮完成程序界面的设计。

（2）通过演示与讲解，让学生掌握编写代码来修改对象的属性的方法。

3. 情感态度与价值观

（1）培养学生界面设计的审美意识。

（2）激发学生热爱生活的情感，促使与同学进行思想、信息的交流与共享。

（五）重点难点

1. 教学重点

（1）标签控件的作用及常用属性。

（2）命令按钮的作用及常用属性。

2. 教学难点

学会编写代码修改标签的属性。

（六）教学环境

多媒体网络电脑室、ITtools教学平台。

（七）教学资源

上课PPT课件、微课视频、VB程序——我的生日愿望.exe、导学案

（八）教学过程

1. 创设情境，提出任务（5分钟）

（1）教师活动

师：小刘的生日快到了，猜猜小刘的三个生日愿望是什么？

利用抽号机来随机抽取一个学号，让抽中的学生演示运行程序实例"我的生日愿望"，揭开谜底。

提出本课的学习任务，设计一个生日愿望的程序。

（2）学生活动

仔细观察，运行程序，体验活动，说说感受。

（3）设计意图

创设情境，激发学生学习兴趣，使学生探求新知，明确任务。

2. 任务驱动，自主学习（15分钟）

（1）教师活动

在学习平台显示作品效果图，并梳理制作项目"我的生日愿望"的思路。

"我的生日愿望"项目分析如图5-3-1所示。

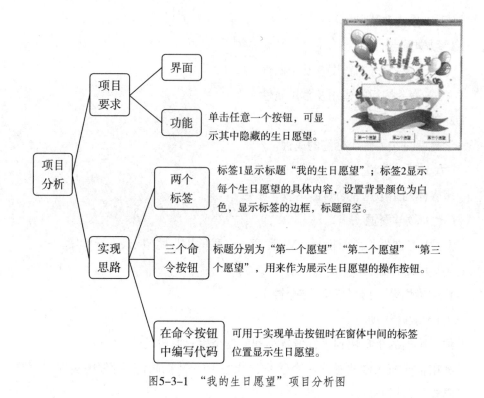

图5-3-1 "我的生日愿望"项目分析图

布置学习任务一：设计界面。

界面包含2个标签，3个命令按钮。

提示：设置标签Label1的背景样式（BackStyle）为0，可以将标题的底色去掉。将图片bg.jpg设置为程序界面的背景，增添界面的美化效果。

（2）学生活动

观察界面，积极思考，明确思路。

通过平台上的导学案，完成界面的设计。

（3）设计意图

对项目开发过程有个明确的分析，有利于启发学生的思维，使学生抓住要领、少走弯路。

3. 小组合作，探究新知（20分钟）

（1）教师活动

布置学习任务二：编写代码。要求：点击各个按钮，能分别显示三个不同的愿望。提示：计算机显示一串字符，需要用英文的双引号引起来的。

巡视课堂时，教师对学生存在的疑问可进行有针对性的个别辅导。

早完成的学生可以继续进一步创作作品，如增加年龄标签和案例，点击年龄按钮，显示学生对应的年龄等。

（2）学生活动

交流讨论、回答问题；认真学习，巩固知识；结合导学案的操作提示，对存在疑难的地方可以展开小组讨论，交流并编写代码；语法检测；调试程序；保存工程和窗体文件并上传到教学平台进行展示评价。

（3）设计意图

通过实例的分析，帮助学生更好地理解如何用代码改变对象属性值的语法格式，避免学生产生VB难学的想法。

在学生遇到疑难时，及时进行有针对性的辅导，培养他们解决问题的能力。

4. 展评检测，总结梳理（4分钟）

（1）教师活动

展示部分学生作品，进行点评，让学生互相之间交流意见。

教师提供课堂评价表，学生自评、师评。

指导学生完成课后的"检测与评估"。

教师总结，梳理知识。

（1）学生活动

对其他同学的作品进行浏览点评，选出优秀作品，完成"检测与评估"题。

（2）设计意图

让学生在评价中寻找不足，共同学习。

巩固知识，帮助学生将知识点系统化，为以后VB的学习做铺垫。

5. 布置作业，拓展提升（1分钟）

让学生进一步感受VB程序设计的乐趣，有兴趣的学生可以在课后完成如下任务。

运用本课所学的知识，设计一个小程序介绍自己的基本信息，可以包括自己的姓名、年龄、爱好、理想或其他情况，界面和布局自定。

（九）教学反思

本课的设计注重"以学生为主体"的教学思想，以制作项目程序"我的生日愿望"为主线，通过界面设计、编写代码、课外拓展等环节让学生开动脑筋、自主学习，体验用VB开发程序的一般过程，激发学生对VB的学习产生浓厚的兴趣。

附：

检测与评估

1. 下列哪个选项能正确设置标签的显示内容？（　　　）

A. Label1. Caption="桂城千灯湖是一个美丽的地方"

B. Label1.Caption=10

C. Label1.Caption=桂城千灯湖是一个美丽的地方

D. Label1.Caption=vbRed

2. 命令按钮的标题文字由属性（　　　）来设置的。

A. Text　　　　　　　　　　　B. Caption

C. Name　　　　　　　　　　　D. 名称

3. 标签框文本的对齐方式由属性（　　　）来决定。

A. Align　　　　　　　　　　　B. Alignment

C. AutoSize　　　　　　　　　　DBackStyle

4. 要使窗体Form1的标题栏中显示"正在复制文件……"，以下语句正确的是（　　　）。

A. Form1. Caption="正在复制文件……"

B. Form1. Title="正在复制文件……"

C. Form1. Text="正在复制文件……"

D. Form1. 名称="正在复制文件……"

5. 完成课堂评价表（表5-3-1）。

表5-3-1　课堂评价表

	评价项目	分值	自评	师评
知识掌握	能掌握标签控件和命令按钮的使用方法	10		
	能掌握标签及命令按钮的属性设置方法	10		
	掌握用代码修改对象属性的方法	10		

续 表

评价项目		分值	自评	师评
参与态度	能完成本课程序的设计开发	30		
	能积极学习完成本课的知识，并能与他人进行交流讨论	10		
能力提高	在调试过程中，能找到自己代码中的错误	10		
	在编写程序时，有自己的构思，能大胆添加新的元素，丰富程序的功能	20		
合计				
我在本课学习中的最大收获				

第四节　中小学C++编程教学案例

一、C++编程教学中的几种课型

图5-4-1是一种较单纯的创造力形成的链路，显然第三个步骤"掌握学习方法的能力升华为一种创造力"至关重要。因此我们在C++编程课堂教学中生成了多样化的课型结构，旨在营造研究的氛围，从不同角度培养学生的思维能力和创造力。

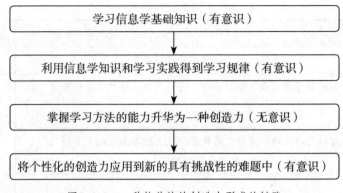

图5-4-1 一种较单纯的创造力形成的链路

1. 课型———发现新知识、新规律

这种课型（图5-4-2）适用于新课的学习，新课所涉及的知识虽然已经被前人总结出来，但是不能直接告诉学生，而要让学生模拟前人发现知识的路径，分析研究出现的问题，不断生成各种感悟、方法、反思，最终解决问题，并可以沿用这种路径拓展到其他相关的问题。

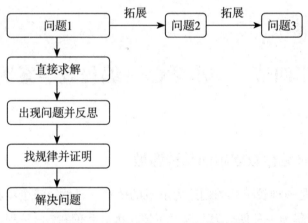

图5-4-2 发现新知识、新规律的课型

2. 课型二——优化方法解决问题

问题的解决往往不是一步到位，而是需要经过反复的思考和分析，并不断地深入。学生在解决问题时往往浅尝辄止，一方面是对问题的发现能力有限，不能全面获得问题的内涵和要点，这可能导致无法解决问题；另一方面是解决问题的能力不足，不能灵活运用已有方法和能力完美地解决问题，这里可能会

想到不完善的方法，有待优化改进。优化方法解决问题的课型如图5-4-3所示。

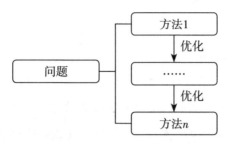

图5-4-3 优化方法解决问题的课型

3. 课型三——多种方法解决问题

在解决问题的过程中，可能有多种方法可以从不同角度解决问题，并产生不同的效率。通过分析比较多种方法的异同，让学生深刻认识问题内部元素之间本质的联系，从而使学生思维在纵向和横向上得到深入发展，为创造力的培养奠定基础。多种方法解决问题的课型如图5-4-4所示。

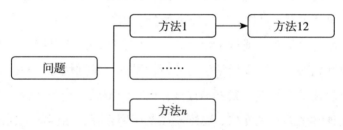

图5-4-4 多种方法解决问题的课型

4. 课型四——求解关联问题

在研究问题的时候，有时会发现一个问题包含许多个相关联的子问题。在现实世界中，很多知识的发现是通过其他相关知识启发得到的，这种课型设计（图5-4-5），有利于拓展学生的思维空间，使学生掌握相关问题之间迁移的方法。

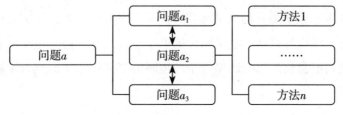

图5-4-5 求解关联问题的课型

二、"二分答案算法"教学设计

（一）教材分析

1. 教材的地位和作用

"二分答案算法"是南海区教育发展研究中心主编的信息学奥林匹克竞赛C++编程辅导用书《聪明人的游戏——信息学探秘（提高篇）》里第九章第4课的内容。本课在枚举答案的基础上，引出需要优化时间复杂度的问题，然后将上一节二分查找的原理迁移到二分答案上，解决枚举时间过大的问题。通过对本课的学习，学生进一步加强对枚举及二分原理的理解，并在答案判定时渗透其他算法（贪心、搜索等）思想，为后面的算法学习奠定基础。

2. 教学目标

知识与技能：掌握枚举答案的原理，了解二分的原理，掌握二分答案算法的使用。

过程与方法：通过讨论与探究的方式，透彻分析二分答案的时间复杂度和算法思想；通过实例，灵活应用二分答案思想解题。

情感态度与价值观：通过生生之间、师生之间的思维碰撞，培养学生分析问题、解决问题的能力，发展学生的分析性思维、批判性思维和创造性思维，实现学生信息技术学科核心素养的提升；以在线测试系统为平台，以解题报告为载体，实现学生的自主建构、思维监控及应用迁移，培养学生提出问题并自主探究的能力，发展学生的逻辑思维和发散性思维。

3. 重点难点分析

教学重点：二分答案的算法思想，答案的判定。

教学难点：时间复杂度的分析，边界条件的判定。

（二）学生分析

本课的教学对象是石门实验中学初二年级的信息学特长生，学生人数约为20人，学生已经掌握并能灵活运用C++语言的基本语句，并学习了枚举、部分和、贪心、递推等算法。这批学生的思维比较活跃，但自主建构能力还比较弱，学生之间把自己的思维转换为条理清晰的序列化文字的能力（逻辑思维）存在差异。

（三）教学设计理念

北京师范大学教授林崇德、胡卫平的思维型教学理论包括认知冲突、自主建构、应用迁移、思维监控。该教学理论指出课堂教学中师生活动的核心是思维活动，强调在教学过程中通过引发学生积极思考、主动探究来加速认知过程，包括以诱发思维动机为特征的教学导入、以引发思维动力为特征的教学过程、以达到灵活思考为目的的应用迁移及以思维监控为特征的教学反思。

本节课以思维型教学理论为指导，运用问题教学法通过提出问题—分析问题—讨论问题—拓展问题的步骤对学生进行能力培养，使学生进一步深刻体会"碰撞"及"总结"的重要作用，同时激活学生的思维和情感，培养学生的自信心及语言表达能力。

（四）教学策略设计

采用问题教学法，利用问题手段通过问题预设、问题引导、问题讨论、问题总结和问题拓展五个环节来启发学生的思维本质，使学生在现有心理条件下进行有效学习，达到培养能力、发展思维的目的。

（五）教学过程

教学过程见表5-4-1。

表5-4-1　教学过程概览表

教学环节	教师活动	学生活动	设计意图
问题预设（提出问题）	提出问题： 问题描述：木材厂有一些原木，现在想把这些木头切割成一些长度相同的小段木头（木头有可能有剩余），需要得到的小段的数目是给定的。当然，我们希望得到的小段大头越长越好，你们的任务是计算能够得到的小段木头的最大长度。木头长度的单位是厘米。原木的长度都是正整数，我们要求得到的小段木头的长度也是正整数	阅读题目，提炼关键词并简要表达题意 思考题目的可行算法	培养学生对文本的阅读理解能力及归纳能力

教学环节	教师活动	学生活动	设计意图
问题预设（提出问题）	输入格式： 第一行是两个正整数N和K（$1 \leqslant N \leqslant 100000$，$1 \leqslant K \leqslant 200000$），$N$是原木的数目，$K$是需要得到的小段的数目。接下来的$N$行，每行有一个$1 \sim 100$的正整数，表示一根原木的长度$L$。 输出格式： 输出能够切割得到的小段的最大长度。如果连1厘米长的小段都切不出来，输出"0"。 输入样例： 37 50 60 70 输出样例： 23 问题： 请概括出题目的大意。 可以用什么思路来解决？ 枚举算法的时间复杂度是多少？	回答：从长度1开始枚举，计算每段木头能够切出该长度的段数，如果总数比题目要求的多，表示答案可以更大，否则输出答案 个别答：$O(N\text{len})$，即$100000 \times 100 = 10^7$，枚举是可行的	复习枚举算法。引入问题，引发学生分析思考
问题引导	如果把条件修改成：每行有一个$1 \sim 10000$的正整数，表示一根原木的长度L，按原方法时间复杂度变成了10^9，不可行了	思考、分析、建构	产生认知冲突
问题讨论	再次抛出问题引导学生思考：题目答案的范围是什么？答案具有什么特征？	讨论得出： 答案的范围是$0 \sim 10000$； 如果知道答案，很容易算出得到的木头的段数，再根据段数确定答案是过大还是过小，并进行调整，即答案具备单调性 left=0；right=10001； while（left+1<right） {	在师生及生生思维碰撞的过程中实现自主建构。构建出二分答案的核心代码

教学环节	教师活动	学生活动	设计意图

问题讨论	请学生写出主要思想的代码
	注意"="的情况是放在哪一边，不同的题目是不同的
	函数check（mid）怎么写？
		mid=（left+right）/2;
		if（check（mid）>=k）
		left=mid;
		elseright=mid;
		}
		cout<<left;
		学生编写完整代码并进入在线测试系统提交确定其正确性	

问题总结	二分答案的应用条件: 确定答案的范围，即答案的最大值与最小值；答案具有单调性；容易判断某个值是否为答案（二分过程中，能验证mid指向的点是否为答案）；当遇到求极大值中的最小值或者求极小值中的最大值的题目时，可以考虑二分答案 二分答案要注意的地方：left和right的初始值；验证答案是否可行时，left和right值的变化；输出值（left或right）	重新梳理二分答案算法的思路，特别注意细节	引发师生的思维监控
问题拓展	例1：预算（求最大的最小值）。 例2：牛栏（求最长的最短）。	讨论可行性算法，并把具体思路写下来，课后完成程序并撰写解题报告。	对知识进行迁移应用，实现思维发散。

（六）教学反思

这节课，看到学生积极思考，快速反应，严谨表达，认真总结，只能用"身心愉悦"来形容。从头到尾，我并没有讲过任何的解题思路，只起"引路人"的作用，从学生提交的程序及撰写的解题报告来看，学生的课堂参与度比较高，听课效果不错。

几点思考

（1）学生的水平存在差异，导致问题讨论时有小部分学生还没有想法而其他学生已把答案讲出来，使部分学生失去了独立思考、分析的机会。

（2）学生人数较多的情况下，在问题讨论过程中无法监测所有学生的思维状态，我对学生的思维把握不准确。

（3）在问题拓展环节很多学生都有不同的想法，这些想法才是最宝贵、最值得进一步探究的问题，因时间关系，只能让学生课后进行探究。

三、教学案例——走出编程教学的误区

这是一节小学编程研讨课，课前我只知道学生已经学了C++的基本语法知识，包括循环、字符串和一维数组，但不清楚学生的应用能力如何。据我对小学的普遍了解，小学的编程兴趣班学生编程能力一般都不强，因此我选择了从最简单的程序入手，由浅入深地引导学生分析问题、解决问题，最后让学生能体会到程序的魅力，从而喜欢上编程。但一节课下来，却发现了不少的问题。

1.现象一：机械地模拟

我首先让学生写出下面程序的运行结果。

```
#include <iostream>
using namespace std;
int main()
{
    int s=0;
    for(int i=1;i<=13;i++)
     if(13%i==0) s++;
    cout<<s;
    return 0;
}
```

结果，9个学生中有4人是直接写出正确答案的，有2人答案错误，有3人还在模拟程序的运行过程，即列出$i=1，2，\cdots，13$时，s的值分别是多少。

结论：写程序结果是信息学初赛的必考内容，也是学生理解语言、程序的第一步。但是，有些学生只是看懂了语言，却不明白这个语句的作用、这个程序的目的，结果就只会机械地模拟程序的执行。这不仅效率低，而且容易出现错误。

对策：教师在教学过程中除了模拟程序的运行过程，更重要的是要分析出

该程序的目的，让学生真正"懂"程序。

2. 现象二：程序结构混乱

学生学会判断一个数是否是质数后，发现输入"1000000000"这个数时，程序运行需要用时3～4秒，但学生却能马上判断出该数不是质数。通过提问分析，学生明白了：只要发现除了1和它本身外的一个因数，那么可以马上判断该数不是质数，循环可以直接结束，这样可以省很多的时间。学生已经知道退出循环可以用"break"语句，但这个语句应该放在下列程序的哪里呢？

```cpp
#include<iostream>
using namespace std;
int main()
{
    int n,s=0;
    cin>>n;
    for(int i=2;i<n;i++)
     if(n%i==0) s++;
    if(s==0) cout<<"yes"; else cout<<"no";
    return 0;
}
```

结果：只有2名学生修改正确。其中一名到讲台演示的学生修改如下。

```cpp
#include <iostream>
using namespace std;
int main()
{
    int n,s=0;
    cin>>n;
    for(int i=2;i<n;i++)
     if(n%i==0) {s++;
     break; if(s==0) cout<<"yes"; else cout<<"no";}
    return 0;
}
```

连程序的格式都一片混乱，小学五年级的学生又怎么能清晰地分析出自己的程序对不对呢？

结论：程序的正误不是只靠运行后的结果来判断的，很多时候只看程序就能知道正误。这样的程序说明平时的训练缺乏规范，学生写程序随意，导致程序的结构不清晰，难以发现错误。

对策：教师要以身作则，在任何时候编写程序都注意规范，及时纠正学生写程序习惯不好的地方，如程序对齐格式、变量的定义、初始化等。好习惯的养成对程序的理解和编写能力都有很大帮助。

3. 现象三：默写程序

跟前一问题相同，在提问如何加入中断循环语句时，我发现有一个学生不是修改之前的程序，而是写出了如下的程序。

```
#include <iostream>
using namespace std;
int main()
{
    int s;
    for(int i=2;i<=100;i++)
    {
            s=0;
            for(int j=2;j<=i-1;j++)
             if(i%j==0) {s++;break;}
            if(s==0) cout<<i<< "" ;
    }
    return 0;
}
```

这个程序的目的是输出2～100的质数，也是我下一步需要让学生思考的内容，我看到这个女同学写了这个程序出来后，认为应该是老师教过她这个内容，而且她掌握了，所以把她叫出来示范一次。示范前，我提醒她：老师只要求在判断一个数是否是质数时，如果找到一个因数，则马上终止循环。结果这个学生出来后就只对着她的练习本把她的程序敲打出来。

结论：学生完全没理解程序，也没理解这个程序作用是什么，只是背下了程序。

对策：在平时训练的过程中，我们一定要注意一点，那就是程序是千变万化的，记住某些单词或某段程序是完全没有用的，关键是学生能理解每个单词代表的具体含义，每句话实现的具体功能，每段程序的具体目的，学生要知道的是"为什么"，而不是"什么"。

虽然研讨课只有40分钟，但发现的问题远远不止这三个，而且这些问题不是我能在课堂上一下子就能解决的。这些问题的解决是在培养学生的过程中积累起来的，甚至以上出现的问题在小学信息学特长生培养中有一定的代表性。因此，大家都应该谨记：在特长生培养中，只有理解才能变化，只有掌握才能运用，只有分析才能解决；学生需要的是引导、思考，而不是灌输、记忆。

学生能力提高了，无论考题怎样变化，学生都能游刃有余！

四、教学案例——借你一双慧眼

通过近几年的观察，我发现一个较为普遍的现象，很多数学能力强、编程能力强的信息学特长生，往往因读题出现问题，而在测试中屡屡失手。这种情况反映出阅读题目能力对于信息学特长生解题的重要性；也反映出辅导教师在平时教学中往往只注重信息学特长生计算机文化知识的学习和数学建模与编程能力的培养，而忽视了对他们阅读能力的培养。

试想，学生阅读题目能力低，理解题意出现偏差，更有甚者对于文字较长的题目都没有信心读完，这样连题目都读不明白，还谈什么解题呢？要信息学特长生考出好水平、高水准，教师必须加强对信息学特长生阅读题目能力的培养。在日常教学中，教师可根据学生因阅读出现的各种情况，因势利导，借学生一双慧眼，让他们看清题意，明明白白做题，尽力考出好成绩。

（一）案例一：模拟不出的51

某日，我布置课堂练习，要求学生30分钟内完成任务。问题描述如下：在一个 $n \times m$ 的方格中（m 为奇数），放置 $n \times m$ 个数，如图5-4-6所示：方格中间的下方有一个人，此人可按照五个方向前进但不能越出方格。

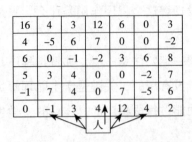
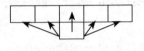

图5-4-6 $n \times m$方格

人每走一个方格必须取此方格中的数，请你编程找到一条从底到顶的路径，使其数相加之和最大。输入输出样例见表5-4-1。

表5-4-1 输入输出样例

qushu.in	6 7 16 4 3 12 6 0 3 4 -5 6 7 0 0 -2 6 0 -1 -2 3 6 8 5 3 4 0 0 -2 7 -1 7 4 0 7 -5 6 0 -13 4 12 4 2	2 3 3 4 5 5 6 7
qushu.out	51	12

我班的汪某同学，平时表现较为突出，但在我布置了这个题目之后他足足思考了两天有余，还是解不出题目，后来灰溜溜地跑到我这里来，问："这个样例是不是有问题呀？我怎样算都得不到51呀？"

我知道他在阅读题目上出现了问题，没有马上回答他，只是把这个"皮球"踢回给他，叫他好好地多读几遍题目，再做。

可是过了一天，他还是跑过来问："老师这个51到底是怎么算出来的呀？"

于是，我问他："你是如何理解这个题目的呢？"

他回答说："首先从最下面一行中间的4出发，向上一行5个方向取值。"

他说完这句话，我就知道他问题出在了哪里，于是打断他，问："你看题目中'方格中间的下方有一个人'，如何理解？"

学生看了看上面的输出结果，于是摸摸脑袋，恍然大悟，道："哦，我明白我错在哪里了！我没有把人放在表格最下面一行中间的格子的下面，而是把人放在了最下面一行中间的格子里。"（图5-4-7）后来学生只用15分钟就编完程序，通过测试了。

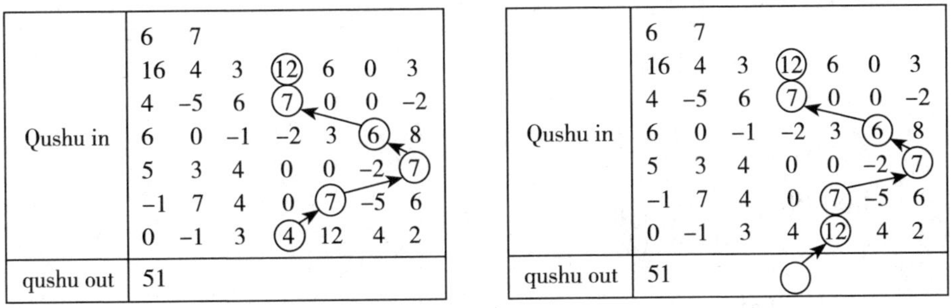

Qushu in	6 7
	16 4 3 ⑫ 6 0 3
	4 −5 6 ⑦ 0 0 −2
	6 0 −1 −2 3 ⑥ 8
	5 3 4 0 0 −2 ⑦
	−1 7 4 0 ⑦ −5 6
	0 −1 3 ④ 12 4 2
qushu out	51

Qushu in	6 7
	16 4 3 ⑫ 6 0 3
	4 −5 6 ⑦ 0 0 −2
	6 0 −1 −2 3 ⑥ 8
	5 3 4 0 0 −2 ⑦
	−1 7 4 0 ⑦ −5 6
	0 −1 3 ⑫ 12 4 2
qushu out	51

图5-4-7 *n×m*方格

1. 分析

学生阅读题目时，粗心、注意力不集中，经常漏看或错看已知条件、所求问题。对于部分学生来说，在没弄清题目中的已知条件、所求问题，以及各种量之间的关系时就盲目做题，出现审题错误，或是找不准题目中的关键信息，特别是当题目阅读量较大时，更是找不出各个量之间的关系，直接导致了解题困难。

2. 对策

建议教师平时讲课时不断强调题目阅读的重要性，强调学生阅读题目时要集中注意力、避免粗心，一个题目至少要阅读三遍以上，研读题目两遍以上。正确合理的解题过程时间分配应该是：阅读题目、读懂题目、数学建模占50%，编写程序30%，调试程序20%。在平时练习中，对于那些因粗心阅读导致失分的学生，教师要对其本人的程序进行公开点评，让这个学生反复读题，明白到底哪些字句因粗心没有考虑清楚，导致失分。这样通过评讲，既可让其本人印象深刻，又可起到警醒他人的作用，从而培养每个学生仔细阅读题目的好习惯。

（二）案例二：崩溃掉的自信心

某日，我给初一信息学初学者布置读程序写结果的题目，具体程序如下。

```
#include <iostream>
using namespace std;
```

```
const int ma=2000;
int a[2002];
int top,w1,w2,t;
void do_with(int x,int y)
{
    int s;
    s=x*y;
    if(s<10)
    {
            t++;
            a[t]=s;
            return;
    }
    t++;
    a[t]=s/10;
    t++;
    a[t]=s%10;
}
int main()
{
    a[1]=2;a[2]=3;top=0;t=2;
    do
    {
            top++;
            do_with(a[top],a[top+1]);
    }while(t<ma);
    cin>>w1>>w2;
    for(int i=w1;i<=w2;i++)
    cout<<a[i]<< "" ;
    return 0;
```

```
}
```

输入：2030

输出：

30分钟后交卷。可在我改卷时发现，班上庞某同学这道题竟然没有写答案。于是我找到庞某同学，问："你为什么不写答案？"庞某同学说："这个题我模拟了5次，觉得太复杂了，就放弃了。"我想想，庞某同学平日表现不错，这个题的难度不大，依照他的能力，完全可以正确地写出答案，问题出在哪儿呢？

1. 分析

此题由于循环次数比较多，又多次调用do_with过程，而且求的是数组中的第20～30项的11个数据元素，学生至少要正确模拟30次。庞某同学阅读程序后，害怕分析这么长的数组和继续的阅读与模拟。这种情况对于初学者来说可能经常出现。他们往往在阅读程序的过程中，遇到模拟过程、循环过程较为复杂的情况时，就放弃阅读、模拟、建模，从内心排斥继续阅读。他们缺乏阅读、模拟时的信心、耐心和解题的决心，遇到困难缺乏克服困难的毅力和勇气，直接导致部分学生刚刚阅读完题目，精神就崩溃了。

2. 对策

这是一个心理问题。对于初学信息学的学生来说，解题之前，学生应有足够的信心。教师要帮助学生树立信心，引导学生耐心、细心地阅读题目，让他们相信自己有能力解决问题，并使之克服阅读过程中的畏难情绪，勇于挑战自己，鼓励他们静下心来，细心地模拟、跟踪。因此在平时教学中，教师要多鼓励学生，培养他们的自信心。学生有了信心，才会下定决心解题；有了解题的主观能动性，就向成功解题迈出了一大步。

（三）案例三：爆掉的数据

某日，我讲授字符串内容，布置课堂练习，要求学生30分钟内完成任务。问题描述如下：国际乒联现任主席沙拉拉自从上任以来就立志推行一系列改革，以推动乒乓球运动在全球的普及。其中11分制改革引起了很大的争议，有一部分球员因为无法适应新规则只能选择退役。华华就是其中一位，他退役之后走上了乒乓球研究工作，意图弄明白11分制和21分制对选手的不同影响。他在开展研究之前，首先需要对他多年比赛的统计数据进行一些分析，所以需要你的帮忙。

华华通过以下方式进行分析，首先将比赛每个球的胜负列成一张表，然后分别计算在11分制和21分制下，双方的比赛结果。比如，现在有这样一份记录，（其中W表示华华获得一分，L表示华华对手获得一分）：WWWWWWWWWWWWWWWWWWWWLW。

在11分制下，此时比赛的结果是华华第一局11比0获胜，第二局11比0获胜，正在进行第三局，当前比分1比1。而在21分制下，此时比赛结果是华华第一局21比0获胜，正在进行第二局，比分2比1。如果一局比赛刚开始，则此时比分为0比0。你的程序是要对于一系列比赛信息的输入（WL形式），输出正确的结果。这是我班上潘某学生写完程序，参与测试的情况，如图5-4-8所示。

测试点编号	得分	用时	空间	注释
table-01 (t...	0.00	0.02s	244.76M	空间溢出
table-02 (t...	0.00	0.02s	245.25M	空间溢出
table-03 (t...	0.00	0.02s	245.11M	空间溢出
table-04 (t...	0.00	0.02s	245.11M	空间溢出
table-05 (t...	0.00	0.02s	244.93M	空间溢出
table-06 (t...	0.00	0.02s	245.25M	空间溢出
table-07 (t...	0.00	0.02s	245.25M	空间溢出
table-08 (t...	0.00	0.02s	245.25M	空间溢出
table-09 (t...	0.00	0.02s	245.25M	空间溢出
table-10 (t...	0.00	0.02s	245.25M	空间溢出

图5-4-8　参与测试的情况

1. 分析

我在帮助学生调试程序时，发现学生的数学模型没有问题，程序处理流程也较为合理，但根据测试软件反馈的情况，判定学生在估算程序空间复杂度上出了问题。果然学生在变量定义时，定义了1000001个元素类型为字符串的数组Stringa［10000001］，这个类型说明包含1000001个字符串的数组，说明学生理解了题目中"每个输入文件包含若干行字符串"这句话，他为防止读入超大规模数据，故定义了一个1000001个字符串的数组，但他却没有估算这样一个数组所耗费的内存空间。在程序中定义一个这样的全局变量，所占空间为10000001×256=256000256（字节），即245.45M空间，导致程序运行空间溢出。本来考虑的部分，结果导致小数据都无法通过。再来看看题目，题目说若干行，每行至多20个字母，就是不能确定我们该开多大的字符串数组或者字符数组，所以可以一个字符串的办法把读入的每个字符连接到字符串中，直至

"E"结束，再分别进行11分制和21分制的处理，就解决了空间的问题。

这说明，学生在阅读题目时，对题目中隐含关键信息提取和处理的能力较低。在复赛中，优秀学生丢分，在理解题目过程中这种情况表现尤为突出。很多学生读完一大段文字材料后，头脑中能大致勾勒出题目的数学模型，但有时不善于挖掘题目中的隐含信息、隐含条件，忽略了题目中一些重要的有用信息，无法理解题目中的有用信息和无用信息之间的关系，不知道怎样加工和处理这些信息。

2. 对策

对于这种情况，我认为在平时测试评讲中，要培养学生在阅读题目过程中，找出题目中隐含的解题关键信息、抓住隐含关键信息的能力，再仔细考虑这些隐含信息对于解题有何帮助，有什么样的解题暗示，多打几个问号。同时，还要加强锻炼学生根据题目估算规模的能力：估算采用对应算法的时间复杂度和空间复杂度，做到对题目正确率的估算。

（四）案例四：写不出的通式

某日，我布置任务，要求写出问题的通式。问题描述如下：设有n条封闭的曲线画在平面上，且任何两条封闭曲线恰好相交于两点，而且任何三条封闭曲线不相交于同一点，问n条封闭曲线可把平面分割成的区域个数。请学生用10分钟写出这题的通式。

我班李某同学在理解此题时在草稿纸上画出了草图，如图5-4-9所示。

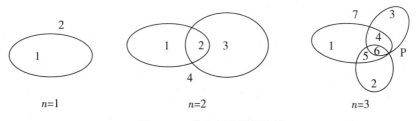

图5-4-9　学生所画问题草图

1. 分析

学生在画第三个图形$n=3$时出现偏差，其原因在于没有理解"而且任何三条封闭曲线不相交于同一点"。他画的图形，三条封闭曲线相交于P点，所以少算了一个区域。正确图形如图5-4-10所示。

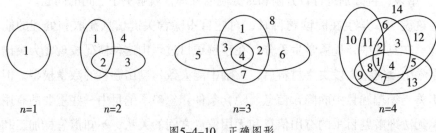

$n=1$ $n=2$ $n=3$ $n=4$

图5-4-10　正确图形

没有画对图，自然就推导不出通式。初中生往往对于题目阅读材料中的一些符号、概念、名词等，读不懂或与一些相近的内容产生混淆；又或者对图形、图表理解出现偏差；或是在阅读一些比较难理解的长短句时也感到困难。

2. 对策

很多信息学的题目都包含平面几何或是立体几何的知识，如搜索、动态规划等类型的题目，如在阅读过程中用数形结合的方法分析题目，即边读题边画图，将抽象数学模型具体化、形象化，可帮助学生更快理解题意。在日常教学中，教师还应多引入一些常用的数学概念和知识，多用生动形象的图形、一目了然的图表数据去分析和讲解题目，用数形结合的方法来帮助学生阅读理解题目，同时也要培养学生自己在解题过程中列表、绘图的习惯。这些措施有助于帮助学生对信息学概念、知识的分析与理解；有助于他们用形象生动的思维去推动理性思维能力的提升。

教育故事 篇

第六章　编程教育故事

故事一　严谨、理性、睿智——我的成长案例

刘凤兰，女，计算机技术工程硕士。中学信息技术高级教师，广东省特级教师。现为广东省信息技术学科带头人，佛山市骨干教师，南海区学科带头人，南海区初中信息学总教练，南海区信息技术兼职教研员，南海区和桂城街道的名师工作室主持人。曾获全国优秀教师、南粤优秀教师、佛山市优秀教师、南海区十佳教师、关爱桂城丹桂功勋人物等称号。辅导学生代表学校、桂城、南海区、佛山曾9次夺取全国和广东省信息学竞赛的全省所有初中团体第一名，获奖人数达966人次。她本人多次被评为全国信息学优秀辅导教师、广东省信息学优秀辅导教师，为南海区乃至佛山赢得了较高的荣誉和广泛的良好的社会影响。她在教科研方面，近几年有13篇论文发表或获奖，主持或参与多项区、市、省级课题研究，主编南海区地方教材，是广东省百千万人才培养对象及佛山市正高级教师的培养对象。

一、导读语

漫步校园中，我没有与众不同；走在大街上，我也只是普通人一个。但是，在信息学竞赛激烈的博弈战场上，我却成了指挥特种兵决胜思维巅峰的擎旗手。年年夺冠，舍我其谁！成就我和我的学生的最重要的原因是执着与坚持，让学生有所收获并成长成了我认真研究并上好每一节课的源动力。经过20

多年的实践，我与学生已形成默契：怎么表述才能让学生更清晰地领会我的意图，怎么提问才能更好地引发学生的深度思考，怎么引导才能让学生的思维得到更有效的发展和提升……因此，我逐渐形成了思维、理性、睿智的教学风格。

二、坚守与创新，师生共成长

我是土生土长的佛山南海区人，海纳百川、团结奋发、敢为人先的南海区精神及品格，影响和造就着我对自己、对他人、对世界的认知和观念，滋养着我对家乡深深的热爱与依恋之情，这片热土，铸就了我对教育对人生的理想与信念。

20年多来，我一直肩负传道授业解惑的责任，敬业爱岗，甘于奉献，从完全没想过当教师到成为一名优秀教师，从"打杂"到受学生和家长"热捧"，我用生命不断探求编程教育的奥秘，不断创新教学方法和信息学特长生培养策略，不懈追求人生和事业的价值，取得了骄人的业绩，创造了一个又一个的辉煌，为佛山教育做出了自己的贡献。这就是一种与学生并肩努力的执着，一份为国家培育良才的责任，一项为学生终身幸福奠基的使命。

回首过去，我的成长经历了以下四个阶段。

（一）第一阶段：学习成长，破茧而出（1997-2007）

1. 阴差阳错，竟为人师

从小到大，我很轻松就能做到成绩名列前茅，特别是数学和英语。在初中和高中阶段，我一直担任数学科代表。在高中数学老师的要求下，我坚持每天出一道数学题跟其他同学研究学习。为了让同学们理解得更清楚透彻，我渐渐养成了严谨缜密的思维习惯，并清晰有条理地表达出来。早在1992年，我就拥有了自己的PC286计算机，并参加学校的Qbasic程序设计兴趣小组。在一条条指令的指挥下，我对计算机程序产生了浓厚的兴趣。

1993年，阴差阳错，我进入了计算机师范类专业。从没想过要当老师的我，最后回到家乡成了一名信息技术教师。

2. 不耻下问，走出困境

1997年7月，我从华南师范大学计算机系毕业，回到家乡南海区教书。1999年，我调到大沥二中，主要负责校园网建设、多媒体课件制作、教师计算机能力培训等工作。这时候我像很多的信息技术教师一样，不停地加班加点为别人

"服务"，我好像只是一名打工者，不像一名教师。2002年，南海区举办第一届"赛思杯"信息学竞赛，逐步开展信息学特长生培养活动，我参加了南海区首次组织的信息学辅导教师培训。

刚开始培训的时候，我完全忘记了曾经的程序，束手无策，只有虚心学习，不耻下问。记得第一次做初赛题，问：哪一种出栈序列是不可能的？我怎么也不明白，栈不是"先进后出"的吗？如果入栈顺序是"123"，为什么出栈不是只能"321"呢？为了这个最简单的信息学问题，我却要到处问人。

当时南海区的专业信息学教师不多，最后我找到了南海中学彭远争老师的电话，才弄清楚这个问题。我拿着书本对着试题一步步地走了下来，感谢所有帮助过我的朋友们！

3. 言传身教，师生相长

2005年，我从大沥二中调到桂江一中，这是我专业成长的一个转折点。特别是我在桂江一中的第一年就遇到了一个"棘手"的学生——宋扬（南海区首名进入广东省信息学代表队的学生，毕业于清华大学，现在美国就读计算机博士）。他天赋极高，只用了一个月，我便教无可教了。我意识到自己必须不断深入学习，才能承担起师者的责任。有时候学生问了一个问题，我答不上来，就要回去彻夜钻研。我仿佛又回到了学生时代，时常挑灯夜读，只有这样第二天才能给学生一个准确的答复。

为了不辜负这个学生的"天分"，我每周六让宋扬到我家里，与他一起讨论学习，中午还亲自做饭给他吃。我让陈俊成（现就读北京大学）、符汉杰（现就读复旦大学）每天骑自行车到他家里学习，直至春节前两天才休息。我和学生的共同努力没被辜负。两年时间里，我的专业水平迅速提升，乘着南海区引进的信息学金牌教练江涛到来的东风，学生也越来越出色。

4. 学生竞赛，一举成名

2006年的南海区信息学竞赛，我带了不到一年的学生就勇夺全区初一的前三名，以初一一个年级的成绩就赢了全区所有学校的三个年级。2008年，是我信息学特长生培养丰收的第一年，这一年里，桂江一中夺取了广东省最重要的三项信息学竞赛（全国信息学奥林匹克联赛、广东省信息学竞赛、广东省信息学重点中学邀请赛）所有初中团体第一名，宋扬、刘峻泳、符汉杰、陈俊成4人次获全省初中第一名。

随着竞赛成绩的公布以及社会信息化的需求越来越大，越来越多学生和家长慕名而来。面对越来越多的学生，我却渐渐力不从心。我意识到，要使更多的人收获成长，必须整合资源，利用好课堂的时间，提高课堂效率。如何让学生在枯燥的代码中找到乐趣，如何使学生更容易地自主建构，如何使学生的课外研讨更有效，成了我的课题。

（二）第二阶段：研究提升，化蛹成蝶（2008-2014）

2008年，我作为核心成员参与了区教研员主持的广东省"十二五"规划课题"新课改背景下信息学培养的实践研究"，同时主持子课题"信息学竞赛辅导策略与方法研究"，从此走上课题引领工作之路。第一次做课题，选题不够精准，研究不够规范，资料没及时保存，工作做得多，总结做得少，导致结题的时候手忙脚乱。但这次的课题研究经验让我尝到了甜头。我建立了在线学习网站，主编了适合学生入门使用的教材，特别是主持课题"以生为本的信息学地方教材的开发研究"、参与课题"依托信息学课程培养学生学品质"和"基于学生思维发展的信息学教学策略研究"后，开始学习大量的教育教学理论，用更科学的方法来开展我的学生培育工作，让更多的学生受益，让有天赋的学生脱颖而出。

1. 发现学生

如何发现有天赋的学生，是特长生培养的一个永恒话题。除了在最开始用数学性的思维题对学生进行海选，我还发现有以下几种表现的学生特别适合学习信息学。

（1）课堂上能对老师的问题反应敏捷，举一反三，并经常能提出新的问题。

（2）不拘泥于某种解题思路，经常有新的想法并乐于验证其可行性。

（3）能安静地思考，严谨地分析，理性地总结。

（4）课堂虽然不表现，也不擅于交流，开始时可能还跟不上，但能坚持学习、反思、总结。

2. 发展思维

所有教学的最终目的都是提高学生的能力并发展学生的思维，编程教育从竞赛走向普及，正是其对学生各种思维能力有效发展的结果。而我的教学着重从以下几点来培养学生的思维能力。

（1）以问题引领，在生生讨论、师生讨论中实现思维碰撞，提升学生的分析性思维、批判性思维及创新性思维。

（2）养成反思总结的习惯，对每道有意思的题、每次的测试、每次的比赛都进行梳理总结及拓展。

（3）通过网络资源进行自学，并要求轮流承担教学任务。这个过程学生需要阅读教材，查资料，做PPT，出练习，还要很清晰地进行教学，把同伴教会。

（4）以旧带新，高年级的学生要带低年级的学生，包括上课、调试程序等。以旧带新的过程实质也是学生本人梳理、重温、巩固知识的过程，只有自己掌握扎实透彻才能让新的同学理解。

（5）无论学生是讲课、讨论还是形成文字，我都要求他们语言严谨、思路清晰，做到不但自己心中有数，还要别人能听得懂、看得明。

研究使我的课堂更高效，也使信息学竞赛走向辉煌。从2009年到2014年，桂江一中每年都被评为广东省信息学十强学校，获全国一等奖人数从2009年的9人逐年增加到2015年的17人。2011年的广东省信息学竞赛，黎才华、唐铭锴、黄天、王泽森获广东省一等奖，占全省的半壁江山；2013年黄天、陈代超分别获全省初中第一、二名，桂江一中获全省初高中团体第三名，在初高中相同题目的情况下甚至超越华附、省实等全省名校。

同时，信息学特长生的学习品质的优势逐步凸显，宋扬、王苏勇夺南海区高考状元，2013年黄天勇夺佛山市中考状元，2014年陈代超获南海区中考第10名。桂江一中历届中考第一名均是信息学的特长生。我两次被评为佛山市优秀教师，并荣获南海区十佳教师、南粤优秀教师称号。

（三）第三阶段：风格形成，展翅高飞（2015-2019）

1. 凝练风格，从经验走向专业

成为百千万人才培养对象后，我尝试结合自己的教学实际，提升教学实践智慧，凝练自己的教学风格。我的教学风格的形成主要经历了以下几个阶段。

（1）在学生的调研中总结：思维碰撞、迸发智慧

早在2013年10月，我就听过闫德明教授的教学风格讲座。当时听完后，我就组织了近几年培养的27名信息学学生（包括多名已毕业的学生）对本人的课堂教学进行描述。学生描述主要是"精简、严谨、讨论"几方面，有些学生还提到讲得有点快。于是我用"精简善导、智慧碰撞"来形容自己的教学风格，也可以说是自己的教学追求。我希望自己的课堂是师生平等交流、互动生成、

智慧碰撞、共同发展的课堂。后来跟几位同行讨论，又认为"思维碰撞，迸发智慧"更贴切，因为我的课堂关键点在于思维碰撞，在我的引导下进行的生生之间和师生之间思维的碰撞，在碰撞过程中使学生的思维能力得到发展，从而使学生迸发智慧。我的所有教学行为都是为"思维碰撞"服务的。

2015年7月第二次听闫德明教授关于教学风格的讲座，虽然讲的内容基本一样，我却对教学风格有了更深刻的理解，对凝练自己的教学风格有了更具体的方向和思路。我知道原来教学不是几个词语的总结提炼，也不是具体的课堂教学作风这么简单，而是要把每个词的来龙去脉进行详尽的阐述，包含我的教学风格、我的成长历程、我的教学实录、我的教学主张和他人眼中的我几部分。我再次组织了28名学生（跟第一批的学生不同）用1～2个关键词描述我的教学风格。很意外的是：第一次的征集结果只有2人用了"幽默活泼"这个词，但这次却有15人用了跟"幽默活泼"意思相近的词。我很高兴自己的改变，说明为了让学生更投入地思考和讨论，我用了更风趣的语言、更丰富的表情和肢体语言，因为学生喜欢这样的方式才会认为"幽默活泼"。

（2）在同伴的评价中修改：严谨、理性、和谐

2015年11月小组研修，小组5位成员同课异构，上课前实践导师要求针对同伴的课堂教学，找出最突出的亮点，用1～2个词来形容这个亮点。当时听课教师都不约而同地认为我上课最大的特点是严谨、简约。研修结束后，我对这两个关键词进行了解读分析；并针对自己的课例，发现自己的教学环节及练习设计简约，但教学语言和问题却无法做到简约，总是习惯性地重复问题或拆分问题，而且暂时还改变不了这个习惯，但条理非常清晰，跟学生的互动效果显著。于是2016年3月凝练了我的教学风格（严谨、理性、和谐），并对此风格进行了阐述。

2016年5月杭州跟岗学习及6月的小组研修，走入名师课堂，凭借对高效课堂的现场观摩和深入学习，体会教师教学风格与艺术的实践展示过程，我再次修改教学风格与教学主张。

（3）在专家的指导中形成：严谨、理性、睿智

2017年后，项目组多次组织了教学风格的汇报，每一次和专家的见面都使我有所感悟，并对自己的教学风格做出修正。我的导师就提出我的教学突出发展学生的思维，可以从这方面做陈述，我以"思维、理性、和谐"做了两次

的汇报，其中"思维"表示我追求的课堂效果，"理性"代表课堂中教学的特征，"和谐"形容课堂的气氛。

在最后一次的汇报中，专家肯定了我培养学生"思维"的目标，但"思维"是一个名词，也是中性词，跟两个形容词放在一起不大妥当，最后我接受意见，重新提炼为严谨、理性、睿智。这三个词都是为了突显培养学生的思维，让学生智慧绽放！

2. 示范引领，从优秀走向卓越

2014年开始，我担任南海区及桂城街道两个名师工作室的主持人，后来又陆续担任南海区信息技术兼职教研员、南海区信息学教育协同创新研究基地主持人。我肩负起了打造南海区信息学尖子生，培养南海区信息技术学科教师的重任。因此，我主动承担各种任务，从集训队、夏令营、师徒结对培养到周六少年宫；我奉献了自己的力量和智慧，从示范课、送教课、讲座到每次的教师培训。近四年共进行了11次的区级以上示范课、研讨课，10次的专题讲座，用心培养青年教师，每年均对全区中小学信息技术教师做专业培训和专题讲座，培训人数达4000多人次。

与狮城中学黄浩武老师、西约小学徐伟东老师、东二小学黄盛应老师、桂江一中刘金桦老师、麦梓龙老师进行师徒结对，着力课堂教学研究，全方位指导他们开展信息学特长生培养工作。这些青年教师迅速成长，信息学成绩居南海区前列。黄浩武老师还成为南海区骨干教师、南海区十佳教师、南粤优秀教师；徐伟东老师成为桂城学科带头人；刘金桦老师3年来迅速成长，参加佛山市优质课评比获一等奖，辅导学生竞赛被评为优秀辅导教师，独立主持小课题；麦梓龙老师在南海区首届青年教师能力大赛中获一等奖。

我指导名师工作室成员开展课堂教学及特长生培养方面的课堂研究。4年来，每位成员都进行了区级以上的课题立项并完成结题，能在课题研究的过程中实现专业成长。工作室成员共45人次获各级各类的教学设计、课例、资源等奖项，有13篇论文发表，56篇论文获区级以上奖励。在新一届的名师评审中，工作室15人中有10人被评为区名师，4人被评为镇名师，近3年有7名成员通过副高级职称，1人被评为南粤优秀教师，3人被评为南海区十佳教师。

我连续4年参加项目办组织的走进乡村活动，线上向山区教师展示我的教学展示，进行专题讲座，与他们交流研讨；线下通过QQ、微信等形式对他们的专业进行指导。其中连州市的信息技术教师在课堂观摩、聆听讲座后，专门组织学习了在线测试平台的使用，现在大部分学校已使用辅导平台进行课堂教学和评价，大大提高了学生的积极性和课堂效率。封开县的罗建保老师经过指导，第一次执笔进行的论文写作获得了广东省三等奖，封开县的植小娟老师也开始尝试开展课题研究，很欣慰我的到来点燃了他们专业成长的热情！

10年来我坚持利用中午、周末、节假日和寒暑假时间义务辅导学生，并带领工作室成员共开设了13个小学的周六编程少年宫，以独特的人格魅力和教学风格，感染了一批又一批学子，培育出一批又一批的国家栋梁。我因此两次获桂城街道特殊贡献奖，被桂城几十万群众推为丹桂功勋人物，我所在的核心团队两次被授予南商教育基金特殊贡献奖并获"佛山市工人先锋号"称号，而我也被评为全国优秀教师和广东省特级教师。

三、我的教学风格解读

我从小到大养成了根深蒂固的理科思维，所有的求学阶段，我一直以理科（特别是数学）见长。它使我做人做事都求真务实、严谨理性，并始终相信学无止境；学生是我最好的老师，他们身上有无数的闪光点需要我去挖掘和学习。因此，在21年的教学生涯中，我逐步形成了"严谨、理性、睿智"的教学风格。

严谨，是指教学语言及教学内容的严谨。通过周密的语言、严谨的逻辑推理促进学生的由此事物联系彼事物和由前提推结论的思维能力的发展，促使他们的思维趋于周密。从教师问题的表述，到启发学生思考及讨论的语言，再到总结归纳，学生的回答、解释、提问、书面小结等，都要求周密严谨。这样有助于学生形成严谨的思维习惯，实现学习能力的可持续发展。

理性，是指教师讲课深入浅出，条理清楚，层层剖析，环环相扣，论证严密，结构严谨，用思维的逻辑力量吸引学生的注意力，用理智控制课堂教学过程。学生通过听教师精辟的讲授，不仅学到知识，受到思维训练，还被教师严谨治学的态度所熏陶和感染，学会冷静、独立地去思考问题，内心充满对知识的透彻理解和对人的理智能力发展的执着追求。

睿智，是指教师对知识的体系结构有通透的思考和掌握，在课堂上成为学生学习道路上明智的指路人，为学生的学习创造宽松的环境、营造和谐的气氛，使学生在愉快的情绪下，开动脑筋、活跃思维、展开想象，并以生生平等、师生平等的关系开展讨论，机智地诱导学生围绕知识积极探索与思考，引导学生进行有效的课堂交流，自然流畅地启发学生展开思维的翅膀，使学生主动探索、深度思考，形成良好的思维习惯。

四、我的教学主张：以问题为中心的信息技术课堂教学模式

一直以来，我都注重培养学生分析问题、提出问题和解决问题的能力，发展学生的分析性思维、批判性思维及创造性思维。我觉得学习是获取知识的过程，其核心思想是"通过问题解决"来学习，因此我一直探索与实践以问题为中心的课堂教学。

（一）"以问题为中心"的信息技术课堂教学的理论依据

1. 建构主义学习理论

建构主义理论强调从教师预设的问题情境中发现问题，引起认知冲突，从而分析问题，尤其重视自主探索解决问题，并在解决问题的过程中发现新的问题。

2. 辩证唯物主义理论

在"教"与"学"这对矛盾中，矛盾的主要方面在于学生的"学"，即学习者的内因起主导作用，这是学习行为变化的依据；而引起学生学习行为变化的起点在于在学习过程中有"问题"。著名教育家陶行知先生说"发明千千万，起点在一问"，问题是思维的起点，问题是思维的心脏，教学过程如果忽视问题意识的培养，忽视学生的学习沿着"问题"去展开思维的翅膀，也就忽略了"教"与"学"矛盾的主要方面。

3. 信息技术核心素养

新课标提出了信息技术学科核心素养，其由信息意识、计算思维、数字化学习与创新以及信息社会责任四个核心要素组成。其中计算思维是运用计算机科学的基础概念进行问题解决、系统设计与人类行为理解的过程。计算思维具有学科的独特性，它最能反映信息技术学科本质的核心与关键要素，在某种程度上影响着学科核心素养的总体质量。

通过"问题"这一工具的深度挖掘，可以培养学生的评估、分解、抽象、概括等计算思维能力，发展学生的核心素养。

（二）"以问题为中心"的信息技术课堂教学的基本内涵

信息技术学科中的程序设计课是以思维为核心的一门课程，利用问题来启发学生的思维本质，使学生在现有心理条件下进行有效学习，达到传导知识、培养能力、提高智力三位一体的目的。其核心思想是把教材转化为一个科学的、生动的、富有启发性和导向性的、符合该年龄段学生认识水平和心理水平的学材。教师要运用问题充分唤醒学生的思维，挖掘学生的潜能。

"以问题为中心"的信息技术课堂教学模式，是指在信息技术课堂教学中，由教师按照教材的教学要求和学生的学习需求提出问题并充分做好问题设计；上课时把问题交给学生，由学生对照问题阅读教材和教学资料先独立思考，再以小组为单位充分讨论后回答问题的要点；在此基础上，小组间、师生之间对问题的要点展开讨论；然后由师生共同归纳总结和学生复习整理，形成文本总结；最后学生对问题进行拓展，并提出新的问题。

（三）"以问题为中心"的信息技术课堂教学模式的实施步骤

1. 问题预设

我在备课过程中按内容要求和学生需求预设问题并做好充分的备课设计，将知识体系和学生的需求转化为问题，进行问题化备课。这些问题一定是基于学生已有的知识基础。学生能在阅读教材的基础上，通过思考、分析和同学之间、师生之间充分讨论要清楚的问题。而我准备的问题多数为开放性的且具有比较复杂的探究性的问题。在实际的信息学课堂中，这些问题还通常以一道具体的有情境的题目出现，用已有的知识可得"半解"，有些甚至是我都还不会的。因此课堂上的问题除了是预设的，不少是生成性的，在不断地思考和讨论过程中产生出来的。

2. 问题引导

学生根据已有的知识体系、教材内容和学习资源对问题进行充分、深入的思考，这个过程是学生自主学习的过程。我引导学生按"问什么""怎么办""为什么"的思路，把自己所思所得有条理地记录下来：关键词、注意点、细节、分析过程、在哪里卡壳了，为什么卡壳……这一环节中环境的创设及时间的把握都很重要，开始时学生总是想到什么就马上说出来，或者我总是等不及就开始引导学生往某个方向思考。但事实上，我不能剥夺学生充分思考的权利，其他学生也不能剥夺别人继续思考的权利。所以，我让学生写下来，特别是那些思绪如潮的学生可以在写的过程中多角度地考虑、反复论证，同时记录自己思考的痕迹，为以后的回顾、反思提供论据。

3. 问题讨论

绝大部分（80%）学生认为可以开始讨论后，我会选择存在思路"卡壳"问题的学生汇报学习思考问题的要点及过程，在卡壳处由其他学生补充或通过再生问题引导学生继续深入思考。此时，我特别强调"为什么"，就是学生的论点必须是有理有据的，能说服其他同学和我。对于有争议的问题，其他学生可以发表不同的意见，尤其是鼓励创新思维。在这一阶段，通过对问题的深入讨论，我们经常能得到意料之外的惊喜！例如，在跟五六年级的小学生讨论南海区小学信息学竞赛的某道题时，我以为是三种解法，但讨论完居然得出六种不同的解法。这样的过程，我和学生不仅都获得了对问题的深刻认识，更享受了这个思维的盛宴。学生思维能力的提升、智慧的迸发就是通过思考后在生生讨论、师生讨论中碰撞出来的。

4. 问题总结

问题总结是师生共同完成的任务，把已讨论的问题、要点有条理地梳理出来，并让学生完善之前的记录，使学生对所讨论的问题获得一个全面的、系统的和完整的认识。此时再进行解题通常是高效的、一气呵成的。解题完毕，在记录里加上反思就完成了对此问题的一份完整总结。通过总结，学生获得了对问题的深刻认识，不仅加深了印象，还在文本整理的过程中形成了概括、抽象、分析、建构的思维能力。

5. 问题拓展

一节课的时间是有限的，但课堂上解决的问题实质蕴含了多种可能的变化，不同的变化会对学生产生新的认知冲突和不同的困惑。这种变化有时是在课堂讨论过程中学生发现的，但更多地需要学生课后进行发现及思考。问题拓展—生成新问题—自主研究学习—解决问题—形成能力，这是高效学习的过程。所以让学生养成问题拓展的习惯，有助于激发其学习主动性，培养其自主学习能力和创造性解决问题的能力。

回顾十多年的信息技术课堂教学，我觉得是成功的。我能始终站在课程核心目标的高度，培养学生的能力和思维，不在乎某节课是否够时间，今天不够时间思考课后继续，今天没有讨论完毕课后或下次继续；不在乎学生的想法、说法是否存在错误；不在乎学生的思维发散到哪里。我既是老师也是学习者，学生既是学习者也是老师，一大批学生的成才和我自己业务水平的成长验证了这种教学模式的魅力。

五、他人眼中的我

1. 学生眼中的我

宋扬（2008年毕业生，保送清华大学）：我最感谢刘老师的不是我得了全省第一名，而是她教我求异思维，使我学得轻松有趣，各科成绩优秀。她踏踏实实的工作态度和对学生倾注的心血情感，产生了巨大的人格魅力，让学生非常乐于和她一起学习、一起讨论甚至像朋友一样争论。

黄天（2013年毕业生，保送清华大学）：刘老师耐心细致做事情的精细严谨精神潜移默化地影响了我的学习态度。我学哪一科都有干劲，都不马虎。

符汉杰（2009年毕业生，保送复旦大学）：刘老师充满活力、亲切自然、因材施教、周密细致，课堂以自主学习及讨论的形式让我们养成了良好的学习习惯。她是对我影响最深的老师。

叶荣臻（2014年毕业生）：我觉得刘老师是一名很睿智的老师。她教学严谨细致、善于抓住要点，并且很注重细节，善于与学生交流、激发学生潜能。她是我们学习上的老师，更是我们生活上的朋友。

陈琛（2015年毕业生）：刘老师上课措辞有力，讲学有方，指导有法，严谨中不乏风趣，循序渐进不乏创新。

梁佩琪（桂江一中初二学生）：刘老师的课语言生动、形象、准确，充满欢笑与积极的讨论，令人印象深刻。她很平易近人，总是像朋友一样跟我们讨论、聊天，交流各种心得及看法。

2. 同行眼中的我

刘金桦（桂江一中信息技术教师）：刘老师上课非常认真严谨，课前准备充分，对学生学习情况了解深入，课堂上重难点的区分比较明确，能很好地把握重难点内容，课堂上通过提问的形式启发学生思考，与学生之间有着充分的交流互动，师生关系和谐，课堂上各个环节安排合理，条理清晰，教学中前后环节间的联系紧密，上课的效果良好，能根据学生情况给予相应的提示及支持，鼓励学生独立思考。她是一个严谨认真、师生关系和谐、教学缜密理性的优秀教师。

林华（叠滘中学信息技术教师）：刘老师的教学总是能够从学生的角度出发，善于在学生认知水平的基础上，严谨地将每个知识点抽丝剥茧，精心设计好一个个贴近学生日常生活的问题，不断引起学生共鸣，使学生在不知不觉中和老师一起开心、积极地投入每一个教学环节，认真地和同学、老师探讨每一个问题，持续获得思维的共同提高。

3. 专家眼中的我

江涛（特级教师，省名师工作室主持人）：刘老师传授知识组织严密、逻辑性强；讲解、提问、练习环节搭配得恰当合理，能针对学生的实际情况实时调整教学安排，严谨而不失灵活。在课堂上刘老师总是用富有激情的语气引发学生渴求知识、努力学习的激情，调动起学生课堂参与的积极性和学习的主动性。这是一种追求高效率的教学风格！

陈茂贤（南海区信息技术教研员）：刘凤兰把遮罩动画的原理通过一个个实物逐步展示出来，并设计出由浅入深的问题让学生思考讨论。通过问题的解答自然地把知识点渗透，使学生不知不觉就直观地理解了抽象的原理。原理掌握了，变化与创意就出来了。学生自然就感兴趣，课堂效果就好了。

六、育人故事——言传身教，遇见最好的自己

在10多年的信息学特长生培养中，我觉得自己最成功的是做到了言传身教。我的学生最大收获的不是得到什么成绩，而是他们都很坚韧，不怕苦，能够日复一日地坚持。在这样的坚持与执着下，我和学生都不断成长为最好的自己。

1. 用自己的言行去感染学生：让学生爱上编程

我十年如一日地做编程培养工作，有欢乐和成功，也有艰难和失落，但从没放弃过。这么多年持续的动力只源于心中的爱。我一直坚信，每一个学生心底最深处都是向善向上的，我要让学生坚持学习编程，首先要让他们爱上它，让学生真正地感受到通过学习，他有收获，在成长。例如，一个学生（潘锦华）才学习信息学一个多月，但他每天下午都会学习研究直到我回到电脑室，他要及时向我汇报学习情况。有一次，我很晚才回去，他说他不敢提交那道题目，要等我来一起见证他的成功。结果他提交后显示完全正确，他激动得马上

跳起来拥抱我。我把这一刻拍了下来发给他的家长，附上："千苦万苦只为了这一刻的甜。"

10多年里，我培养出一大批信息学尖子生，其中966人次获全国、省市区的信息学竞赛奖，曾9次获全省所有初中团体第一名。我最自豪的不是培养了多少个清华、北大的学生，而是我的学生因为爱所以一直坚持，即使在高中阶段因为学业时间问题暂时停下来，但绝大部分学生在大学都选择了计算机方向的专业，并且在大学又分别代表各高校参加ACM比赛，他们从同一所学校的校友变成了全国各校的竞争对手。例如，唐铭锴，在广东工业大学组织ACM队，多次进行世界赛，创下了多项广东纪录，两次被评为广东工业大学十大科技创新人物。

2. 用自己的智慧去启发学生：与学生进行思维碰撞

为了让学生保持学习兴趣并高效地学习，我制定了一系列辅导规程。统一的部署、完备的衔接和常态化的训练，细化到每学期、每月、每周，甚至每日的内容，进度、强度、宽度等都是精心设计的。我总是问自己：如果我是学生，这样的课堂我喜欢吗？这样的内容我接受吗？这样的教学我能明白并掌握吗？我特别注重培养学生分析问题、解决问题的能力，通过严谨、理性、睿智的课堂教学，让学生与学生之间，老师与学生之间进行思维碰撞，使学生能自主学习、反思、总结，各方面素质全面提升，提高学习成绩水到渠成。同时我把"对比、反复，反思、求异"的学习方法融入传授知识培养能力的每一节课，学生掌握行之有效方法，终身受益。我同时引导和帮助学生构建发散型思维方式，培养攻克难关的决心和意志，为学生的全面持续发展奠定了坚实的基础和强劲的潜力。

事实最具说服力：2013年中考，黄天总分位列佛山市第1名；2014年信息学广东省赛，陈代超、麦景荣获一等奖；2014年中考陈代超、麦景总分分别位列南海区第7名、23名，他们就是各科平衡、全面发展的代表。这些学生不但在初中各级信息学竞赛中成绩优异，而且学科成绩也是出类拔萃的，到了高中，更是如虎添翼。如在我校就读时获得全国一等奖（有的是省个人第一名），近四年考入全国著名大学的有：清华大学的宋扬、王苏、黄天，北京大学的陈俊成、黎才华、李浩、麦景、陈代超，复旦大学的符汉杰、游沛杰、严子健、金雪、郭步溪、朱家信，上海交通大学的罗平益、王泽森、陈宇、莫婧彤等同学，还有50多名考入全国重点大学。

3. 用自己的品德去影响学生：形成良好学习品质

一个信息学特长生至少有3年的时间（有些是五六年）几乎是每天来上我的课，可以说我是他们一生中教授他们时间最长的老师，所以我对学生还是有一定的影响的。比如，解题的细心严谨（我经常会现场编写程序，而且不经任何编译直接提交）；又如，谦虚谨慎、审视自我等。2014年教师节南海区电台对我的学生进行采访，梁嘉美说：一般人眼里的优秀在刘老师那里只是合格，我们都在努力地成为刘老师心中优秀的人。所以，我的"坚持"精神折服了我的学生。

故事二　当习惯已成自然

> 林华，本科学历，党员，小学高级教师，2002年大学毕业一直从教于桂城叠滘小学，担任信息技术课教师，是刘凤兰名师工作室核心成员、桂城街道骨干教师，主要负责编程教学活动。多年来培养学生参加各级各类编程竞赛，400多人次获不同层次奖励。所撰写论文、教学设计、制作的课件、教学实录多次获奖，曾获南商教育基金教学能手称号，2次年度考核获优秀一档。

"这道题应该这样想……""不对，应该这样……"看着学生在电脑前越争越激动，我则在讲台上静静地坐着，表面上无动于衷，心里却乐开了花。回想踏上编程教育这条路，不禁感慨万分。

一、昨夜西风凋碧树，独上高楼，望尽天涯路

遥想19年前大学刚刚毕业，在桂城中学学习编程时，一听到学习任务，"嗡"的一下，头立刻就大了。编程，在大学时觉得是何等的高深，看着同班

的一些电脑高手自学过二级、三级，又是何等的羡慕，虽然也曾下决心学点东西，不过一打开书，那些字就开始飞舞，却怎么也飞不进我的大脑。这种情况反复出现多次之后，我终于熄了学编程的这个念头。谁知造化弄人，刚走上工作岗位，就要"教"编程，我满嘴苦涩，看着讲台上的老师，硬着头皮听了下去。但是因为没有基础，老师就仿佛是在讲天书，我不禁又是昏昏欲睡……

开学了，看着拿到手上的教材，再看着数学老师推荐来的学生，心里一片慌乱，脸上却做出高深的模样，说着一些自己都不明白的话语。看到学生茫然的眼神，我不知何时闭上了嘴……晚上，独自站在宿舍的阳台上，遥看天上的星星，不服输的我暗下决心，一定要学好，更要教好。于是，第二天我就抽空去书城买了一大堆的书，每天晚上都啃到深夜。第二天则忐忑不安地现炒现卖地教起学生来。往往学生的一个疑问就要让我深思良久，然后回去又是一个晚上的恶补……

二、衣带渐宽终不悔，为伊消得人憔悴

在近乎自虐的学习下，我终于可以坦然地面对学生了。每一个问题，每一个知识点都能旁征博引，洋洋洒洒说上半天，在学生崇敬的目光中，我不禁有些飘飘然了。学生的比赛成绩也开始有了零的突破，却并不尽如人意，不要说一等奖，连二等奖都难见到。我的头脑渐渐冷静下来，为什么我说了那么多，解释得那么清楚，学生的成绩还是不够理想？想到学生做练习时的犹犹豫豫的反应，以及他们几乎崭新的课本，再联想到每节课几乎都是我一个人在教授。一定是学生练的时间不够，我决定改变教学策略，教室从我表演的舞台变成了学生操练的战场，甚至为了加大练习强度，我经常都要下午5点45分甚至6点才放学生走。在高强度的练习下，学生的成绩有了好转。我也终于松了一口气，看着逐渐消瘦的学生，我也心疼，但"不吃苦中苦，哪得人上人"，我也一直这样教育他们，咬咬牙，挺过去就好了。

但是渐渐地，我注意到有学生迟到、缺课了，当我找到那些学生时，他们总有不同的合理的解释，而来的学生也有些畏缩，上课时目光也游移不定，不敢和我对视，甚至课后路上遇见也是绕路走。成绩好了，怎么反而会这样呢？后来我从侧面了解到，原来那些学生是觉得学编程太累了，也太难了，几乎都想退出，但是又怕老师批评，所以就三天打鱼两天晒网，能不来就不来，也不

提退出。难道现在的学生就这么怕辛苦怕累吗？我又开始头疼了。不练，就没有成绩；练，学生又抗拒，真是左右为难。于是在这种状态下，我和学生打起了持久战，学生参加比赛的成绩也始终徘徊在二三等奖之间。

三、众里寻他千百度，蓦然回首，那人却在，灯火阑珊处

在和同事的闲谈中，谈起自己的苦闷，同事不禁哈哈大笑："怎么能用对大人的要求来要求孩子，练习固然重要，更重要的是要从孩子的心理特点出发，找出适合他们认知规律的方法，尤其是培训，更要注意因材施教。"我恍然大悟，急忙找出束之高阁的《教育心理学》《教育研究方法导论》等大学时学习的心理学书籍，又从图书馆借来《学会关心——教育的另一种模式》《有效教学方法》《教学机制》等书，一边学习，一边比对，找出适合自己和自己学生的教学方法，并不断改进，不断优化。

首先我摒弃了绝大多数的学生根本就掌握不了的理论，踏踏实实地使用南海区自编的教材，用好每一课的情境，激发学生的兴趣。如"比尔·盖茨的房子"，学生一看到就非常感兴趣，一下就调动起了学习的积极性，自己主动地去尝试、去理解，并能很快就将相关的语句背好。

其次，我还根据小学生喜欢模仿的心理，让他们充当小老师，互相讨论，互相学习，放开他们的思路。有很多时候我解释很多遍都没能解释清楚的问题，个别优秀的学生用一两句话很快就能让其他学生接受。比如，有一次在学习if选择语句时，其中有三个单词学生都没有学过。解释来解释去，学生都是似懂非懂，这时有个学生插了一句话，"就像升旗，下不下雨就是条件，不下雨就升旗，下雨就不升旗"，其他学生立刻就明白了。还有一次学习for计数循环的计算循环次数时，因为有to和downto，以及字母和数字的区别，我还没有来得及解释，有一个学生就说了，"不管怎么样，只要大的减小的再加1就可以了"，又省了我不少精力。

最后，结合一定的练习，巩固学习的效果。我根据学生好强的心理，搞了一个擂台赛，每隔一段时间测一次，排一次名。这样学生之间就形成了你追我赶的好风气，不用我亲自再去做思想工作了。

经过几年的努力，终于迎来了丰收。我所教的学生中，谢启鹏、叶荣臻先后在南海区信息学竞赛中都进入了前20名，并获得一等奖，接下来我所在学校

连续多年被评为南海区信息学竞赛优秀组织单位。

我拿起桌边的茶杯喝了一口水，微笑地看着争得面红耳赤却还没有结论，正拉扯着书本来请我"判决"的学生……如此一日复一日，我和学生都习惯准时来到电脑室，过完这平常又不失激情的90分钟。

成长感悟：10多年的编程教学，让我深深体会到，教师不是普通园丁，每个学生都不尽相同，我们必须找到适合他们各自的方法，因材施教。教师也不再是施予者，现在这种时代，很多时候我们和学生其实是站在同一条起跑线上的，只不过我们经验比学生要丰富，所以我们要做的不仅仅是给予学生"水"，更是教会学生自己去"挖掘水"。

借用大文豪雨果的话"花的事业是尊贵的，果实的事业是甜美的，让我们做叶的事业吧，因为叶的事业是平凡而谦逊的"来作结束语吧。

故事三　站在巨人的肩膀之上

黄盛应，2001年毕业，19年来一直从事编程教学工作，目前任教于桂城街道东二小学，是刘凤兰名师工作室成员、桂城街道骨干教师，参与编写编程教学地方教材，培养的编程特长生参加各级竞赛获奖达300多人次，多次被评为南海区编程教育先进工作者，学校被评为编程教育先进单位。

时光如水，岁月如歌。回想起自己从教将近二十年的历程，是人生一段珍贵的黄金时期，因为人生又有几个二十年！期间取得的成绩与证书不少，但的确是多有感触。我是一个平凡的教师，但我懂得不断追求、自我成长，掌握信息时代社会的脉动。教学生活的点点滴滴给我带来了难以忘记的印记，和学生在漫漫时间中扮演主角，编写着我们之间最动人的"程序"故事，最重要的是在这些故事中，我体验了许多、懂得了许多、收获了许多，同时也找到了更好地教育学生的方式：以愉快教学开创一片天地。经过二十年的累积，便多了一份属于自己的思考和感悟。

在我的成长路上，一直有那么一些榜样，在指引着我、激励着我，我所取得的每一点成绩，都离不开他们的真诚帮助。

几年后，我认识了区校长。她很认同信息学这门学科，把我调到了她的学校工作，让我在那里继续信息学兴趣小组辅导工作，还特意把她的小孩从中心小学带过来，专门让我辅导。区校长的这种爱惜与信任促使我对自己的信息学课堂教学形式进行了新的改革。因为信息学是一门思维性要求很高的学科，对小学生来说要完成入门学习有很大难度，所以学生淘汰率极高。这样信息学在小学阶段的普及教育问题就被提出来了！我通过与陈茂贤老师的多次交流发现，要使信息学在小学生中推广，要让更多的小学生了解信息学，关键在于三点：一是专业词语通俗化，二是思维过程生活化，三是课堂学习活跃化。课堂上呈现给小学生的不应是苦涩、干燥的知识，而应该是有趣、生动、巧妙的生活故事情节，使小学生在充满变幻、新奇的故事情节中，展示自我，探索信息学的奥秘。事实证明了这次教学改革的成果：2007年的区赛共有20多名学生分别获一、二、三等奖，团体总分全区第六。学校正、副校长的小孩都参加了信息学兴趣小组，区赛成绩都在二等奖以上，快乐的课堂使他们都爱上了信息学。这次改革让我深刻地感受到，尊重小学生的学习方式，就能使课堂教学事半功倍。

多年参与南海区信息学夏令营教练员工作，对我的成长同样起到了很大的促进作用。记得当时同时培训的还有小学信息学辅导教师班，有一次陈老师安排我晚上在小学C班对全区小学辅导教师上一节公开示范课。在担任信息学夏令营教练员过程中，我在南海区里有机会展示自己的能力与成功，能了解到同行在教学上的新话题、新困惑，感受到与区内同行老师关系融洽，对自己日后工作和继续学习充满了积极的态度。

在这些年中，我取得了不少的成绩：先进教师、优秀教师、优秀辅导教师、优秀教练员、命题比赛一等奖、解题比赛一等奖、南海区小学中级教练、南海区教育教学科研先进个人等。没有前辈的指引，就没有现在的成绩；没有教育部门搭建的平台，就没有现在的荣誉。因此我常开玩笑地说："我是站在巨人的肩膀上的。"

故事四　我的几个瞬间

蓝文森，信息技术高级教师，南海区骨干教师，目前任教于石门实验中学，是刘凤兰名师工作室成员，多次被评为"南海区教育教学科研先进个人""南海区学生竞赛优秀辅导人员""基础教育课程改革先进个人"。辅导学生参加全国信息学联赛，累计131人次，其中全国一等45人次，全国二等奖66人次，全国三等奖20人次。

回顾这几年的信息学辅导之路，其中充满了曲折与艰辛，但是更多的是对知识探究的激情、收获的喜悦以及对生活的感悟。在这里我将我在这几年里一些难忘的瞬间以及感受记录下来，跟大家一起分享。

一、第一个瞬间：初出茅庐

2005年的一个下午，在石门实验中学的协作室里，初出茅庐的我在这里上第一节信息学课程。这是我来这所学校的试教课，上课的内容是搜索，具体讲的是"马的遍历"这道题。通过短时间的备课与准备，站在讲台上的瞬间，面对着一双双渴求知识的眼，心情倍感激动、紧张。凭着在大学打下的算法基础，顺利通过了这次考验。接下来是做一套模拟题，因为时间的因素，没有全部做完。这是我面试的一天，这一天对我来说是有意义的一天。在这一天里我第一次接触信息学，第一次站在讲台上面对信息学学生。通过这一天的表现，我顺利找到了自己的工作，也从此跟信息学这一学科结下了不解之缘。这里我

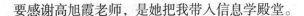
要感谢高旭霞老师，是她把我带入信息学殿堂。

二、第二个瞬间：开阔视野

2007年7月中旬，在石门实验中学电脑室，下面坐满了学生，刘凤兰老师在上面激扬文字，这是2007年的南海区信息学夏令营的一幕。这是我作为教练第二次参加夏令营。第一次是刚毕业的一年，主要是作为助手来学习，这一次是作为教练员承担一个班的教学任务。夏令营提供了一个很好的平台，让我开阔了视野，特别是夏令营有一批具有丰富教学、辅导经验的老师，如刘凤兰老师、李慧琳老师、杨鹏等老师。他们生动有趣、充满互动气息的课堂让我为他们扎实的专业知识、灵活的教学方式所折服；他们认真地备每一节课，出每一道题让我为他们严谨的敬业精神所折服；他们平等地对待每一位学生，毫无保留地传授辅导方法，让我为他们无私的奉献精神所折服。除此之外，夏令营信息学作为主要教学内容，让我第一次体验到了作为一个主科教师所要面对的各种情况，如要管理学生、组织学生活动、做好学生心理辅导等这些班主任工作，还有就是一整天的工作量，这些都在考验着我们的意志力。通过夏令营，我学习到了作为一个合格的教练员所应具备的专业知识以及相应的敬业精神。在这里要感谢陈茂贤老师，是陈老师提供了一个那么好的交流和学习平台，让我开阔视野的同时学到了很多东西，让我更有信心开展以后的辅导工作。

三、第三个瞬间：心灵震撼

在石门实验中学电脑室，下面坐满了各个学校的辅导教师，讲台上江涛老师正在充满激情地讲授内容，时不时坐在电脑旁边熟练地输入程序。这一幕让我看到了一个人对事业的执着，对信息学的热爱，对人生的不妥协，对我的心灵触动很大。当我遇到挫折时、辅导完学生身心疲惫想放弃的时候，这一幕就会出现在我的脑海中，让我很快从困境中走出来，重新振作精神直面困境与挑战。

四、第四个瞬间：亲密合作

在石门实验中学网管室，在明亮的灯光下，我和许之安老师坐在电脑旁讨论着这一天的辅导情况，以及如何编写基础教程让学生更容易接受。我是比较幸运的，在信息学之路上并不孤独，在两人通力合作下，我们学校信息学竞赛有条不紊地开展着，并编写了适合初中学生的初级教材，搭建了两个网上测试系统，开展了南海区的课题研究。可以说我们学校成绩的取得是我们亲密合作的结果，我相信在这种亦师亦友的合作努力下，我们学校明天的成绩将会更好。

五、第五个瞬间：艰辛付出

在石门实验中学教学楼过道上，初二（1）班数学老师问我："叶振邦、陆敬浩怎么每天晚上都很难看到他们？"是啊，这两个学生从初一下学期开始，他们的课余时间基本上都在电脑室度过了，难怪他们数学老师会问这样的问题。每一分收获都有一段艰辛播种的过程，信息学属于竞赛学科，更加如此。不记得自己有多少个下午、晚上是在电脑室里度过的，这个问题是对自己工作的映射。

六、第六个瞬间：收获的喜悦

这是石门实验中学的升旗礼，在国旗下面站满了学生，我们信息学获奖学生站在领奖台上面，接受领导的颁奖以及同学热烈的掌声。这是激动人心的一刻，在这一刻我感觉自己平时的付出没有白费，学生的成功就是对教师工作最好的肯定，我们为他们开启了通向信息学殿堂的大门，让他们在这殿堂里面体验成功，获得知识，感受同学的掌声。这是每一位辅导教师所期望的。

在过去的日子里，还有很多值得我认真回味总结的瞬间，但是编程教育之路是一条向知识探索的无尽之路，现在的总结与回忆只是为以后工作的顺利开展提供理论与精神动力。我相信通过不断地总结与实践，我们以后的编程教育之路将更加平坦。

故事五　享受快乐，收获成长

黄浩武，中学高级教师，南海区骨干教师，目前任教于南海区狮城中学，是刘凤兰名师工作室成员。2002年至今一直致力于编程教育研究工作，并取得了突出的业绩，在佛山市公办初中稳居第二名。培养的学生参加编程比赛多人获全国一等奖，曾被评为"南粤优秀教师""南海区十佳教师""南海区优秀教师""佛山市优秀青年教师"。

2002年7月，满怀激情和理想的我迈出了大学校门。一个偶然的机会，非师范专业毕业的我走上了神圣的三尺讲台，在狮城中学担任信息技术教学工作。而今，走过了18个春秋，我有不尽的感慨，但感触最深的是在"聪明人的游戏"——信息学奥赛辅导中享受成长，享受快乐！

"一粒沙里看世界，半片花瓣说风情。"有一些人，见过就忘记，有一些事，经过就结束。然而，也有一些普通的人和事，却能让人终生难忘！

记得刚做老师的日子，9月的阳光格外明媚，面对55个刚踏入初中大门的学生，我渴望自己的每一堂课都有声有色，让每个学生都能在我的课堂上不开小差，让我的每一节课都符合课程理念。我信心十足走上讲台，声情并茂地讲解着，可没有想到课堂后面坐着刚刚赶来听课的学校领导，一时的紧张让我不知所措。所有的课前备课都在刹那间消失得无影无踪，我话音颤抖，讲解演示失误频频，没一点控制能力，课堂完全不知向哪个方向发展，就这样一节课在我的杂乱无章中结束。我没有料到我理想中的课堂教学竟是这样的！

怎么办？难道我作为一名非师范专业的毕业生就不是当老师的料吗？看看其他同事自如地工作，再看看自己，想到领导和同事对我的信任，家人对我的期望，心里既彷徨着急又无奈。想想自己，压抑使我像个委屈的大孩子，为工作的辛酸劳累而悲伤，为理想被现实生活生生地捏碎了而失望。说实话，那时刚上班三个月的我几乎想放弃教师这个职业，另谋出路。

但好强的我不甘放弃，于是我开始渐渐反思，分析自己专业技能的优缺点和特长，应该往哪个方向发展。

"山重水复疑无路，柳暗花明又一村。"在我彷徨不知所措时，学校领导找我谈话，把一个任务交给我——负责学校的信息学编程辅导班。那一刻，忐忑不安的我在领导信任的态度中茅塞顿开：编程正是我大学的专业知识，应该可以发挥我的特长！那一刻，找到了自己前进的方向，我不再迷茫。我摆正心态，定好目标，努力工作。

就这样，我踏上了教育事业的另一段征程。刚接手信息学辅导班时，我发现编程教学难度比大学课程要大，当学生学到一定程度时，我无法有效指导学生深入学习，学生水平无法进一步提升，导致学生竞赛成绩不理想。那时，我深感自己的教学知识和技能相当不足。怎么办？难道就此放弃？这是不是也在考验我的意志力？

我开始积极参与区镇的信息学教研活动，虚心向同行老师学习。幸运的是，区教育局陈老师为了让我成长得更快，安排我与区信息学名师刘凤兰老师结对。此外，我有幸加入以江涛老师为首的区信息学核心教练团队，有机会向更多优秀的、有经验的老师学习。在这个团队中，我在信息学教学方面的教研能力得到了快速的提升，合作交流的能力更强了。

但我渐渐地意识到，要在信息学竞赛中取得好成绩，除了教师本身的知识水平和教学技能要不断提高，还要有高素质的学生。为了获取更优质的信息学生源，使本校的信息学生源形成有效梯队建设，在上级领导的帮助下，我校与狮山中心小学和狮山第一小学达成共识，建立信息学共同体，使我校信息学生源水平得到一定的提高。信息学共同体的运作要克服重重困难，排除障碍，我在这中间学会了与校外教师进行交流和合作，学会了怎样打破地域的界限，帮助学生建立完整的知识体系——这个对于学习编程的高手来说，太重要了。

在辅导班里，我和学生亦师亦友，在生活上我尽自己的能力给予他们帮助；在学习上，我放下老师的身份，与他们共进退，一起研究题目的解法。在他们想打退堂鼓时，我及时与他们谈心，采取策略，做好心理辅导。

记得有一个刚升初一就加入了信息学辅导班的学生，他叫郑晓聪，是一个有较大潜质的苗子。可是，辅导不到一个月时，他突然说要退出辅导班。当时，我深感意外，但我并没马上表态，只示意他再考虑清楚。可是，接下来的几次辅导，他经常迟到，测试成绩也不理想。我才开始认真正视他的问题。可跟他谈过几次话后，效果不太明显。后来，我不跟他说辅导的事情了，转而在周末通过网络和他聊天。在谈话中，我才知他因为学习课程多，时间紧迫，经常参加辅导班影响到他的学习和休息，所以萌生了退意。于是我帮他分析自己的特长和未来的发展方向，鼓励他要持之以恒，和他一起探讨如何去克服眼前的困难和艰辛。此外，我还经常向他的班主任了解他的学习情况，打电话与他的家长沟通，了解他在家的思想和学习习惯行为等，然后适时地鼓励他，教育他。此后，他变得比较信任我了，不再提退出了，也乐意把学习上的困难拿来请教我——这样一来，他在信息学辅导班的学习更加积极主动了。结果，那年的全国赛，他获得了全国一等奖。

从这个学生的成长历程中我得到了启示：我们教师对学生的关注，不仅仅是对本学科，更应该深入学生的思想、生活领域了解他，帮助他，鼓励他，尽量使其能放下思想包袱，全身心投入，最大限度地发挥潜力。

如今，我曾经辅导过的学生有的已经步入社会，从名校毕业后在知名企业做一名程序员。看到他们的成功，我深感欣慰，这是我作为一名教师所追求的目标，我会用他们成功的事例来鼓励我现在的学生，希望更多的学生能获得成功。一路走来，学生得到了成长，而我收获的不仅仅是知识技能，还有与学生的感情以及他们给我带来的快乐与成功。

就这样，我在学习和实践中反思，在反思中成长，不知不觉已走过了18个年头。教师是一份很辛苦的职业，但我无悔当初的选择。因为我相信有付出就肯定有收获，在和学生一起成长的过程中我收获了属于自己的那份快乐！如今，我已成长为南海区信息学核心教练员、狮山镇骨干教师，并参与区初中信息学教材编写工作。在此，我要感谢支持和帮助过我的领导、同行和同事，是他们给了我一个成长的机会，同时也让我感受着成长带来的快乐！

故事六　苦乐信息学，我喜欢

> 黄天，小学四年级至初中阶段一直师从刘凤兰老师，初三获广东省信息学竞赛初中第一名，进入广东省信息学省队，高一获全国信息学竞赛金牌，保送清华大学。现就读清华大学大四年级，将要在清华大学攻读博士学位，主攻人机交互方向。

从我记事以来，我学过弹琴，学过跳舞……我喜欢听音乐，我喜欢唱歌……在我的印象中，学习编程是我印象最深的，其间的苦与乐都是令人难以忘怀的。

上小学四年级的一天，班主任向我们介绍了我们学校的编程老师——刘凤兰老师。刘老师告诉我们，要在我们班挑选一些同学去学习信息学，有兴趣的同学都可参加。那时，编程对我们来说是新鲜的学科，老师给我们解释，编程其实就是电脑游戏，但它却也是一门挺枯燥的学科，要有耐心和毅力才能学好。大家大概只听到是电脑游戏，都争先恐后地报名。我也不例外，毫不犹豫地把名字报上去了。

第二天，看着印着"聪明人的游戏"的课本，心里甭提有多高兴了。开始上课了，老师讲完知识点后，我们就上机实习了。这时，我开始暗暗叫苦了。以前我基本上都没接触过电脑，所以我都是"一指功"地操作，看着同学们都能飞快地打字，我只感到自惭形秽。当老师巡视到我旁边时，我紧张得手几乎都抖了，心想：老师会不会质疑我的资质，把我淘汰了呢？老师发现我每个字都是在键盘上找了老半天才艰难地敲出来的时候，没有大惊小怪，反而温和地对我说："来，不要急着打字，把手按正确的姿势放在键盘上，记住每个字母、符号所对应的键，这样练指法，不要着急。"按着老师的指点，一有时间，我就坐在电脑前练呀练，敲呀敲，终于我也能潇洒自如地打出字来了！当我还在为自己的"成功"沾沾自喜时，我却迎来真正的困难——编程。尽管老师尽量使用一些通俗易懂的语言给我们讲解，但我还是觉得很枯燥，而且难得很。花了好多时间，绞尽脑汁，却往往是一无所获，想想要是把这么多时间放在英语上，该背熟多少单词、多少文章呢！想着这么"吃力不讨好"，眼泪跟着就不争气地掉下来了。当我正踌躇着是否继续学下去的时候，我忽然想到了我们的老师，他们每天都这么不遗余力地"对牛弹琴"，岂不是更急、更难？但他们却还是到处帮我们找资料，找练习题。我又想到很多伟大的科学家，他们所经历的困难、付出的代价，想到比尔·盖茨和他的团队七天七夜的奋斗，想到了叶剑英元帅的"攻城不怕坚，攻书莫畏难。科学有险阻，苦战能过关"，想想自己如果这么退却，是多么不应该。虽然自己不是个很聪明的孩子，但相信"勤能补拙"，相信"我能行"。于是我不再急躁，不再急功近利了。以前以为自己想到了解题方法就大功告成，而不注意处理细节问题，最后还是错。现在在做题的过程中，不时地总结、积累经验，在失败中及时吸取教训。渐渐地，我进步了；渐渐地，我脱颖而出了。

上了初中，我如鱼得水，在老师的教导下，百尺竿头更进一步，对编程从原来的"混日子""完成任务"到"真正喜欢"。记得有一次星期六晚上，妈妈看到我在编程，还心疼地对我说："周末怎么不好好放松一下，还在学习呢！"我笑着对妈妈说："妈妈，我是在学习，我也是在happy呀！"有时，忙活了一个晚上，我甚至一道题都没有捣鼓出来。虽然有一点失望，但我不后悔。我觉得挺充实的，因为在编程的过程中，我体验到了无穷的乐趣。还有一次，几个同学约好晚上打"信息学擂台"，我迫不及待地吃完晚饭，一连几个小时都坐在电脑前，但最后收获却是"0"。第二天，同学们互报成绩，大家都和我一样一分都没拿到，但大家却在兴致勃勃地介绍各自的解题方法，完全把成绩抛到九霄云外去了。现在想想，也许是兴趣让我们超脱了功利吧？还有一次集训的时候，为了优化程序，我费了九牛二虎之力都不能达到很好的效果，请教几位同学，大家还是解决不了。最后只能求助老师。于是，老师仔细地调试起来。这时本该是晚饭的时间了，但大家都没有走开，仿佛不能丢掉阵地，都坚守在战场上，一直到胜利。

学习编程，有苦也有乐。其间的点滴都给了我深刻、美好的回忆，最终我也通过它进入了理想的高校，并将从事相关的职业，我想，我会一如既往、坚持不懈地学下去，因为编程已成为我的兴趣爱好，它将伴我快乐地茁壮成长。

故事七　我的信息学之旅

陈代超，小学四年级至初中师从刘凤兰老师，初二获广东省信息学竞赛初中第二名，高二进入广东省信息学代表队获银牌，自主招生一本线进入北京大学，现就读北京大学大三年级。

邓小平同志曾经在1984年提出："计算机的普及要从娃娃抓起。"的确，我在三年级就开始参加信息学奥林匹克活动，使我受益无穷。

信息学之所以是我的特长，离不开老师对我的培养。三年级时，老师送我进了信息学奥赛班。第一节课老师对我们说："我们现在使用的软件，像Word这些，都是用程序编写出来的。等你们编程厉害了，你们一样可以编出这些程序，甚至编出电脑游戏给自己玩。"老师的话给我留下了很深的印象。于是，我对信息学产生了浓厚的兴趣。信息学，也像一块磁石吸引着我。每一节课，我都沉浸在信息学的神奇中。我更加努力地学习，功夫不负有心人，终于在那一年的比赛里，取得了不错的成绩。这个成绩给了我极大的信心，因为我在我的信息学道路上打响了第一炮。

要学习信息学，就得付出比别人多一倍的努力。每天，我都要比别人早些上课，比别人迟些放学。一个冬天的早晨，寒风呼呼地吹，冷得叫人发抖。妈妈关心地问："冷不冷？这么辛苦，不要去上了吧？"一开始我想着退缩，但是想到信息学的神奇，想到做事要持之以恒，这个念头很快就被打消了。到了学校，老师同样对我们说："世上没有免费的午餐。只有你们不怕苦、不怕累，才能学好信息学。"对呀，老师给了我一个这么好的机会，我怎能不珍惜呢？回到家后，我把我的想法告诉了妈妈，妈妈听了高兴地说："只要你肯学，妈妈一定支持你！"

五年级时，我参加了信息学夏令营，在这短短的十几天时间里，我汲取着知识的甘泉，我的信息学水平有了巨大的飞跃。在学习的过程中，我明白了不应该惧怕困难，应勇往直前；我明白了题目应从多个角度思考，灵活应对；我还明白了"一山还有一山高"，不懂的地方应虚心请教别人。特别值得一提的是那次ACM模拟赛，每两人一组，由于我的错误抉择，导致了失分，我也明白了团队合作的重要。

从以上的事例中，我懂得了许多，每件事都深深地印在了我的脑海里，挥之不去。信息学带给我的好处实在是太多了。首先信息学提高了我的思维能力，磨练了我的意志，也塑造了我胜不骄、败不馁的性格。信息学提高了我的思维能力，使我即使是在做其他科（特别是数学）的题目时也能很快想出方法。在各种比赛中，成功了，我也只是微微一笑；失败了，我也不灰心，认真总结失败的原因。其次，信息学还能提高各方面能力，甚至还能陶冶我的性情。有人把学习信息学当成一种压力，而我却觉得很轻松；有人把学习信息学当成一件快乐的事情，而我甚至把它当成一种享受。这就是我努力学习信息学的动力。

为什么我会有这样的动力呢？这就因为我对信息学有着极大的兴趣。兴趣是最好的老师，只要你对这门学科产生了兴趣，你的学习效率自然就会提高；相反，如果你觉得它枯燥乏味，那么即使你很努力地学也没有用。

学习信息学，关键还要有一套好的学习方法。学习不是为了成绩，而是为了学到实实在在的本事。每学一个知识点，我们都应该经常复习巩固。每一道题方法不应局限于老师给定的一种或几种，而应该勇于尝试、勇于创新。当我做完一道题时，我就会想想还有什么方法，这样做起题来自然就会得心应手。每测一次试，都应该有所总结，只有把好的继续保持，把不好的改正，信息学水平才会提高。

从三年级开始，信息学已学了几年，看着自己一步步走来的路，心里觉得十分欣慰。我酷爱信息学，信息学也会给予了我光芒，让我在这条路上堂堂正正地走，不至于迷失方向。信息学已成为我生活中不可缺少的一部分。我的理想是当一名出色的程序设计员，如今，我仍然在这条编程道路上旅行着、探索着……

故事八　在编程中找到自信

李浩，初三在全国信息学联赛中获初中组全省第三名，高二进入广东省信息学代表队，获全国信息学竞赛银牌，自主招生一本线录取进入北京大学。

我从六年级开始学编程，初一参加全国青少年信息学奥林匹克联赛，我连复赛也没进，第二年，我得了一等奖。学习编程，我感觉进步的不仅是竞赛成绩，而且对我的其他科也有帮助，也能发展我在其他方面的能力。

刚开始学信息学的时候，我在不知道信息学到底是什么、是干什么的情况下，就莫名其妙地进了信息学班。而且刚开始的时候，觉得信息学是一门非常难学的学科，甚至还曾经想过退出。但是想到既然已经学了这么久了，那就学下去吧。然后直到小学毕业也还在学。

由于小学时学信息学，我被分进了桂江一中，继续进行我的信息学学习之旅。进了桂江一中后，我发现有很多跟我同级的人比我厉害很多，很有压力。上了初中后，学信息学的时间就很多了，每天的中午都可以学，还有下午辅导课的时候也可以学。总之，进了初中后，我在信息学方面的进步就快了很多。

上了初中后，信息学的学习难度就大大加大了。以前一个多小时可能可以做很多道题，但上了初中后做一题要用几个小时甚至几天的时间。其他跟我同级的同学都很厉害，比我学得快很多，我绞尽脑汁才能做得出来的一道题，他们很轻松就做出来了。

到了2009年全国青少年信息学奥林匹克联赛前的一个月的时间，刘凤兰老师就教我们初赛的知识。那时候，我觉得初赛的知识很难，特别是后面的完善程序。那时，我的编程能力还很弱，所以最后一遇到二三十分的题只可以撞到几分，而且听前面的选择题知识时听不懂，所以也只得了很少分。最后总分只有39分，所以2009年全国青少年信息学奥林匹克联赛我连复赛都没能进。

经过这一次挫折，我学习信息学就更努力了，毕竟进不了复赛是很丢脸的事。

但是即使很努力，我完成一道题的时间还是要很长，测试的时候准确率也很低，经常都是低分。

我曾经想过有什么方法能让我提高编程能力。我试过延长我学习信息学的时间，在家也编一下程序。但是我在学校学信息学的时间已经够长了，所以一点作用也没有。但我没想到，原来提升信息学的能力其实很简单。

好像是2010年的夏令营的时候吧，在夏令营之前，我做题的速度依旧很慢。夏令营的时候做的都是一些以前做过的题，所以我很快就做对了，很多人都比我做得慢。那一年的夏令营，我居然获得到了"优秀营员"。

从此，我开始对自己有自信了，做题速度也越来越快了。暑假结束后的一次测试居然拿到了高分，于是我对自己越来越有自信。

2010年的全国青少年信息学奥林匹克联赛前一个月，我们又投入初赛知识的复习中，这次终于听得懂初赛知识了，而且经过一年的学习，我的编程能力也提升了。所以对这次全国青少年信息学奥林匹克联赛的初赛很有信心。而且，刘老师说，如果这一次初二还有人进不了初赛，那个人就不要学了。这一次全国青少年信息学奥林匹克联赛的初赛很简单，所以这次初赛的成绩我果然比上次高多了，80多分。

初赛完没多久就是复赛了。这一次全国青少年信息学奥林匹克联赛初赛和复赛都比上一次简单多了，前三题我都会做，只有第四题很难，不会做。后来成绩出来了，居然有300多分，没有任何失误。奋斗了差不多两年，终于拿到了全国青少年信息学奥林匹克联赛的一等奖。

从信息学中锻炼出来的自信，也影响着我其他科目的学习。我刚进初中的时候，每次考试最多也只是班上的十几名，而且越到后面的大测就越差，成绩一点也不稳定。但到了初二，我的成绩就稳定多了，而且比以前也好了，每次都能到全班的前列。以前特别差的像政治、历史，现在分数也比以前提高了；而且奥数也比以前感觉易懂多了。

我觉得自信是非常重要的，有了自信就能开心地去做一件事，不会总想着考差了会怎样。如果比赛的时候老是想着后果，就会影响做题的速度和质量，自然就不会考得很好了。

如果由于缺乏自信，使得一次比赛失败了，然后又对自己的一次失败的成绩感到自责、内疚，就会失去动力，影响下一次比赛，从而形成恶性循环。这就是缺乏自信的坏处。

我觉得，我们应该对自己有自信，相信自己能做得到，相信自己能做到最好。这就是成功的奥秘。

故事九　我与算法竞赛的十年

唐铭锴，2019年毕业于广东工业大学计算机学院，曾任acm（国际大学生程序设计竞赛）集训队队长，acm（国际大学生程序设计竞赛）协会会长，是广东工业大学科技创新之星，首届十佳大学生创新人物，现于深圳一清创新科技有限公司担任路径规划算法工程师。多次参加各种程序设计竞赛，初高中阶段每年均获全国信息学联赛一等奖，获得过第四十二届国际大学生程序设计竞赛全球第三十一名的成绩。

一、小学篇

这么多年的算法竞赛，改变了我许多。如果三年级时没有参加编程兴趣班，估计我的人生会大不一样。当时加入是为了玩游戏，一年后，南海区的编程比赛有名额限制，我校在进行选拔测试时，我只考了7分，可以说是白搞了一年。四年级，下决心好好学习认真听课，结果在南海区的比赛中拿到三等奖，我备受鼓舞。五年级，最后一道题是关于彩票的，我不会做，随便打了个随机函数，最后竟然拿了一等奖（虽然是最后一名），兴奋！六年级，整个年级只有我坚持继续学习，平时训练都是和五年级的小同学一起的，这时我开始对编程真正感兴趣了，特别努力，每天放学都留到六点才走，晚上回到家做完作业也继续打代码，连洗澡的时候也在想题。当然也很有收获，南海区赛的时候，第一题是简单地模拟显示一个柱形图，第二题是一个单调队列经典题，第三题左上角到右下角只能往右或往下，问有多少条不同的路径，我前几天洗澡的时候恰好在想如果我要很多重for循环，但是不知道层数，应该可以用函数嵌套函数实现吧，后来才知道这个是递归的思想，然后比赛的时候第一次码出来，最后一题是问两个图形能不能通过旋转翻转等操作实现重合。最后好像是拿到了南海区赛第二，意想不到。

二、初中篇

初中的三年是我在算法的道路上进步最大的阶段。小学阶段，我只能根据题意，打出实现基本功能的代码，对算法的美妙还没有完全感受到。到了初中有幸跟着南海区最优秀的编程教师刘凤兰老师学习。她是非常努力认真的老师，无论是上课还是备课都很认真，每次上课我都很有收获。刘老师教我们的第一个算法是回溯算法，虽然六年级那场比赛中初步探索到递归的思想，但还不能深刻理解这类算法。回溯算法和我之前学到的知识很不一样，以前写的程序都是按顺序的，但是回溯需要一层一层地进去、又一层一层地出来。刘老师知道学习回溯算法的困难之处，上课的时候，她耐心地讲解回溯算法的每一个细节，让我们对回溯算法有了大体的认识，然后由浅入深地布置了一些题目让我们加深印象，还让我们尝试着使用单步执行的方法去感受回溯的过程。有时一直在Wrong Answer，我陷入了绝望，刘老师就会过来耐心地帮我看程序哪里错了，还告诉我是怎么看出来的，使我对这个算法有了更加深刻的认识。

初中，我认识了周国浩、李浩、黄天等小伙伴。遇到不懂的问题，我们会相互讨论、相互学习，从讨论中甚至还会想到一些之前没想到的很巧妙的做法。相比于其他学科竞赛，信息学题目的解题方法通常不止是一种，参考程序也未必是最好的，经过讨论探索，会得到比标准程序更巧妙、性能更优的解法，这时会因此开心一整天。这是信息学竞赛最大的魅力！也正因为信息学竞赛对我有如此大的吸引力，我在初中的时候也投入了很多时间。无论是周一到周五的午休和晚上的辅导时间还是周六放学后的时间，我都去电脑室学习。不仅如此，在跑步、洗衣服或者其他头脑空闲的时候，我都会回想一些之前没能解出来的题，去思考是否有什么角度被遗漏了。

可能是投入比较多的时间和精力，初中阶段的竞赛成绩还不错，初二开始就一直保持在南海区前列，不但初二、初三都获得了全国联赛一等奖，而且初二参加高难度的广东省决赛获一等奖（全省只有8人），初三的重点中学邀请赛也获得了一等奖，可以说初中阶段的经历是最"完美"的。

三、高中篇

高中的信息学老师是江涛老师和梁冠健老师，其实在创新班、集训和夏令营的时候已经上过他们的课了。他们的课非常有趣，上课时老师和学生是平等的，老师会引导我们的思维，鼓励随时站起来与老师交流，没有心理障碍，思维也可以发散。老师每次在我们讲完一个方法后会总结我们所讲的东西，这让讲出这个方法的同学很自豪，其他同学也会更深刻地理解这个方法。这种以学生为主体的课堂，我感觉非常棒。

在训练时，老师会用一些很难的题，我常常考得不好，也没自信，似乎在正式比赛时还不如初中阶段，很多会做的题目写不出来，有时写出来也会出错。我记得高一省赛的时候，我把定义数组的maxn打成了maxm，于是得0分。我想一定要想办法提高我编写的代码能力才行。针对刚才说的maxn和maxm的问题，我想到了用加长变量名的方法去解决，我后来用maxdot代替maxn，maxedge代替maxm，就没有再写错过了。我还创建了一个写总结的Word文件，每次都把一些思考和总结写在这里，每次都很短的一两句，想到的时候就写，每次正式比赛前我都会花时间去看。高二的GDKOI（广东省重点中学信息学邀请赛）上我第一次听说莫队算法，太厉害了！静态区间问题可以$O(n\sqrt{n})$了，我那天回到宿舍一直都很亢奋，一直在想着这个算法，为什么可以这么厉害。省赛集训时，复习平衡树，发现最快是陈启峰的SBT，陈启峰在高二的时候已经能自己创造出这么厉害的东西，但我还有很多都不会，我希望我大学的时候也能像陈启峰那么厉害，发明一些大家都要用到的算法，结果直到现在都没有实现（我感觉可能这辈子都没办法实现了）。

高二的省赛，我的最后一次OI比赛，我的策略是"稳"，保证写对一题再继续下一题。但比赛时，对拍程序还是没过，我心态就崩了，回到宿舍哭了好久（当年在四会中学举行），连评讲也不想去听了，后来哭累了才去阶梯室听评讲，当时恰好遇到了自己掌握的题目，我上去讲解，开口第一句话却是"我好想回家"。好不甘心啊，我都这么小心了还是没对！所以我的中学信息学之路以遗憾结束。

故事十　不断深入的学习过程

陈惠芳，桂江一中初二级学生，初二获全国信息学联赛一等奖。

从小学时候，我就开始学编程。在我的学习旅途中，每一个过程、每一个知识点，对我来说都是一个机会、一次挑战。学习是循序渐进的，从点到线，从线到面。学习就像构图，不断积累、不断拓展、不断完善。

拿"笔"描"点"——从最简单的语句开始，从最基础的结构开始，学习输入、输出语句，学习加减乘除的运算，学习常量、变量的定义，学习条件语句和逻辑运算，学习嵌套语句……这个过程，则是我学习编程以来用时最长的过程。

由"点"引"线"——学习循环语句。对于一个初学者来说，这既是一个难点，又是一个重点，因为学习这个知识真的需要很好的理解能力。要理解从一个点到另一个点这一段距离中所有的点，都进行同样的处理，才能达到希望的效果。我记得我初学循环语句的时候，是四年级的学生，理解能力还较弱，只能通过大量做相应的题目，不断增加理解程度。通过大量练习，我终于攻克了这一个难关。紧接着又学习了"一维数据"——将一组同类型的数据，用"线"把它们都"穿"起来，再进行处理。从学习循环和数组的过程中，我明白了一个道理：实践出真知。这个道理在我其他领域的学习中也起到了一定的帮助作用。

学习编程，要每一步都稳扎稳打，才能将后面的内容都学下去。如果说"点"和"线"都可以从本质意义上理解，那么"面"则需要从本质意义和抽象意义两个方面去理解。

"线"动成"面"——一维数组演变成二维数组，单重循环演变成多重循环，这些都可以掌握。但是在这段时间，我遇到的一个大难题——当我步入初一，首先就要学习"回溯算法"。当时我错误地理解："回溯"就仅仅是循环的嵌套模式。这种先入为主的固定思维使我在一段时间内很迷茫，听过老师讲例题，详细分析，仍然无法理解。于是我去请教已经理解的同学，但是，他们的讲解也未能使我顿悟。后来，老师让黎才华同学给我们讲析，他分析了一道例题，讲得很慢，却很仔细，并把过程的调用、过程的实现，一步步展现给我看。在黎才华同学的帮助下，我终于理解了"回溯"。可是，对回溯的不熟练，使我做题非常吃力。老师告诉我：题做多了，自然就熟练了。于是，我再次大量做题，由简到繁，不断深入，发现错误后也会坚持自己将程序调试出来。在此期间，我锻炼出了较好的独立解题能力；更重要的是，我明白了，学编程必须要思维灵活，要做到不被自己的想法束缚，开放思维，灵活变通。后来又进一步学习与"回溯"感觉有些类似的"递归""深度搜索"等，学得都不算吃力。

在学习编程的过程中，我最喜欢的就是"分治"算法，包括"二分查找""二分答案""倍增"等。"分治"算法在我以后的学习中对我影响很深，让我学会了如何尽量降低程序的时间复杂度，这在比赛中发挥了良好的对程序改良的作用。

初一下学期，我开始学习动态规划，这是编程中很重要的部分，我至今仍在学习。

现在回过头来看看以往的学习历程，朝花夕拾。我发现学得越久，越觉得自身知识匮乏，所学的只不过是冰山一角、沧海一粟。虽然编程给我带来了荣誉，但这并不是我喜欢编程最重要的原因，我喜欢编程最主要的原因是学习编程无形地对我其他科的学习起到了促进的作用，也拓展了很多课外知识。除此之外，我还结交了很多志同道合的朋友。这对我来说无疑是极其幸运的，因为很多人都没有这种机遇——可以在一个良好的集体里交流知识与想法，或是经过自己独立的思考和规划，将自己的聪明才智展现出来并解决问题，特别是每当我解决完一道题目，由此而来的成就感简直是一种无法用语言来形容的体验。

我编程的成绩并不怎样——没有什么瞩目的成绩，顶多算得上是没给桂江一中丢脸，编程这方面的天赋我也不高，只希望以后可以继续学习，不断提高，努力把每一道题做好，认真对待每一次比赛，稳扎稳打、踏踏实实地学习，争取能获得更好的成绩。

参考文献

［1］核心素养研究课题组.中国学生发展核心素养［J］.中国教育学刊，2016（10）.

［2］中华人民共和国教育部.普通高中信息技术课程标准（2017年版）［M］.北京：人民教育出版社，2017.

［3］邬家炜.信息技术教学论［M］.广州：华南理工大学出版社，2008.

［4］陈月清，缪高平.学生发展核心素养视域下的课堂教学指南中小学信息技术［M］.长春：东北师范大学出版社，2017.

［5］邱桂香.基于学科核心素养的信息技术教学实践研究［M］.沈阳：东北大学出版社，2019.

［6］孙媛媛.基于核心素养的信息技术抛锚式教学初探［J］.课程教育研究，2019（51）：147-148.

［7］余昆仑.浅谈信息技术与课堂教学的融合［J］.基础教育参考，2019（21）：40-41.

［8］沈君英.核心素养下信息技术教学现状分析及策略初探［J］.课程教育研究，2019（27）：124-125.

［9］陈心，丛敏.学科核心素养理念指导下的通用技术试验教学［J］.福建基础教育研究，2019（5）：139-141.

［10］林华.小学信息学课堂的"六化"导入策略［J］.教育信息技术，2017（3）：37-38.

［11］李慧琳.中小学信息学课堂启发式教学策略的应用研究［J］.教育信息技术，2018（1）：52-54.

［12］管平.初中信息技术思维型课堂中批判性思维的培养策略［J］.教育信息技术，2018（1）：48-51.

［13］禹飚，陈茂贤，许之安. 打通了人才培养的"经络"［J］. 广东教育·综合，2019（3）.

［14］张宏杰. ITtools教学辅助平台助力信息技术课堂教学［J］. 中小学信息技术教育，2019（1）：125–126.

［15］唐立平. 高中信息技术教学中培养学生信息核心素养的策略［J］. 信息与电脑，2018（20）：239–240.

［16］姚梅玲. 基于微信小程序的Scratch移动学习资源的设计和开发［D］. 昆明：云南师范大学，2019.

［17］杨希. 基于STEAM理念的高中App Inventor创意编程课教学研究［D］. 石家庄：河北师范大学，2019.

［18］李克琳. 创客教育视野下高中编程模块教学活动设计与实践研究［D］. 芜湖：安徽师范大学，2019.

［19］余成波. 中小学生编程教育现状调查研究［D］. 武汉：华中师范大学，2019.

［20］王姣姣. 儿童编程启蒙教育中的可视化设计应用探究［D］. 北京：北京服装学院，2019.

［21］雷田蕊. Scratch编程教育学习资源设计与开发研究［D］. 保定：河北大学，2018.

［22］尤倩予. 基于ITtools教学平台的初中信息技术课程的教学设计与开发［D］. 福州：福建师范大学，2017.